中国物流专家专著系列·2024

企业生产物流均衡优化与控制

郭永辉　著

中国财富出版社有限公司

图书在版编目（CIP）数据

企业生产物流均衡优化与控制 / 郭永辉著. —北京：中国财富出版社有限公司，2024.6

（中国物流专家专著系列）

ISBN 978－7－5047－6715－8

Ⅰ. ①企… Ⅱ. ①郭… Ⅲ. ①企业管理－物流管理－生产管理 Ⅳ. ①F273.4

中国国家版本馆 CIP 数据核字（2024）第 048939 号

策划编辑	郑欣怡	**责任编辑**	刘静雯	**版权编辑**	李　洋
责任印制	尚立业	**责任校对**	杨小静	**责任发行**	敬　东

出版发行	中国财富出版社有限公司		
社　　址	北京市丰台区南四环西路 188 号 5 区 20 楼	**邮政编码**	100070
电　　话	010－52227588 转 2098（发行部） 010－52227566（24 小时读者服务）		010－52227588 转 321（总编室） 010－52227588 转 305（质检部）
网　　址	http://www.cfpress.com.cn	**排　　版**	宝蕾元
经　　销	新华书店	**印　　刷**	宝蕾元仁浩（天津）印刷有限公司
书　　号	ISBN 978－7－5047－6715－8/F·3667		
开　　本	710mm×1000mm　1/16	**版　　次**	2024 年 6 月第 1 版
印　　张	17.5	**印　　次**	2024 年 6 月第 1 次印刷
字　　数	286 千字	**定　　价**	82.00 元

作者简介

郭永辉（1976—），男，汉族，河北行唐人，管理学博士，郑州航空工业管理学院教授，硕士生导师，Arizona State University 访问学者。主要研究方向为系统治理、技术创新、复杂制造系统管理，先后主持国家自然科学基金、教育部人文社科青年基金、航空科学基金、河南省政府决策研究招标课题等多项研究课题，在《研究与发展管理》《科技进步与对策》《中国科技论坛》《计算机集成制造系统》《工业工程与管理》等重要期刊发表论文40余篇，出版专著3部。曾获河南省高校科技创新人才、河南省高等学校青年骨干教师等称号。

内容简介

本书具有研究思路新颖、研究内容系统、研究成果实用等特点。本书共分为12章。在系统介绍企业生产物流内涵、生产物流均衡思想及相关理论的基础上，基于约束理论、瓶颈思想，从产能规划、作业计划、投料策略和调度等方面系统阐述了企业生产物流均衡优化与控制的思想、方法。

本书可作为物流管理、物流工程、生产管理等专业方向的研究生辅助教材，也可作为从事生产物流、生产管理等研究领域的科研人员及从事企业物流管理工作人员的参考用书。

前　言

生产物流是企业物流的主要构成，尤其对于面向订单生产的离散型企业而言，生产物流系统是一个高度动态、高度变化的复杂系统。离散型企业的生产线往往有几种甚至几十种不同订单的产品在同时生产，产品种类变换频繁。在不同的生产工艺流程要求下，各种各样的原材料、半成品在各个车间穿梭流动，加之紧急插单、设备故障等随机性因素，生产物流波动性很大，生产物流不均衡现象突出，这就容易直接导致企业生产管理难度大、成本高、生产效率低下等问题产生。目前，企业生产物流相关研究多集中在物流系统的物流战略、整体功能、体系结构和设备布局等方面，尽管有少量研究从物料配送路径、生产计划、调度等方面对物流展开优化，但其优化目标多为降低生产成本，没有抓住生产物流的关键问题所在，即生产物流均衡问题。本书以离散型企业为研究对象、以半导体芯片生产为典型案例，基于约束理论（TOC）的瓶颈思想，从产能规划、作业计划、投料策略、调度等多个层面系统研究生产物流均衡优化问题，以期有效指导企业生产物流管理实践。

本书的特点可以概括为以下几点。

（1）研究思路的创新性。本书突破传统的企业物流设施布局规划、物料配送等研究内容，着眼于突出存在的生产物流均衡问题，充分借鉴约束理论的相关管理理念、方法，对包括半导体芯片生产在内的离散型企业的生产物流均衡展开系统优化研究，以期提出新方法、新思想来指导生产物流系统管理。

（2）研究内容的系统性。本书在系统阐述生产物流及生产物流均衡的内涵和相关理论的基础上，以半导体芯片生产为案例对象，从产能规划、作业计划、投料策略和调度等方面展开系统研究与应用。

(3) 研究成果的实用性。半导体芯片生产企业作为典型的离散型制造企业，其生产物流是十分复杂的系统，具有多重入特性。本书以半导体芯片生产企业为案例对象，研究生产物流均衡的新思想、新方法，研究结果也能够适用于其他行业的离散型企业组织。

本书共分 12 章。第 1 章主要介绍了企业生产物流内涵、运作方式和发展阶段。第 2 章阐述了企业生产物流均衡思想、相关问题、影响因素及管理措施。第 3 章对本书所涉及的主要理论及生产物流均衡相关研究进行阐述。第 4 章介绍了传统的单厂产能规划内容。第 5 章基于约束理论，研究单厂产能均衡规划理论及方法。第 6 章重点考虑需求确定与不确定情况下的单厂产能均衡规划方法。第 7 章研究企业生产物流的多厂产能均衡规划。第 8 章研究企业生产物流均衡下的作业计划。第 9 章研究生产物流均衡下的投料策略优化。第 10 章提出基于瓶颈思想的企业生产物流系统调度方法。第 11 章基于振动理论提出了企业生产物流调度优化方法。第 12 章提出企业生产物流系统在线优化调度思想。

本书在写作过程中参考了大量中外文参考书和文献资料，主要参考资料已在参考文献中列出。在此，对国内外有关学者表示衷心感谢。

限于作者的水平，本书难免存在不当之处，恳请专家和读者批评指正。

郭永辉

2023 年 12 月

目　录

1　企业生产物流概述

1.1　生产物流内涵

1.1.1　生产物流定义

中国国家标准《物流术语》（GB/T 18354—2021）中，给出的生产物流定义是：生产企业内部进行的涉及原材料、在制品、半成品、产成品等的物流活动。一般来讲，企业生产物流（Production Logistics）是指原材料、零部件由采购环节进入企业后，根据产品的生产工艺过程，以在制品的形态，从一个生产单位（车间）流入另一个生产单位（车间），按照规定的工艺过程进行加工、储存，并借助一定的人力、物力等形式进行在制品（半成品）运输，在各加工点和储存点之间进行流转，在完成产品生产的同时，也体现着物料实物形态的流转过程。因此，企业生产物流和生产流程是同步的，涵盖了从原材料购入直到完整产品运输出厂的全过程中的所有物流活动，其中，以物料的装卸搬运活动为核心（原宇，邵雷，2008）。它是制造系统（也称生产系统）所特有的活动，如果生产中断了，生产物流也就随之中断了。

生产物流过程和生产工艺过程是密不可分的，通过物流活动可以将不同的加工制造环节进行连接，物料不断地离开上一道工序，进入下一道工序。企业生产物流是生产工艺的必备环节和重要组成部分，有时需要在物流过程中实现生产工艺所要求的加工和制造，有时在加工制造过程中需要同时完成物流活动，即不断进行搬上搬下、向前运动、暂时停滞等活动。企业生产物流是一种工艺过程性物流，一旦企业生产工艺、生产装备及生产流程确定，企业生产物流也就成为一种稳定性的物流，物流便成为工艺流程的重要组成部分。由于这种稳定性，企业生产物流的可控性、计划性很强，一旦进入这一物流过程，选择性及可变性很小，这就使企业生产物流的运行具有极强的伴生性（董千里，1999），往往是生产过程中的一个组成部分或一个伴生部分，这决定了企业生产物流很难与生产过程分开而形成独立的系统。对物流的改进只能通过对工艺流程的优化来实现，这方面和随机性很强的社会物流也有很大的不同。因此，完整的企业生产要求非常强的生产物流过程和生产工艺过程一体化。只有合理组织生产物流过程才有可能使生产过程处于最佳状态，如果生产物流组织水平低，达不到基本要求，即使生产工艺条件和设备再好，也不可能顺利完成生产过程，更不能取得高的经济效益。

企业生产物流伴随着生产加工活动而发生，原材料、半成品等按照工艺流程在各个加工点之间不停地移动、转移，实现了一定的加工附加价值。企业生产物流一般是在某个企业小范围内完成的，空间距离的变化不大。同时，生产物流在企业内部进行原材料、零部件的储存，和社会储存追求利润的目的不同，这种储存是为了保证正常生产，其储存的时间价值不高。因此，与社会物流不同，生产物流不是主要实现时间价值和空间价值的经济活动，而是侧重实现加工附加价值的经济活动，而且其加工附加价值很高。

从生产物流范围来看，企业生产物流的边界起于原材料、零部件等的投入，止于成品仓库，它贯穿生产全过程，横跨整个企业（车间、工段），其流经的范围是全厂性的、全过程的。物料投入生产后即形成物流，并随着时间进程不断改变自己的实物形态（如加工、装配、储存、搬运、等待状态）和场所位置（各车间、工段、工位、仓库）。生产物流可归纳为投入、生产转换、输出三个基本环节。物料随着时间的推移，不断地改变其实物形态和场所位置，物料不是处于加工、装配状态，就是处于储存、搬运和等待状态。

从物流属性来看，生产物流是企业生产所需物料（原材料、辅助材料、零部件、在制品）在空间和时间上的运动过程，是生产系统的动态表现。换言之，物料经历生产系统各个生产阶段或工序的全部运动过程就是生产物流。企业生产物流的主要功能要素不同于社会物流。一般物流的主要功能要素是运输和储存，其他是作为辅助性、次要功能要素出现的。企业生产物流主要功能要素则是搬运活动，在搬运过程中，物料得到了加工，改变了形态。即使是配送企业和批发企业的内部物流，实际也是不断搬运的过程，通过搬运，产品完成了分货、拣选、配货工作，完成了大改小、小集大的换装工作，从而使产品形成了可配送或可批发的形态。

生产物流的核心目标是对生产过程中的物料流和信息流进行科学规划、管理和控制。所以，减少物流时间，可缩短生产周期和交货期（交期），加快资金周转，改善企业的生产物流已经成为新的利润来源。从物流目标来看，一个高效的生产物流系统至少需要达到三个目标，即提供畅通无阻的物料流转，减少物料搬运的距离与频率，防止物料损坏、丢失以及人身、设备事故。而柔性、快速响应需求能力、产品多样化和产品质量是衡量一个生产物流系统运作质量的主要指标。为实现上述目标和指标，有必要做好生产计划与控制、厂内运输（搬运）、在制品仓储与管理等工作，以更好实现生产物流系统的功能。

1.1.2 生产物流的特征

1. 生产物流过程的连续性

生产物流过程的连续性是指物料处于不停的运动之中，且流程尽可能短，它包括时间上的连续性和空间上的连续性。时间上的连续性是指物料在生产过程的各个环节，自始至终处于连续状态，没有或很少有不必要的停滞与等待现象。空间上的连续性要求生产过程的各个环节在空间布置上合理紧凑，使物料的流动尽可能短，没有迂回往返现象。提高生产物流过程的连续性，可以缩短产品的生产周期，降低在制品库存，加快流动资金的周转，提高资金利用率。

2. 生产物流过程的平行性

生产物流过程的平行性是指物料在生产过程中实行平行交叉作业。平行作业是指相同的零部件在数台机床上同时加工。一个离散型企业通常会同时生产多种产品，每种产品又包含多种原材料和零部件，加工装配式生产使实现生产物流过程的平行性成为可能。交叉作业是指一批零部件在上一道工序还未加工完时，将已完成的部分零部件转移到下一道工序加工。显然，平行交叉作业可以大大缩短生产周期。

3. **生产物流过程的均衡性**

生产物流过程的均衡性是指产品在生产过程的各个阶段，从投料到最后完成入库，都能保证有计划地均衡进行，能够在相同的时间间隔内，完成大体相等的工作量。

4. **生产物流过程的比例性**

生产物流过程的比例性是指生产过程各个环节的生产能力要保持适合产品制造的比例关系，它是生产顺利进行的必要条件，如果比例性遭到破坏，则生产物流过程必将出现“瓶颈”。瓶颈资源制约了整个生产物流过程的产出，造成非瓶颈资源的能力浪费和物料阻塞，也破坏了生产物流过程的连续性。

5. **生产物流过程的适应性**

生产物流过程的适应性是指生产过程的各个阶段、各道工序都按后序阶段和工序的需要生产。生产物流过程的适应性将企业与用户紧密联系起来，用户需要什么样的产品，企业就生产什么样的产品，需要多少就生产多少；何时需要就何时提供。

6. **生产物流的强成本性**

在生产中，物流对资源的占用和消耗，是生产成本的一个重要组成部分。生产物流活动频繁，对生产成本的影响很大，有非常强的“成本中心”的作用。据统计和分析，在机械制造与加工行业的生产活动中，从物料进厂到成品出厂，物料真正处于加工等纯工艺时间只占生产周期的5% ~10%，而90% ~95%的时间都处于仓储和搬运状态（马汉武，2005）。在我国，物流成本占生产总成本中的40%以上。

7. **生产物流的“定制”性**

生产物流必须完全适应生产专业化的要求，面对特定的物流需求，而不是面对社会上的、普遍的物流需求，具有很强的专业化“定制”特性，即具有专门的生产工艺适应性，需要通过“定制”，取得较高的效率。

1.2 生产物流运作方式

1.2.1 三种运作方式

生产物流运作方式主要有三种：以 MRP、MRPⅡ、ERP 原理为指导的推动式生产物流运作方式，以 JIT 思想为宗旨的拉动式生产物流运作方式，基于 TOC 瓶颈控制理论的生产物流运作方式。

1. 以 MRP、MRPⅡ、ERP 原理为指导的推动式生产物流运作方式

在生产物流运作控制中，根据 MRP、MRPⅡ、ERP 的原理，通过预测计算物料的需求量和各个生产阶段对应的提前期，确定原材料、零部件的投入产出计划，向生产车间或工序以及供应商发出生产和订货指令。各个生产车间或工序以及供应商，按计划安排进行生产，把加工完的零部件送到后续车间和工序，并将实际完成情况反馈到计划部门，通过“送料制”，最终产品逐渐形成。

在该运作方式中，生产物流运作控制就是要保证各个生产环节的物流输入和输出都按计划完成。但是由于各类因素的干扰，外部需求经常波动，内部运行也时有异常事件发生，各种提前期的预测也不尽准确，造成“计划变化滞后”的情况，各车间、工序之间的数量和品种都难以衔接，交货难以如期实现。为了解决这些矛盾，通常需要调整修改计划，设置安全库存，加班加点，加强调度控制力度，增加计算机辅助管理系统等措施。与此对应，要发生相关的库存费用、人工费用、管理费用和投资。尽管这样，还是不能完全挽回由于不确定性因素带来的损失。

2. 以 JIT 思想为宗旨的拉动式生产物流运作方式

在该运作方式中，从最终产品装配出发，由下游工序反向启动上游的生产和运输。每个车间和工序都是“顾客”，按当时的需要提出需求指令；前序车间和工序成为“供应商”，按顾客的需求指令进行生产和供应，没有需求就不进行作业。

JIT“拉动式”生产物流系统的最大特点是市场供需关系的工序化。它以外部市场独立需求为原点，拉动相关物料需求的生产和供应。生产物流系统中的上下游、前后工序之间形成供应商—顾客关系，下游和后工序“顾客”需要什么，上游和前工序“供应商”就“准时化”提供什么，使生产物流过程精益化，市场需求导向的理念在拉动式生产物流中得到充分体现。JIT 的最终目标是消灭库存或至少把库存降到最小值。

JIT 的拉动式生产物流运作模式的实施需要一定的企业管理基础，它主要考虑人的因素，注重员工的多功能性和合作性。但是，该生产物流系统的成功运行是在与生产相关的物流系统资源都能够提供足够大的物流能力的前提下进行的。在实际生产中，各种资源的能力不可能一开始就是完全相等的，即不可能一开始就实现最大能力的均衡生产。所以，JIT 的顺利实施也就受到了整个生产物流系统中有效产出最低的环节——瓶颈的限制。

3. 基于 TOC 瓶颈控制理论的生产物流运作方式

TOC 理论中的瓶颈思想是将企业看作一个完整的系统，认为任何系统都会产生瓶颈因素。正是各种各样的制约因素，限制了企业生产产品的数量和利润的增长。因此，企业在实现其目标的过程中，应逐步识别和消除这些现存或潜伏的瓶颈，使得企业的改进方向和改进政策明确化，从而实现其“有效产出”的目标。该生产物流运作方式，是综合推动式与拉动式的一种混合型方式。

1.2.2 三种生产物流运作方式比较

ERP（包括 MRP、MRPⅡ）、JIT、TOC 三种理论是在不同时代、不同经济与社会环境下产生的企业管理方式。

1. 计划方式

MRP 系列采用集中的计划方式，计算机系统首先建立一套规范、准确的零部件、产品结构及加工工序等数据系统，并在系统中产生库存、订单等供需数据，系统据此按照无限能力计划法，集中展开对各级生产单元及供应单元的生产与供应指令。

JIT 采用看板管理方式，按照有限能力计划，逐道工序地传递生产中的取货指令和生产指令，各级生产单元依据所需满足的上级需求组织生产。

TOC 则先安排约束环节（系统瓶颈）关键件的生产进度计划，以约束环节为基准，把约束环节之前、之间、之后的工序分别按拉动、工艺顺序、推动的方式排定，并进行一定优化，然后编制非关键的作业计划。

2. **能力平衡方式**

MRP 系列提供能力计划功能。由于 MRP 系列在展开计划的同时将工作指令落实到具体的生产单元上，因此根据生产单元的初始化能力设置，可以清楚地判断生产能力的实际需求，由计划人员依据经验调整主生产计划，以实现生产能力的相对平衡。

JIT 计划展开时基本不对能力的平衡作太多考虑，企业密切协作的方式是保持需求的适当稳定，并以高效率的生产设备来保证生产物流系统能力的相对平衡。总体能力的平衡一般作为长期的规划问题来处理。

TOC 理论则首先按照能力负荷情况，将资源分为瓶颈资源和非瓶颈资源，通过改善企业链条上的薄弱环节来消除“瓶颈”，同时注意到“瓶颈”是动态转移的，通过 TOC 管理手段的反复应用来实现企业的持续改进。

3. **库存的控制方式**

MRP 系列中一般设有各级库存，强调对库存管理的明细化、准确化。库存执行的依据是计划与业务系统产生的指令，例如，加工领料单、销售领料单、采购入库单、加工入库单等。

JIT 生产过程中一般不设在制品库存，只有当需求期到达时才供应物料，所以库存基本没有。

而 TOC 的库存控制是通过合理设置“时间缓冲”和“库存缓冲”来实现的。缓冲器的存在起到了防止随机波动的作用，使约束环节不会出现等待任务的情况。缓冲器的大小由观察与实验确定，再通过实践进行必要调整。

4. **物料采购与供应方式**

MRP 系列的采购与供应系统主要根据由计划系统下达的物料需求指令进行采购决策，并负责完成与供应商之间的联系与交易。此类采购与供应部门的工作任务主要是在保证供应的同时降低费用。

JIT 将采购与供应视为生产链的延伸部分。在实际生产过程中，由于企业已与供应商建立密切的合作关系，所以供应商一般可根据提出的需求组织生产，保证与企业生产链的紧密衔接。此种情况下，采购与供应部门更像协作管理部门。

TOC 软件的集体运行和 MRP 系列一样需要大量的数据支持，如产品结构文件、加工工艺文件及加工时间、调整准备时间、最小批量、最大库存、替代设备等。物料采购提前期不是事先固定的，是由上述数据共同决定的函数，物料的供应与投放则按照一个详细作业计划来实现，即通过“绳子”来同步。

1.3 生产物流发展阶段

1.3.1 国内外生产物流发展情况

在国外，美国作为较早进入工业化的国家，从 20 世纪 50 年代开始，其企业生产物流的应用管理与研究也经历了一系列的发展过程，目前已经形成了一套完善的体系。20 世纪 80 年代，美国制造业为了争取更大的市场优势，很多企业调整结构、兼并重组，这对于制造企业内部的生产物流，在组织和管理上是一次革命。全球经济市场的迅速扩张，对物流运作提出了更严格的要求，必须在更大范围的市场中降低物流运作成本。同时，市场经济也逐渐要求制造业减少制造成本，在制造周期与综合实力的基础上提升竞争力。随着经济的发展，制造企业的生产物流进一步发展，物流一体化进程逐渐加快，集中体现在以下几方面。

（1）产品的包装容器逐渐标准化，可以共享仓储设备、装卸设备和运输车辆等设备。

（2）应用信息系统，共享相关信息（如生产信息、市场信息等）。利用 ERP 或 JIT 等先进的信息系统降低库存量，甚至实现零库存。

（3）外包物流业务给专业的第三方物流公司，引进先进的物流运作技术，提升企业的整体物流管理与运作水平。因此，制造企业可以专注于提升核心业务的市场竞争力。

在国内，由于我国长期处于计划经济的管理模式下，生产物流的运作与管理相对滞后。虽然近年来人们对物流和生产管理有了一定的认识，很多企业也采取了一些先进的生产管理方法，但仍有一些企业采取粗放型的管理和经营模式。

综观国内外企业生产物流，其发展正呈现两大趋势或特点。

一是准时，它是基于以适应企业生产的小批量多批次的生产特点提出的必然需求，在技术手段方面采用与企业生产节奏相适应的同步物流技术，通过物流途径向后传递，其间包括了生产企业内部的供给管理、实物管理、第三方中转仓库或承运商、供应商的发货管理，是以需求拉动为特点的运作模式。

二是低成本，物流成本的研究不仅局限在企业内部物流成本，供应链概念的提出拓宽了企业眼界，物流成本的考量转变为基于供应链上的总成本降低。这一观念的转变，为企业物流的发展拓展了思维。

1.3.2　生产物流发展阶段

生产物流的发展主要经历了功能分割阶段、功能集合阶段、组织化阶段、过程集合阶段、虚拟化阶段五个阶段。

第一阶段是功能分割阶段。这是在物流观念确立之前，存在于企业中的普遍状况。企业中没有整体的物流观念，物流的实际活动分散在企业不同部门和不同领域，各自独立运作，互相之间也就缺乏能动衔接。这一阶段最显著的特点是人工物流，即以人力为主的物流作业方式。

第二阶段是功能集合阶段。系统的物流观念确立之后，从系统物流观念出发，尽量将各项功能进行集合，从而使企业中原来互不相关的许多活动，以“物流”两个字关联在了一起。同时，在具体的物流作业中，机械化程度越来越高。

第三阶段是组织化阶段。在整体的、系统的物流观念对于改进企业生产流程、降低库存、降低成本等方面发挥了效用之后，自然而然地出现了新成立的物流部门，综合管理企业内部的物流事宜，组织和推进企业生产物流。生产物流作业也呈现出专业化、自动化特征。

第四阶段是过程集合阶段。当物流组织化再生产运作到一定阶段时，就出现了一种新的、在不改变企业生产和管理组织的前提下，对处于不同领域和不同部门的物流过程，进行横向集合，即依靠信息技术、手段，将物流过程跨越不同领域和部门，从系统角度进行协调和衔接，从而使企业生产物流的有效性得到了提高。在这个阶段，自动存取系统（AS/RS）、自动导引车（AGV）、电子扫描器和条码等信息手段得到充分应用。借助先进的信息技术，物流作业与业务得到较好集成。

第五阶段是虚拟化阶段。在企业已经实现信息化的基础上，在信息技术的强大支持下，形成一种正规生产组织之外的“准管理组织”状况，这种生产组织是虚拟的，但是可以发挥整合资源、优化过程、辅助管理的作用。这也使生产物流不再局限于单个企业内部，而是可以跨越多个实体组织，形成一种协同生产物流模式。在这一阶段，物流作业变得更加智能化。

2　企业生产物流均衡概述

2.1　生产物流均衡

2.1.1　生产物流均衡定义

基于离散型制造的复杂性，本章对生产物流均衡（Balanced Inventory Flow Replenishment，BIFR）给出以下两个定义。

定义一：当生产物流系统达到均衡时，各个加工中心的在制品量相等或相接近，即单位时间内进出各加工中心的在制品量相对保持均衡。该定义可用 Little's Law 来表示：

$$TP = WIP/CT \tag{2-1}$$

其中，TP 为系统的产出速度，WIP 为系统在制品量，CT 为平均生产周期。当企业生产物流处于均衡时，对于各个加工中心，有以下公式成立：

$$\frac{WIP_1}{CT_1} = \frac{WIP_2}{CT_2} = \cdots = \frac{WIP_n}{CT_n} \tag{2-2}$$

定义二：生产物流均衡是指生产物流系统中各个加工中心的实际负荷等于或接近计划的负荷值，即整个生产物流系统的负荷平稳，波动较小。

定义一从产品流的角度对企业生产物流均衡进行了定义，其思想与传统的生产物流均衡相一致，即保证每个时刻的投入量等于产出量。考虑到这只是理想状态，在实际生产中无法真正实施，所以从加工负荷（在制品）角度对生产物流均衡赋以新的定义。定义二包含了定义一的内容。因为维持生产物流系统较小的负荷波动需要整个生产物流系统的产出速度保持一致，从而达到产出均衡的目的。同时，控制不同时刻的负荷波动在实践中更具可操作性，它充分考虑了离散制造系统的“随机性”特性，在实际调度中具有较强的实用性。在以前的研究中，学者往往只针对单个加工区域（加工中心）在制品进行控制研究，效果不太理想。本章从系统角度出发，着眼于整个生产物流系统的负荷均衡，对企业生产物流进行有效控制，以期得到较好的系统绩效。

本章所提出的生产物流均衡定义与传统生产物流均衡的定义在本质上是相同的，即要求每个时刻进出系统、进出各个加工中心的在制品量相等。不同之处在于，传统生产物流均衡的研究目的是追求单一生产绩效指标，即成本最小化或产出最大化。由于企业生产绩效指标具有多样化特性，从稳定生产物流系统负荷均衡的角度研究能较好地折中这些相互冲突的指标，因此本章对生产物流均衡进行了重新定义，以利于生产物流均衡的控制。其基本思想是通过一系列控制策略，使各加工中心的负荷长期保持相对稳定。优化目标是通过维持生产物流均衡，稳定系统瓶颈，较好地折中多个相互冲突的绩效指标，获得一个较满意解。

2.1.2 生产物流均衡思想

生产物流均衡（Balanced Inventory Flow Replenishment，BIFR）源于 TOC 理论。TOC 理论认为生产物流均衡就是使生产系统中各环节的每个作业都与瓶颈作业协调同步，以使生产周期最短、在制品最少，进而实现系统有效产出最大的目标。其中，瓶颈是指制约生产系统总体产出的环节，决定系统的生产能力。生产物流均衡以生产物流联系生产的各个环节，以瓶颈环节的生产能力为依据，均衡库存，加快由订单需求驱动的整个生产过程的物料以最短路径流通，并限制各环节生产能力的利用，以此追求整体效益最优化（Riezebos et al.，2003）。

维持企业生产物流均衡的实质是实现均衡生产。均衡生产是指在相同的时间间隔内，生产的产品数量基本相等。均衡生产包括两方面含义：一方面企业按照计划规定的品种、数量、质量和交货期，均衡地产出产品；另一方面，要求企业内部各生产环节做到有节奏生产，消除前松后紧、突击赶工、消极待料等现象。实现均衡生产有利于充分利用企业的生产能力，提高产品质量，改进企业的经营管理等活动，也有利于提高企业的经济效益。要实现均衡生产，必须依靠生产作业计划合理地组织企业的生产，协调好各部门间的关系。同时，通过信息反馈系统，准确掌握生产状况，及时了解生产进度，处置生产过程中的异常情况，排除各种干扰和破坏均衡生产的因素，保障各部门间协调一致。

生产物流均衡时，合理的库存缓冲可以用来增加生产过程的产出率，更快的产出率可以提高对订单需求的响应速度，可以提高产能、减少额外库存、提高质量和做出更准确的需求预测。在 BIFR 中，产出率是指通过产品销售，原材料转化为利润的速率，这与传统的局部优化的方法，如生产提前期、产品成本、边际效益和生产效率等形成了对比。

BIFR 强调合理的库存和高产出率，同时使在制品量、库存、营运费用和制造业需求变动最小化来优化生产运作。首先，均衡瓶颈环节；其次，均衡生产过程的各个环节；最后，降低所有缓冲的库存，并把批量转化为最小的库存投入，同时加快响应订单速度。因此，BIFR 能够使整个生产运作稳定。此外，BIFR 借助 OCTANE（产品对利润的贡献关系，决定产品订单的优先级）方法来计算每种产品对产出率贡献的真实关系。这样，生产管理人员就可以在第一时间设定订单的优先级。

要实现生产物流均衡，就要制订最优的计划并采取适时有效的控制策略。若在整个生产过程中能有效落实这种最优的生产计划和控制策略，也就实现了生产物流的均衡。企业的计划与控制的目标就是寻求顾客需求与企业能力的最佳配合，一旦一个被控制的作业（瓶颈）建立了动态均衡，其余的作业应相继地与这个被控制的作业同步。

实现生产物流均衡的计划与控制主要包括以下步骤。

步骤 1：识别瓶颈是控制物流的关键。

一般来说，当需求超过能力时，排队最长的设备就是瓶颈。如果一定时间内生产的产品及其组合已经确定，就可以按物料清单计算出要生产的零部件。然后，按零部件的加工路线及工时定额，计算出各类设备的任务工时，将任务工时与能力工时比较，负荷最高、最不能满足需求的设备就是瓶颈（也称瓶颈资源、瓶颈设备）。找出瓶颈之后，可以把企业里所有的加工设备划分为关键资源和非关键资源。

步骤2：基于瓶颈的约束，建立产品产出计划（主生产计划）。

产品产出计划的建立，应该使受瓶颈约束的物流达到最优，因为瓶颈约束着系统的“鼓的节拍（Drum - beat）”，即控制着企业的生产节拍和产销率。为此，需要按有限能力，用顺序方法对关键资源排序，由此制订的作业计划才是切实可行的。

步骤3：“缓冲器”的管理和控制要对瓶颈进行保护，使其能力得到充分利用。

一般要设置一定的“时间缓冲”。时间缓冲是指所提供的物料要比预定的时间提早一段时间到达，以避免瓶颈出现停工待料的情况。

步骤4：控制进入非瓶颈的物料，均衡企业的生产物流。

进入非瓶颈的物料应被瓶颈的产出率所控制（“绳子”）。一般按无限能力，用倒排法对非关键资源安排作业计划，使之与关键资源上的作业同步。倒排时，采用的提前期可以随批量变化，批量也可按情况分解。

2.2 生产物流均衡问题分析

2.2.1 传统的生产物流均衡问题

传统生产物流均衡问题，又称装配线均衡问题，最初主要研究 Flow - shop 方式（肖承忠，1987）。它是指在给定生产速度或节拍的条件下确定最小工序数，或者在给定工序数的条件下确定最小节拍的问题。传统生产物流均衡问题可分为成本最小化与产出最大化两类优化问题。其中，成本最小化问题是指在市场需求或产品产出量已知，生产周期固定的情况下，使操作人员数量最小化以达到最低的人力成本；产出最大化问题则是指在操作人员数量固定时，最小化生产周期，使系统产出最大化。尽可能消除各工序上的空闲时间是传统生产物流均衡的基本思想。

生产物流均衡问题一直是学术界与工程界研究的热点问题之一。市场需求的多样性与动态性，使生产方式由原来的大型流水式生产方式向多品种、少批量生产方式转变，生产物流均衡的研究也由单一产品生产物流系统发展到多产品的混合式生产物流系统。目前研究较多的是装配线均衡，尤其是U型装配线的均衡问题。U 型装配线是指生产物流系统的布局呈“U”字形，这样每位操作员可负责多台设备的操作。U 型装配线的生产方式多是 JIT（Just In Time）方式，以达到人员及设备的最优配置，实现成本最小化（Miltenburg，1998）。

2.2.2 离散型企业生产物流均衡问题

离散生产特性增加了企业制造工艺的随机性和复杂性，使生产物流系统的瓶颈漂移现象突出，生产物流极不均衡，严重影响了企业生产绩效指标的实现。以半导体芯片生产为例，晶圆加工直径进入 8 英寸以后，其制造系统的加工复杂程度呈现指数级上升，每片晶圆都要经过三四百道加工工艺，加工层数为 20 ~ 40 层，即重入 20 ~ 40 次。某些被重复访问次数多的设备就容易成为系统瓶颈。

制造工艺复杂，计划与控制难度就会变大。MRPⅡ/ERP 理论在一定程度上追求生产能力的均衡，而实际上生产能力的均衡是做不到的，因为产品组合变化、设备故障等不确定因素大量存在，所以要接受制造系统随机动态变化的现实。追求各个作业与瓶颈间工序的同步，力求达到生产周期最短、产出最大、订单准时交货率最高等生产绩效指标的均衡是一个不错的控制思想。

在离散型企业生产物流系统中，同时会有许多种不同类型的产品进行加工。另外，客户订单具有一定的随机性，这就造成各加工区域的加工负荷无法进行准确预测，并直接反映在在制品的分布上，即现场在制品水平波动性很大。这会给企业生产计划与控制带来很大的负面影响。

在实际生产中，企业多品种生产的复杂多变的加工工艺，使生产物流极不均衡。企业生产物流的不均衡会造成以下问题。

（1）系统负荷或在制品水平分布不均，波动较大，在制品在某个加工中心大量堆积，而其他加工中心出现缺料，系统瓶颈漂移频繁。

（2）多余的在制品在增加调度难度的同时，也使得资金沉积，企业运营困难。

（3）缺料现象的出现会严重影响系统产出效率。

（4）瓶颈漂移会使系统形成新瓶颈或暂时瓶颈。发生在原瓶颈之前的新瓶颈可能会造成瓶颈的生产安排延误，而瓶颈生产的延误会影响整个系统的产出。发生在原瓶颈之后的新瓶颈会影响产品的交货时间。频繁的瓶颈漂移不仅使现场调度困难，无法最大化系统产出及保证客户订单交货期，而且无法实现生产计划，系统的生产绩效也会因此降低。

因此，通过均衡生产物流系统（负荷），可以获得较平稳的产品流，能够有效解决上述问题。

在现代企业中，系统产出、交货期、生产周期以及在制品库存是颇为重要的生产绩效指标。

由于产品的生产周期一般较长，可能需要 2 ~ 3 个月，因此不断缩短生产周期是企业持续追求的重要目标之一；理论界也对此进行了大量研究，如许多学者通过控制在制品量来达到缩短生产周期的目的（Wein，1992；Liu et al. ,1999；Kim et al. ，2001）。然而，企业往往会对其余的几项指标同时提出控制目标，而且这些指标间存在一定的消长关系。例如，由于设备昂贵，折旧速率快，企业往往会采用增加在制品量的方法来提高设备利用率，以最大化产出，这就造成与缩短生产周期的目标相冲突。因为瓶颈产出决定着整个系统的产出，同时在制品量越少，瓶颈设备需要更多的调整准备时间（Set-up time），所以多数企业试图通过保持较高的在制品量来保证最大化系统产出。根据 Little's Law，在产出速度固定时，高的在制品水平会延长生产周期，这一点也被 Lee 等所验证（Lee et al. ，2002），而追求短的生产周期也是企业所强调的生产绩效指标之一。因此，最大化产出与最小化生产周期两个指标存在冲突。同时优化这两个指标的一个较折中的方案是将系统在制品量控制在一个合理范围内，这样就可以得出一个满意解。

又如，市场竞争激烈，提高准时交货率是重要的生产绩效指标之一。最大化产出与提高准时交货率两个生产绩效指标也在某种程度上存在冲突，因为企业为了最大化产出，在生产调度时往往会优先加工生产周期短的产品，造成生产周期长的产品订单延迟。

面对相互冲突的多个生产绩效指标，针对某一指标来优化企业生产是无法真正满足企业需要的，也无法用于企业的实际生产。平稳的生产流，能够降低生产周期的均值与方差，减少订单延迟，较好地均衡多个生产绩效指标；平稳的生产流意味着系统有固定的产出速度，这样无须设置太高的在制品库存就能满足生产要求；同时，在产出速度较稳定时，根据 Little's Law，低的在制品量意味着生产周期的缩短。

此外，企业生产物流均衡也可以减少订单延迟：

由 Little's Law 可知：

$$WIP = TP \cdot CT \tag{2-3}$$

另外，对于单工件加工来说，产出速度 TP 与平均加工时间 $\overline{PT}$ 成反比：

$$TP = \frac{1}{\overline{PT}} \tag{2-4}$$

则由式（2-3）和式（2-4）可得：

$$WIP = CT \cdot \frac{1}{\overline{PT}} \tag{2-5}$$

即：

$$WIP \cdot \overline{PT} = CT \tag{2-6}$$

进而可推导出：

$$\Delta(WIP \cdot \overline{PT}) = \Delta CT \tag{2-7}$$

式（2-7）中的左侧表示系统负荷的波动大小，右侧表示系统生产周期的变化，这也意味着，系统负荷的波动大小会严重影响生产周期的波动。许多学者（Wein et al.，1992；Ehteshami et al.，1992）通过控制在制品量来缩短生产周期，取得了较好的效果。减少系统负荷的波动可以直接促使生产周期保持相对稳定，这样既有利于生产计划的实现，又能准确预测产品的交货期，提高准时交货率。

因此，保持负荷均衡是兼顾相互冲突的生产绩效指标的有效控制方法之一（Lee and Kim，2002）。维持企业生产物流的均衡很关键，没有平稳的生产流，在制品无法在准确的时间内提供给设备，也就无法有效地对设备前的在制品进行调度，生产计划很难实现。从生产物流均衡的角度出发，优化企业生产，不仅能够有效解决企业存在的主要生产问题，如瓶颈漂移现象，而且能够满足企业多个生产绩效指标的需求，具有较强的实用性。

2.3 影响企业生产物流均衡的因素及管理措施

影响企业生产物流均衡的因素有很多，本章将其划分为决策阶段（Decision－making stage）与执行阶段（Execution stage）两个不同层次的影响因素，如图2－1所示。决策阶段是指在产品进入生产物流系统加工前的所有阶段，主要包括产品组合策略、产能规划、生产计划以及作业计划。执行阶段是指产品从开始加工至加工完毕的整个生产过程，主要包括生产控制策略、生产异常情况。

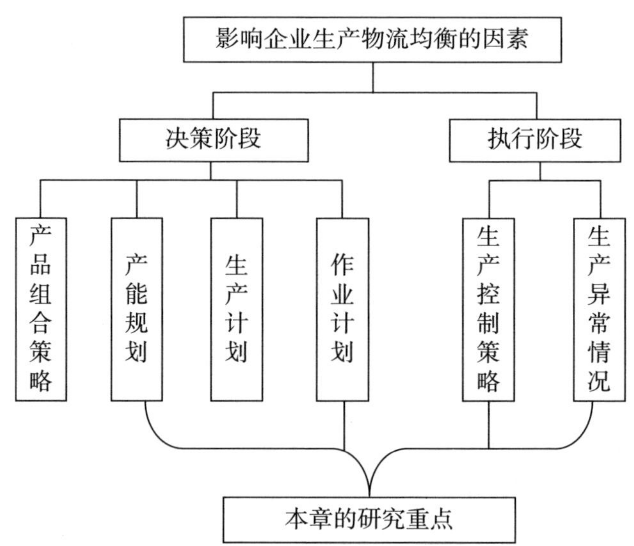

图2－1 影响企业生产物流均衡的因素

2.3.1 决策阶段影响企业生产物流均衡的因素

在决策阶段，产品组合策略、产能规划、生产计划以及作业计划等因素都会对企业生产物流均衡造成影响。

1. **产品组合策略对生产物流均衡的影响**

从长期来看，产品组合由市场需求决定，尤其是面向订单生产（Make－to－order production）的企业。产品组合策略在很大程度上决定着企业的利润水平。对于离散型企业来说，多实行订单式生产，以提供工艺技术（Process technology）来制造客户需要的产品，产品类型为多品种少批量，产品生命周期短，需求量变化波动大，产品组合变化也较大。

产品组合比例在某种程度上也决定着生产物流系统的负荷状况。良好的产品组合比例能够均衡各加工中心（或各产品层）的负荷，有利于生产物流的平稳。反之，不佳的产品组合会给生产物流系统的负荷均衡带来大的负面影响，给以后的生产控制造成困难。例如，假设各加工中心都仅有一台设备，表 2－1 是两种产品 P_1 与 P_2 在各个设备 M_i 上的加工时间，表 2－2 表示不同产品组合时各加工中心的工作负荷。

表 2－1　　两种产品的加工时间　　单位：分钟

产品	M_1	M_2	M_3	M_4
P_1	10	40	20	20
P_2	40	30	40	30

表 2－2　　不同产品组合时各加工中心的工作负荷　　单位：分钟

产品组合	M_1	M_2	M_3	M_4
1（300 批 P_1 和 500 批 P_2）	23000	27000	26000	21000
2（500 批 P_1 和 300 批 P_2）	17000	29000	22000	19000

由表 2－2 可知，采用产品组合 1 生产时，整个生产物流系统的负荷均衡水平较高。

2. 产能规划对生产物流均衡的影响

就生产物流均衡而言，短期产能规划对生产物流的影响比长期产能规划要大，因此本章只讨论短期的产能规划对生产物流均衡的影响。短期产能规划主要是针对现有的生产资源（如人力或设备资源）加以规划，从而满足产出需求或市场需求。存在缺陷的产能规划会直接影响生产活动，过高的产能显然是资源的浪费，所有企业需要极力避免；而产能过低则会影响交货期，降低企业竞争力，将商机拱手让人。

产能规划主要利用主生产计划、产品生产周期以及产品在各加工中心的加工时间来估算各加工中心每月的产能负荷，将各产品数量乘以单位产品所需加工时间，加总后得到生产物流系统的总负荷。然后，根据以往各加工中心负荷的分摊比例，将生产物流系统总负荷分配到各加工中心。因此，产能规划对生产物流系统的负荷水平影响较大，对生产物流均衡影响较大。例如，假设表2-2中各台设备的生产能力均为30000分钟，产品P_1与P_2的月生产计划分别为300批、500批，进行产能规划后的结果如表2-3所示。

表2-3　　产能规划对生产物流均衡的影响

指标	M_1	M_2	M_3	M_4
负荷分配（分钟）	23000	27000	26000	21000
设备利用率（%）	76.7	90.0	86.7	70.0

由表2-3得到的产能规划结果较好，生产物流均衡较好。但是，瓶颈设备M_2与非瓶颈设备M_3的利用率相当，容易发生瓶颈漂移现象。因此，在投料与调度环节应当加以控制。

3. 生产计划对生产物流均衡的影响

与产能规划相同，这里只讨论短期生产计划对生产物流均衡的影响。一般来说，企业根据客户需求、市场需求预测以及现有库存状况来决定最大化利润时的最佳生产计划。生产计划也是在车间内分配总负荷，不同的生产计划对生产物流系统的负荷的影响程度不同。不良的生产计划容易使整个生产物流系统的负荷不均衡，在制品无法平稳地进出各个加工中心，造成堆积或缺料。因此，制订生产计划时要充分考虑对生产物流系统负荷的影响，尽可能使负荷均衡。

4. 作业计划对生产物流均衡的影响

作业计划（静态投料计划）若安排不妥当，在某一段期间内可能使某些设备前堆积大量在制品，而另一些设备则因缺料而等待，整个生产物流系统的负荷波动较大，给企业生产带来不良的影响。例如，两产品A、B的投料安排如表2-4所示。假设产品A从投料到设备M需要的时间为6天，产品B从投料到设备M需要的时间为5天，则在5月21日（5/21）时，设备M

前堆积的在制品量为600片（产品A有300片、产品B有300片），其负荷波动较大。

表2-4　　　　产品投料安排

投料日期（月/日）	产品A投料量（片）	产品B投料量（片）
5/15	300	200
5/16	200	300

2.3.2 执行阶段影响企业生产物流均衡的因素

1. 生产控制策略对生产物流均衡的影响

生产控制策略是为实现企业生产绩效指标所采取的生产控制手段，它包括投料策略与调度策略两个方面。生产控制策略直接影响生产物流系统的负荷状况，在很大程度上决定着生产物流系统的均衡。不同性质的控制策略对生产物流系统的影响不同，好的控制策略能够着眼于整个生产物流系统的全局状况，能保持一个较平稳的生产流，更好地实现企业的多个生产绩效指标。例如，EDD（Earliest Due Date）法则（最早交货期优先法则）侧重于实现产品交货期，属于局部调度策略，较少考虑生产物流系统的负荷状况。因此，尽管EDD能提高产品准时交货率，但是容易造成生产周期延长、产出降低等问题。又如，SPT（Shortest Processing Time）法则（优先处理工艺时间较短的工件法则）致力提高瓶颈产出（或系统产出），优先加工那些加工时间短的产品，结果造成一些产品的等待时间增加，使生产周期延长，并影响到产品的总体交货期。目前，已经证明全局性控制策略（如SA法则）比局部性控制策略（如SPT法则）能够更好地均衡生产物流系统的产出，并能较好地实现企业生产绩效指标（Russ et al.，2003）。但是，全局性控制策略往往实施困难，因为多数全局性控制策略，在实施前需要许多用户化的工作，而且多数无法优化多个生产绩效指标，实用性差。由于维持生产物流均衡能够兼顾多个生产绩效指标，同时使整个生产物流均衡的控制策略属于全局性策略，因此，企业生产物流均衡的全局性投料策略与调度策略将是本章的研究重点。

2. 生产异常情况对生产物流均衡的影响

在离散型企业制造系统中，存在大量的生产异常情况，如设备宕机、设备预维护、客户插单/撤单、操作人员变化、工程试产等。这些情况都在不同程度上影响生产物流系统的负荷情况，对整个生产物流系统的均衡会产生直接影响。例如，客户紧急插单时，会引起产品组合比例变化，可能发生瓶颈漂移现象，使整个负荷均衡受到影响。另外，经常性的设备宕机与预维护也是不可避免的。例如，在芯片实际生产中，一般设备宕机时间较短，影响最大的是预维护，需要 8 ~ 12 小时。发生较长时间设备宕机或预维护时，容易发生瓶颈漂移，设备前的在制品要经过数日才能恢复到正常值，影响整个生产物流系统的调度，使生产物流均衡受到影响。

2.3.3 维持企业生产物流均衡的管理措施

由上面分析可知，在规划与执行阶段均存在影响生产物流均衡的因素，尽管许多因素是无法避免的，但是生产管理者可以采用科学的管理措施与方法，减少这些因素对生产物流均衡的不良影响，维持生产物流的动态均衡。

1. 产品组合方面

市场需求决定着产品组合。对于面向订单生产的离散型企业，为了充分利用制造产能，降低设备闲置成本，必须更好地满足客户需要，因此较难任意决定产品组合。由于系统瓶颈决定系统产出，在决定订单生产的优先级时，以最大化单位瓶颈产出利润为主要依据，决定最佳的产品组合。同时，考虑到产品组合对生产物流系统负荷的影响，对上述得到的产品组合进行适当调整，在保持较高利润水平的同时，减少对生产物流系统的负面影响。

此外，为减少因系统负荷波动造成的瓶颈漂移，应尽可能使产品组合稳定。企业通常应与特定的几个客户建立长期合作关系，来争取长期稳定的订单。在半导体行业，随着 IDM 公司把订单外包给芯片代工厂，这种长期合作关系在不断加强，如上海先进与飞利浦、台积电与英特尔间的长期合作关系。

2. 产能规划方面

产能规划可以通过增添瓶颈设备或非瓶颈设备来提高产能，改善生产物流系统负荷分布状况，这势必增加额外投资。另外，可以优化产能规划来改善负荷状况，以瓶颈设备产能负荷为主要管理对象，结合产品组合比例与交货期，均衡地分布系统负荷。

3. 生产计划方面

传统的生产计划是在已知客户需求、预测需求等需求量及现有库存量的约束下，以最大化企业利润为目的制订的计划，对生产物流系统负荷均衡状况考虑得很少。然而，由于具有复杂性、随机性、动态性等制造特征，离散型企业从生产计划层面加强对整个生产物流系统的控制尤为重要。因此，在尽可能最大化企业利润的同时，必须兼顾生产物流系统的负荷，结合能力计划，从生产物流均衡角度制订生产计划，使整个生产物流系统的负荷相对均衡，这是研究生产计划的新思路。

4. 投料计划方面

投料计划是生产计划的进一步细化，确定各个订单的具体投料时间，直接影响生产物流系统的均衡状况。DBR 理论是以瓶颈资源为管理重心，鼓（Drum）作为系统的控制机制，控制着系统的生产节奏；缓冲器（Buffer）作为缓冲机制，以减少或避免系统的随机因素对瓶颈资源造成的负面影响；绳子（Rope）作为系统的计划机制可以使系统各部分相协调。通过鼓、缓冲器及绳子三个方面的共同作用实现整个生产物流系统同步、协调生产，即最大限度地保持系统产出均衡。因此，本章以传统的 DBR 理论为基础，研究适合于离散型企业的 DBR 理论，并据此制订投料计划，以实现生产物流均衡的目标。

5. 生产控制方面

随着产品性能的提高，工艺技术越来越复杂，给生产物流带来一些新情况。

（1）滞留生产物流系统的在制品在数量与品种上不断增加，几十种产品的在制品堆积在聚结式（Cluster）的设备前，造成大量资金沉积。

（2）在制品在设备前的等待时间增加，带来不良影响，返修造成的重加工现象突出，产能浪费严重。

（3）设备前的在制品量（或负荷）波动变大，瓶颈漂移现象突出，生产控制更加困难。

（4）传统的生产控制方式越来越无法满足企业生产的需求，实现企业制定的生产绩效指标也越来越困难。

以上种种新情况使得缩短生产周期、减少在制品量、提高设备利用率、提高准时交货率以及提高成品率变得更加重要，也成为多数企业追求的生产绩效指标。如何通过生产控制来兼顾并实现相互冲突的生产绩效指标的优化，成为理论界与工程界亟待解决的问题之一。简单地采用局部信息的传统控制方法无法对整个企业生产进行有效控制，整合企业全局信息的控制策略成为多重入制造系统中的研究热点之一。平稳的生产物流，能够降低生产周期的均值与方差，减少在制品量以及订单延迟数目，较好地均衡多个生产绩效指标。因此，研究生产物流均衡优化与控制问题具有十分重要的意义。

6. 异常生产情况方面

在众多异常生产情况中，有些因素可以通过生产控制手段加以控制或解决，如人员变化。有些则需要重新制订生产计划或投料计划，如设备预维护。管理者还可以通过加强预防保养和加强操作员的训练来降低设备宕机（Breakdown）次数。短时间的设备宕机可以通过投料或调度加以控制。对于较长时间的设备宕机，容易形成新的系统瓶颈，需要重新制订投料计划。

综上所述，造成生产物流不均衡的因素是多方面的，既有生产内部因素，又有生产以外的因素。本章侧重研究对企业生产物流均衡直接产生影响的几个方面。

3 相关研究与理论基础

3.1 理论基础

3.1.1 最优生产技术（OPT）理论

1. 基本思想

最优生产技术（Optimized Production Technology，OPT）是以色列著名物理学家 Eli Goldratt（艾利·高德拉特）博士于 20 世纪 70 年代提出的。Goldratt 博士最初将其称为最优生产时间表（Optimized Production Timetable），进入 20 世纪 80 年代后又将其称为最优生产技术。OPT 是 MRP 和 JIT（Just in time）生产方式后的又一新型组织生产方式。

为了最大限度地提高产出率，OPT 理论认为对其他零部件的需要量是由瓶颈工序零部件的数量而定的。如果非瓶颈工序提供的零部件超过瓶颈工序提供的零部件，那些超出的部分就形成了在制品积压，不但不能增加产品产出量，而且还会因过多生产一时并不需要的零部件，浪费生产资源，增加在制品的库存，导致生产成本上升。基于这样的认识，OPT 理论的主要控制方法是首先找出瓶颈工序，提高瓶颈工序的资源利用率，与此同时，还要安排好非瓶颈工序的资源配置，使之与瓶颈工序生产率保持同步，通过这样的安排，使在制品在生产过程中的积压减少到最低限度。

企业的生产目的是最大限度地满足市场或顾客的需求，最大限度地获取经济效益。为了达到该目的，需要解决的核心问题是如何利用最低的成本，以最短的时间，生产出市场或顾客需要的产品。一种可行的解决方法是：面对要生产的产品，找出产品生产中影响生产进度最薄弱的环节，集中主要精力保证最薄弱的环节满负荷工作，以避免影响生产进度，从而使生产周期缩至最短，在制品库存降到最低，这就是 OPT 理论的基本思想。

OPT 理论主要用于安排企业生产中的人力和物料调度。对于单件小批量生产的企业，由于产品种类多、产品结构复杂，计划控制的对象往往零部件过于繁多。在这种情况下，按照区分主次、集中精力优先解决好主要矛盾的指导思想进行零部件的生产计划与控制是比较可行的办法。从 OPT 的实践表明，其在单件生产车间中发挥的效果不佳。OPT 的适用条件包括：①瓶颈要相对稳定；②瓶颈要保证达到 100% 的负荷能力；③需求是相对稳定的；④员工愿意而且能够服从计划的调度安排。OPT 对于动态的数据以及瓶颈和接近瓶颈资源的数据要求精确。实现 OPT 需要对员工进行培训，使员工能在不同的生产岗位上及时发现问题、跟踪问题，最终用 OPT 来解决问题。

最优生产技术的提出解决了有限能力下的车间控制和决策方面的问题。最优生产技术的基本思想是，当市场需求量超出了企业的生产能力时，由于某些工序的最大产出能力无法满足顾客的需要，企业也无法生产出相应的产品。面对这样的情况，为了满足市场的需求，企业只有同时提高产出率，降低库存和生产费用，才能够获取利润。因此，OPT 把生产控制的重点放在提高产出率和降低库存方面。

2. **优化目标**

OPT 理论认为，任何制造企业的真正目标只有一个，即赚取利润。要实现这个目标，必须在增加产销率的同时，减少库存和营运费用。它吸收 MRP 和 JIT 的长处，是以相应的管理原理和软件系统为支柱，以增加产销率、减少库存和营运费用为目标的优化生产管理技术。它是一套可提高产出、减少库存的分析性技术理论。OPT 系统将重点放在控制整体产出的瓶颈资源上，优先处理所有瓶颈作业，并以平衡物料流动为原则，使整个系统达到产出最大的目的。

按照 OPT 的观点，在生产系统中，作业指标有三个。

（1）产销率（Throughput，T）。按 OPT 的规定，它不是一般的通过率或产出率，而是单位时间内生产出来并销售出去的量，即通过销售活动获取资金的速率。生产出来但未销售出去的产品只是库存。

（2）库存（Inventory，I）是一切暂时不用的资源。

（3）营运费用（Operating Expenses，OE）是生产系统将库存转化为产销量的过程中的一切花费，包括所有的直接费用和间接费用。

按照 OPT 的观点，用这三个指标就能衡量一个生产系统。

3. 瓶颈和非瓶颈资源

制造型组织都是将原材料转化为产品的生产系统。在这个生产系统中，各类制造资源是最关键的部分。这里的制造资源包括设备、人员、厂房、基础设施和其他固定资产。

在企业设计理论中，一般会将生产系统的各阶段生产能力假设为相等，即整个系统的生产能力是平衡的。但这只是一个理想状态，实际生产过程是动态的、复杂的，系统波动是随机存在的，真正实现生产能力平衡是极其困难的。实际生产过程必然会有一些地方的资源负荷过多，存在卡脖子等问题，成为系统瓶颈。因此，整个系统的资源存在瓶颈和非瓶颈之分。

根据最优生产技术定义，瓶颈资源是指系统中实际生产能力小于或等于加工负荷的资源。这类制造资源约束着整个生产系统的产品生产数量。瓶颈资源以外的其他资源属于非瓶颈资源。对于生产系统的资源判断，应从该资源的实际生产能力和该资源的生产负荷（或系统对它的需求量）来分析。当然，这里的需求量也不一定是市场需求量，可能是其他相关资源对该资源的需求量。

在企业的生产过程中，限制整个生产系统的生产效率的环节是瓶颈资源。瓶颈资源可以是人、设备、物料等。如果在瓶颈资源上损失或浪费 1 小时，那么整个生产系统就会损失或浪费 1 小时。因此，应将瓶颈资源作为整个生产系统的管理与控制的重点，应尽最大努力，使瓶颈资源满负荷工作，使其达到最大的产出量。为了达到该目的，通常可采取以下措施。

（1）尽最大努力，保证瓶颈资源的满负荷工作。

（2）对瓶颈资源的前导工序和后续工序采用不同的计划方法，提高计划的可实施性。

4. **基本内容**

OPT 的指导思想实质上是集中精力优先解决主要矛盾，这对于单件小批量生产类型的企业比较适用。这类企业由于产品种类多、产品结构复杂，控制对象过多。因此，必须分清主次，抓住关键环节，其基本内容包括以下四个方面。

（1）物流平衡是企业生产过程的关键。

顾客对企业的产品需求是外部因素，时刻都在变化。为适应市场，企业必须尽可能低成本、短周期生产出顾客需要的产品。因此，生产问题主要是物流平衡问题，即需要强调实现物流的同步化。

（2）瓶颈资源是产品生产的关键制约因素。

在生产过程中，影响生产进度的是瓶颈资源。瓶颈资源实现满负荷运转，是保证企业物流平衡的基础。因此，瓶颈资源是生产系统控制的重点，为使其达到最大的产出量，可采取以下措施。

其一，在瓶颈工序前，设置质量检查点，避免瓶颈资源进行无效劳动。

其二，在瓶颈工序前，设置缓冲环节，使其不受前导工序生产率波动影响。

其三，采用动态的加工批量和运输批量。对瓶颈资源，通常加工批量较大，可减少瓶颈资源的装卸时间和次数，提高其利用率；较小的运输批量，可使工件分批到达瓶颈资源，从而减少工件在工序前的等待时间，减少在制品库存。

（3）由瓶颈资源的能力决定生产系统其他环节的利用率和生产效率。

（4）对瓶颈资源的前导工序和后续工序采用不同的计划方法，提高计划的可执行性。

根据 OPT 理论，企业在生产计划编制过程中，首先应编制产品关键件的生产计划，在确保关键件的生产进度的前提下，再编制非关键件的生产计划。

企业的生产过程可以看作一个从原材料到产品的高度相关的活动链。在这个活动链中，原材料被制成毛坯，毛坯被加工成各种零件，零件又被组装成部件，最后零件和部件总装成产品。人们本可以根据这个活动链中高度相关的内在关系，制订出一个详尽的生产作业计划。但在实际中，这个活动链中计划好的活动程序常会被企业中大量存在的随机事件干扰，如机器损坏、质量问题等。

一般将从原材料到产品的物流分为 V、A 和 T 三种类型。实际上，一个企业的产品物流往往不止一种类型。我们可以根据占主要地位的“产品物流”，来相应地划分企业。

如果一个企业的产品物流主要是 V 型物流，那么我们就称这个企业为 V 型企业，其余的类推。对于 V 型企业，如炼油厂、钢铁厂等，其特点有：①最终产品的种类较原材料的种类多；②所有的最终产品，其基本的加工过程相同；③企业一般是资金密集型且高度专业化的。

对于 A 型企业，如造船厂，其特点有：①由许多制成的零部件装配成相对较少数目的产品，原材料的种类较多；②一些零部件对特殊的产品来说是唯一的；③对某一产品来说，其零部件的加工过程往往是不相同的；④设备一般是通用型的。

对于 T 型企业，如制锁厂、汽车制造厂等。其特点主要包括：①由一些共同的零部件装配成相对数目较多的产品；②许多产品的零部件是相同的；③零部件的加工过程通常是不相同的。V 型企业的工艺流程一般来说比较清楚且设计简单，生产提前期较短，企业的瓶颈识别及控制也相对容易。A 型或 T 型企业则与 V 型企业不同，它们存在物料清单（BOM），工艺流程较复杂，企业的在制品库存较高，生产提前期较长，瓶颈不易识别，计划以及工序之间的协调工作也非常困难。

OPT 的特别之处不仅在于它提供了一种新的计划思想、管理思想，而且在于它的软件系统。OPT 两大支柱是 OPT 原理及 OPT 软件。OPT 主要强调的是车间现场，其着眼点在于企业车间现场的一些决策量上，并据此来实现对生产的计划与控制。该理论使用一些重要的判定准则来决定每一作业的先后顺序，即用一组“管理系数”的加权函数，来确定每个作业的优先权数及批量，制订出一个合理的生产计划。这些管理系数涉及理想的产品组合、交货期、理想的安全库存水平及瓶颈资源的使用等。OPT 实施的关键是制订计划后的落实工作。在落实计划过程中，传统的许多做法是有害的，其中最大的威胁来自传统的成本会计中的考核体系。因为成本会计的考核体系忽视了瓶颈与非瓶颈资源的区别，其考核一般是通过设备和操作工人的利用率及生产成本，而不是通过整个系统的有效性进行的，它着重于局部的优化，这必然助长了人们盲目生产的做法，其结果是无论对瓶颈资源还是对非瓶颈资源都力求充分地使用。人们为了完成工时和设备利用率会盲目生产，最终必然导致高库存和浪费。针对这些情况，OPT 力求从全局的观点进行考核，从原材料的采购一直追踪到产品销售。其考核体系对瓶颈与非瓶颈资源是分别对待的，认为对非瓶颈资源的考核不应以生产量为依据，而应以它生产的有效的产品量来考核。按照 OPT 观点，成本会计注重的是“活力”而非“利用”，而正确的做法应该是注重“利用”而非“活力”。成功实施 OPT，首先要抓“重中之重”，使最严重的制约因素凸显出来，从而在技术上消除了“避重就轻”“一刀切”等管理弊病发生的可能。短期的效果是“抓大放小”，长期的效果是大问题、小问题都没忽略，而且企业整体生产水平和管理水平日益提高。瓶颈资源是动态转移的，这就给管理者的惰性敲了警钟。

OPT 软件可以是一种作业计划的仿真语言，或作为生成 MPS、物料和能力需求计划及详细计划的一个软件包。OPT 软件的具体运行和 MRP 一样需要大量的数据支持，例如，产品结构文件（BOM）、加工工艺文件、精确的加工时间、调整准备时间、最小批量、最大库存、替代设备等数据。同时要成功地实施 OPT，还要求管理者必须对 OPT 软件生成的计划有信心，要改变一些旧的作业方式，如接受午餐和工休连续工作制的做法等。

制订作业计划的基本步骤如下所示。

（1）识别约束。

识别企业的真正约束（瓶颈）所在是控制物流的关键。一般来说，当需求超过能力时，排队最长的设备就是“瓶颈”。

（2）瓶颈约束整个系统的产出计划。

产品产出计划（Master Schedule）的建立，应该使受瓶颈约束的物流达到最优。一般按有限能力，用顺排方法对瓶颈资源排序。为了充分利用瓶颈资源的能力，在瓶颈资源上可采用扩大批量的方法，以减少调整准备时间，提高瓶颈资源的有效工作时间。

（3）“缓冲器”的管理。其目的是防止系统内外的随机波动造成瓶颈资源出现等待任务的情况。一般要设置一定的“库存缓冲”或“时间缓冲（Time Buffer）”。

（4）控制进入非瓶颈资源的物料。进入系统非瓶颈资源的物料应与瓶颈资源的产出率同步。一般是按无限能力，用倒排法对非瓶颈资源排序。非瓶颈资源排序的目标是使之与瓶颈资源上的工序同步。倒排时，采用的提前期可以随批量变化，批量也可按情况分解。

5. 基本原则

OPT 理论具体体现在生产排序原则上。有九条原则是实施 OPT 的基石。这些原则独立于软件之外，直接用于指导实际的生产管理活动。OPT 有关生产计划与控制的算法和软件是按照这九条原则提出和开发的。与 TOC 相关的生产计划与控制的算法和软件，也是按照这九条原则提出和开发的。主要原则如下所示。

原则 1：追求物流的平衡，而不是生产能力的平衡。

企业生产管理重要的任务是平衡物流，不是平衡能力。物流平衡使各道工序与瓶颈资源同步，能力平衡是使生产能力得到充分发挥。追求生产能力的平衡是为了使企业的生产能力得到充分利用。因此在设计一个新厂时，自然会追求生产过程中各环节生产能力的平衡。但是对于一个已投产的企业，特别是多品种生产的企业，如果单纯追求生产能力的平衡，则会使一部分产品积压。

原则 2：“非瓶颈”的利用程度不由其本身决定，而是由系统的“瓶颈”决定。

非瓶颈资源的利用率是由系统的其他约束条件决定，而不是由其本身能力决定；只有瓶颈资源制约着系统的产销率。

原则 3：资源的“利用”（Utilization）和“活力”（Activation）不是同义词。

“利用”是指资源应该利用的程度，“活力”是指资源能够利用的程度。按传统的观点，一般是将资源能够利用的能力加以充分利用，所以“利用”和“活力”是同义的。按 TOC 的观点，两者有着重要的区别。对系统中“非瓶颈”的安排使用，应基于系统的“瓶颈”。例如，一个非瓶颈资源能够达到

100% 的利用率，但其后续资源如果只能承受其 60% 的产出，则其另外 40% 的产出，将变成在制品库存，此时从非瓶颈资源本身考察，其利用率很好，但从整个系统来看，它只有 60% 的有效性。因此，资源“利用”和“活力”不是同义的，不能盲目地使所有的设备或工人忙起来。“利用”注重的是有效性，而“活力”注重的是能行性，从平衡物流的角度出发，应允许在非瓶颈资源上安排适当的闲置时间。

原则 4：瓶颈资源损失 1 小时相当于整个系统损失 1 小时，而且是无法补救的。应该注重提高瓶颈资源的利用率。

一般来说，生产时间包括调整准备时间和加工时间。但在瓶颈资源与非瓶颈资源上的调整准备时间的意义是不同的。因为瓶颈资源控制了有效产出，在瓶颈资源上中断 1 小时，是没有附加的生产能力来补充的。而如果在瓶颈资源上节省 1 小时的调整准备时间，将能增加 1 小时的加工时间，相应地，整个系统增加了 1 小时的产出。所以，瓶颈资源必须保持 100% 的“利用”，尽量增大其产出。为此，对瓶颈资源还应采取特别的保护措施，不使其因管理不善而中断或等工。提高瓶颈资源利用率的方法可以有如下几种。

①减少调整准备时间和频率，瓶颈资源上的批量应尽可能大；

②实行午餐和工休连续工作制，减少状态调整所需的时间损失；

③在瓶颈资源前设置质量检查点，保证投入瓶颈资源的工件 100% 是合格品；

④设置缓冲环节，使瓶颈资源不受非瓶颈资源生产率波动的影响。

原则 5：“非瓶颈资源”节省的 1 小时无益于增加系统有效产出。

想方设法在非瓶颈资源上节约时间以提高生产率只是一种幻想，非瓶颈资源不应满负荷工作。因为非瓶颈资源上除了生产时间（加工时间和调整准备时间）之外，还有闲置时间。节约 1 小时的生产时间，将增加 1 小时的闲置时间，而并不能增加系统有效产出。

原则 6：产销率和库存量是由瓶颈资源决定的。

为实现瓶颈资源满负荷工作并保证企业的产出，在瓶颈资源和总装配线前应有供缓冲用的物料储备。瓶颈资源前可用拉式作业，其后可用推式作业。有效产出指的是单位时间内生产出来并销售出去的产品所创造的利润额。因此，它受到企业的生产能力和市场的需求量这两方面的制约。如果“瓶颈”存在于企业内部，表明企业的生产能力不足，有效产出也受到限制；如果企业所有的资源都能维持高于市场需求的能力，那么，市场需求就成了“瓶颈”。这时，即使企业能多生产，但由于市场承受能力不足，有效产出也不能增加。

同时，由于瓶颈资源控制了有效产出，所以企业的非瓶颈资源应与瓶颈资源同步，它们的库存水平只要能维持瓶颈资源上的物流连续稳定即可，过多的库存只会是浪费，瓶颈资源控制着库存。

原则7：运输批量可以不等于（在许多时候应该不等于）加工批量。

运输批量可以不等于加工批量。车间现场计划与控制的一个重要方面就是批量的确定，它影响企业的库存和有效产出。TOC所采用的是一种独特的动态批量系统，它把在制品库存分为两种不同的批量形式：①运输批量，是指工序间运送一批零部件的数量；②加工批量，指经过一次调整准备所加工的同种零件的数量，可以是一个或几个运输批量之和。在自动装配线上，运输批量为1，而加工批量很大。确定加工批量的大小应考虑：①资源的合理应用（减少设备的调整次数）；②合理的在制品库存（减少资金积压和在制品库存费用）。确定运输批量的大小后主要考虑：提高生产过程的连续性、平行性，减少工序间的等待时间，减少运输工作量与运输费用。由于两者考虑的出发点不同，所以运输批量不一定要与加工批量相等。

根据TOC的观点，为了使有效产出达到最大，瓶颈资源上的加工批量必须大。另外，在制品库存不应因此增加，所以运输批量应该小，即意味着非瓶颈资源上的加工批量要小，这样就可以减少库存费用和加工费用。

原则8：加工批量大小应是可变的，而不是固定的。

在TOC中，每道工序的加工批量是按实际情况动态决定的。运输批量是从在制品的角度来考虑的，而加工批量则是从资源类型的角度来考虑的。同一种工件在瓶颈资源和非瓶颈资源上加工时可以采用不同的加工批量，在不同的工序间传送时可以采用不同的运输批量，其大小根据实际情况动态决定。

原则9：编制作业计划时考虑系统资源约束，提前期是作业计划的结果，而不是预定值。

提前期应该是可变的而不是固定的。考虑到系统所有的约束条件后才能决定计划进度的优先级。提前期只是排进度的结果。MRPⅡ制订作业计划的方法一般包括以下几个步骤：①确定批量；②计算提前期；③安排优先权，据此安排作业计划；④根据能力限制调整作业计划，再重复前三个步骤。因此，MRPⅡ是按预先制定的提前期，用无限能力计划法编制作业计划。但当生产提前期与实际情况出入较大时，所得的作业计划就脱离了实际，MRPⅡ也因此招致了许多有关“期”的批评。在这点上，TOC 与 MRP 正好相反，即不采用固定的提前期，而是考虑计划期内的系统资源约束，用有限能力计划法，先安排瓶颈资源上加工的关键件的生产进度计划，以瓶颈资源为基准，把瓶颈资源之前、之间、之后的工序分别按拉动、工艺顺序、推动的方式排定，并进行一定优化，接下来编制非关键件的作业计划。因此，TOC 中的提前期是批量、优先权和许多其他因素的函数，是编制作业计划产生的结果。

3.1.2 约束理论（TOC）

约束理论（TOC）作为一种生产管理理念，它根植于最优生产技术（OPT）。*The Goal* 和 *The Race* 两本书对 TOC 进行了初步介绍。TOC 是一种对制造业进行管理、解决瓶颈问题的有效方法。

1. 约束（Constraint）内涵

“约束”是一个广义的概念，通常也称作“瓶颈”（Bottleneck）。TOC 认为，对于任何一个由多个过程构成的系统来讲，整个系统的产出水平是由其中产出率最低的环节所决定的。TOC 认为，对于任何一个分阶段的系统来讲，如果其中一个阶段的产出取决于前面一个或几个阶段产出的结果，则产出率最低的环节决定着整个系统的产出水平。换言之：一个链条的强度（承载能力）是由它最薄弱的环节来决定的。在企业的整个经营业务流程中，任何一个环节只要它阻碍了企业增加有效产出（产销率），或减少库存和营运费用，它就是一个约束。约束来自多个方面，约束可以来源于企业内部，也可以来源于企业外部。一般有三种类型的约束：资源（Resources）、市场（Markets）和法规（Policies）。例如，企业为了达到环保法的要求，会进行相应的三废处理，这会导致营运费用的增加。因此，环保法对于企业来讲是一个法规约束。

一般来说，市场、供应商、物料、能力、工作流程、资金、管理体制、员工行为等都可能成为约束。其中，市场和资源（物料和能力）是主要的约束。最早的约束理论主要解决企业内部的资源瓶颈问题，而对于由外部造成的约束是不能化解而只能通过自身的改造来适应的。市场约束和供应商的约束都可以采用新的管理理念如 CRM 和 SCM 来解决。法规性强制约束的解决方案是“依从性管理”。约束理论的这种定位显然弥补了 MRP 方法的不足。

TOC 强调必须把企业看成一个系统，从整体效益出发来考虑和处理问题，TOC 的基本要点如下所示。

（1）企业是一个系统，其目标是在当前和今后获取更多的利润。

（2）一切妨碍企业实现整体目标的因素都是约束。

按照意大利经济学家帕累托的原理，对系统有重大影响的因素往往为数不多，但至少有一个。约束有各种类型，可以是物质类型，如市场、物料、能力、资金等，也可以是非物质类型，如后勤及质量保证体系、企业文化和管理体制、规章制度、员工行为规范和工作态度等。

（3）为了衡量实现目标的业绩和效果，TOC 打破传统的会计成本概念，提出了三项主要衡量指标，即有效产出、库存和营运费用。

（4）鼓—缓冲器—绳（Drum - Buffer - Rope，DBR）法和缓冲管理法（Buffer Management）。

TOC 把主生产计划比喻成“鼓”，根据瓶颈资源的可用能力确定企业的最大物流量，作为约束全局的“鼓点”，鼓点相当于指挥生产的节拍；在所有瓶颈和总装工序前要保留物料储备缓冲，以保证充分利用瓶颈资源，实现最大的有效产出；按照瓶颈工序的物流量来控制瓶颈工序上一道工序的物料投放量。

（5）定义和处理约束的决策方法。

2. 约束理论的关键链思想

约束理论认为，对于一个生产产品的企业来说，可以认为它的整个经营过程是由若干个相互联系的环节所组成的链条。从市场营销、接收订单、采购原材料、生产制造、产品包装直到产品发运，一环扣一环，一个环节的产出受其前面的环节的制约。面对企业中更加复杂的环节组合，传统的管理模式习惯于把链条断开，对每个环节进行局部优化。它认为对任何一个环节的改进就是对整个链条的改进，系统的整体改进等于各个环节的改进之和。这种模式产生的结果是每个环节都在同时抢夺系统的资源。

与之相反，约束理论认为对多数环节所进行的改进对整个链条是无益的，整体改进不等于各个环节的改进之和，应该着眼于整个链条的“力量”。这样才能识别出最薄弱的一环（企业的“约束”），企业有限的资源应该用于改进这个约束，避免企业内部各部门进行“资源大战”。这样，企业才有可能用最少的投入，赚最多的钱。

3. 约束理论实施步骤

第一步，找出系统中存在的约束。企业要增加产销率的话，一般需要采取下列方法：增加生产过程的原材料（Materials）投入；如果由于某种生产资源的不足而导致市场需求无法满足，就需要考虑增加产能（Capacity）；如果由于市场需求不足而导致市场能力过剩，就需要考虑开拓市场需求；找出企业内部和外部约束产销率的各种政策规定。

第二步，寻找突破约束的办法。在美国，很多企业采用 TOC 可挖掘 30%以上的潜在能力。但是，不应该通过增加总经费和投资来增加企业利润。首先应给出解决第一步中所提出的种种问题的具体办法，从而实现产销率的增加。例如，若某种原材料是约束，就要设法确保原材料的及时供应和充分利用；若市场需求是约束，就要给出进一步扩大市场需求的具体办法；若某种内部市场资源是约束，就意味着要采取一系列措施来保证这个环节始终高效率生产。当需要突破某台瓶颈设备利用率不高的约束时，可采取的行动包括以下几点。

（1）设置缓冲时间，多用于单件小批量生产类型，即在瓶颈设备紧前工序的完工时间与瓶颈设备的开工时间之间设置一段缓冲时间，以保障瓶颈设备的开工时间不受前面工序生产率波动和发生故障的影响。

（2）成批生产类型的企业可以设置在制品缓冲。其位置与数量确定的原则与方法同（1）。

（3）在瓶颈设备前设置质检环节，统计瓶颈设备产出的废品率，找出废品产生的原因并根除之。对返修或返工的方法进行研究与改进。

第三步，解决约束。如果企业的某台设备是约束，应采取缩短该设备的调整时间和操作时间，改进工艺流程，增加操作人员或增加机器等措施。

第四步，与解决约束的措施同步，企业所有非瓶颈资源的其他活动应服从于第二步中提出的各种措施，以实现系统其他部分与约束部分（瓶颈资源）同步，从而充分利用约束部分的生产能力。从这一点来看，TOC 不仅是一种制造理念，还是一种管理理念、经营理念，可以应用于营销、采购、生产、财务等企业经营各方面的协调。

第五步，开始新的循环，周而复始地进行改进过程。突破一个约束以后，一定要重新回到第一步，开始新的循环。随着客户需求和市场的变化，约束也是层出不穷的，应设法将约束转移到方便解决的环节，然后决定相应的突破方案（产品设计、营销、投资、员工招募等）。通过 TOC，可对约束进行控制，而不被约束所控制。

4. TOC 主要指标

传统中，企业往往采用会计指标来衡量赚不赚钱。这些指标主要包括净利润（Net Profit，NP）、投资收益率（Return on Investment，ROI）和现金流量（Cash Flow，CF）。净利润是一个企业赚多少钱的绝对量。一般来说，净利润越高的企业，其效益越好；投资收益率表示一定时期的收益与投资的比。当两个企业投资不同时，单靠净利润无法比较它们效益的好坏。例如，两个企业的年净利润均为 50 万元，其中一个投资 100 万元，另一个投资 200 万元，显然前者的效益要好。现金流量表示短期内收入和支出的钱。没有一定的现金流量，企业也就无法生存下去。

以上三个指标主要考虑的是对现有资源的有效利用和安排。但这些指标都与生产中的管理活动没有直接联系，容易造成所采取的管理措施缺乏针对性。因此，还需要一些作业指标作为桥梁。如果这些作业指标完成得好，说明企业的盈利能力强。

TOC 理论认为，一个制造企业的最终目标和衡量标准是在现在和未来赚取更多的利润。要实现这个目标，可采取三条途径：提高产销率、减少库存、减少营运费用。

约束理论几经发展、改进，形成了以产销率、库存、营运费用为基础的指标体系，并成为一种面向提高产销率而不是传统的面向减少成本的管理理论和工具，最终覆盖到企业管理的所有职能方面。

3.2 生产物流均衡相关研究

3.2.1 一般性生产物流研究

郎东、王青等（2011）认为生产物流系统是指在生产过程中所发生的物流，包括原材料、半成品和成品的仓储、装卸、搬运、包装、管理和相应信息的处理和传递，以及开展这些物流活动时所需的相关物流设备和软件所构成的整体系统。孙明贵（2005）扩展了对生产物流的传统理解，他认为生产物流是贯穿整个生产过程中的，但不是仅局限于某一区域内。罗宜美、朱红芳、孙学慧（2005）运用当量物流量的计算方法，对生产物流系统平面布置进行优化设计，以减少物料搬运过程中的交叉和往返，达到降低生产成本的目标。徐杰和赵权刚（2006）指出伴随着信息技术的发展，生产物流过程优化也要依赖于信息技术的发展，提出了在网络时代背景下信息系统的结构设计、运行模式。夏文汇和谢非（2008）采用贝叶斯决策理论方法对制造业生产物流装备系统状态进行监测和故障诊断，分析、研究基于最小错误和最小风险的贝叶斯决策依据，提高装备系统故障诊断水平。马增治（2008）利用 Petri 网技术构建了汽车生产制造公司的生产物流流程模型，对其进行了数学特性分析，并使用 Exspect 软件模拟分析，结果表明运用信息处理技术来优化生产物流的流程，可以有效降低生产物流系统运行中的出错概率，提高工作效率。谭颖（2008）认为生产物流运营与管理是制造企业应重点关注的，目标是做到工厂内部物资、物料要畅通，不形成库存积压，不形成物料断流，确保物料的完好。何恒、张帆（2015）认为生产物流的主要问题是库存管理水平不高、忽视生产物流过程管理与未建立实用的信息管理系统，其解决办法是加大基础设施建设、引进先进的管理方法和物流成本核算明确化等。王兴国（2010）通过对制造企业的生产物流现状的分析，认为生产物流的问题是计划控制方式落后，形成了大量的库存积压，应该合理化调配生产物料、优化制造过程以改善制造企业的生产物流问题。

3.2.2 产能规划研究综述

合理、有效地规划产能配置一直是企业管理者追求的目标之一，也是众多学者关注的重要研究议题。早期产能规划的主要研究对象为单个企业单一厂区，目前该方面仍为研究主流，成果也最多。研究内容主要涉及产能扩充（Capacity expansion）和产能配置（Capacity configuration）两个方面。产能扩充是考虑未来需求，以决定未来期间内所需的制造技术（Manufacturing technology）和产能水平。当产能不足时，要决定以何种方式扩充产能以及需要扩充的数量，主要包括购买瓶颈设备（Chen，2005；耿娜，江志斌，2006、2007；郭永辉，2008）、购买瓶颈设备的附属设备（Swamithan，2002；Yilmaz et al.，2006）、新建厂区（Fleischmann et al.，2006）、外包等方面的决策问题。研究方法主要是电子表格法、离散仿真、排队理论和数学规划等。其中，数学规划方法建模是目前研究的主流方法，也是最有效的解决工具，主要涉及线性规划、整数规划和随机规划三种（张智聪、郑力，2004）。由于随机规划在应对不确定问题方面具有优势，计算机处理能力的不断提高使越来越多的学者采用随机规划研究随机需求下的半导体产能规划问题，以增强结果的稳健性（Wallace，2000；Geng and Jing，2009）。其中，Uribe et al.（2003）对敏捷制造建立了仿真优化模型，模型分为两个阶段，第一个阶段是在非确定性需求情况下决策设备的需求特性；第二个阶段是在资金预算限制下决策设备的购置。Zhang et al.（2007）提出一个两层次规划方法，并结合混合整数规划来最佳化半导体封装测试企业的产能规划，大大节约了设备购置资金。耿娜等（2007）研究了半导体晶圆制造，采用基于场景（Scenario）的随机规划方法建立需求不确定情况下的产能规划模型以进行设备购置决策。钱省三等（2008）建立了需求不确定情况下晶圆厂的产能扩张模型，并从实用化角度出发，将数学模型与电子表格（Excel）相结合建立产能规划模型，在快速辨别瓶颈设备的同时，确定最终的设备购置计划和产品组合；产能配置要求利用已有产能水平去决定所要生产的产品组合和数量，它主要针对短期内各代工企业现有资源进行规划，以最大化资源利用率，达到降低成本、提高客户满意度等目的。Iwata et al.（2003）针对晶圆厂敏捷制造特性，采用排队理论建立了一个多目标产能规划模型，把生产周期和生产成本作为设备组中设备数和每种产品产出率的函数，该模型在缩短晶圆厂生产周期、降低成本的同时能提高客户满意度。任建华等（2006）针对半导体晶圆厂，建立了产能规划的电子表格模型，案例结果表明了规划模型能有效改善设备负荷。Çatay et al.（2003）建立了一个以设备运行成本和库存成本为目标的混合整数规划模型，并引入拉格朗日松弛变量进行求解。Pai et al.（2004）针对产能规划中的不确定需求、产能限制等难题，提出了一个基于模糊逻辑的解决方法。Andrew et al.（2005）建立了一个产能规划仿真模型，以降低甘蔗运输成本。Na et al.（2006）提出一个 MRP 环境下的有限产能规划方法，该方法首先基于资源数据结构对瓶颈资源分类，然后分配资源，并不断调整使得前后阶段相一致。张智聪等（2004）研究了半导体制造的产能规划系统，针对问题的复杂性，阐述了解决该问题的各种方法，认为整数规划（尤其是线性规划）是最有效的工具。任建华等（2006）针对半导体晶圆厂，提出了产能规划的三大模块，并建立了产能规划的电子表格模型，案例结果分析证明了模型的有效性。张人千（2006）考虑随机需求与随机生产环境下，制造企业产能扩张问题，建立了产能规划模型，并使用遗传算法进行求解，相应算例证明了模型及算法的有效性。张人千（2007）针对随机市场需求环境，建立了随机能力规划模型，并提出一种遗传算法与随机线性规划相结合的求解算法。

随着生产外包的发展，制造企业的代工规模不断扩大，众多代工企业纷纷在各地并购或建立新厂区。为最小化成本，快速响应变动的市场需求，代工企业开始在多厂区间合理分配订单或产品类型，并进行厂区间产能支援。基于此，单企业多厂区产能规划的研究不断加强。Thierry et al.（1995）考虑切换产品时的调整准备时间（Setup time），建立多厂规划的线性规划模型，并采用多种启发式方法求解，该研究适用于具有较长调整准备时间的生产企业。Sauer et al.（1998）采用模糊理论来处理运输时间等因素，增强多厂规划的弹性和稳健性。Guinet（2001）将多厂规划问题构建成非相关平行设备排程问题，以最低成本为目标，规划各厂区资源以满足不确定需求，并提出一个对偶线性规划法进行求解。Archimède et al.（2003）利用虚拟工作站来规划多厂区任务分配及调度问题。Aaron et al.（2004）针对药品产业的多厂产能规划，构建一个两阶段混合整数规划模型，并采用阶梯（hierarchical）算法降低计算时间。Sweat et al.（2006）介绍了采用混合整数规划进行多厂环境下多品种的产能规划的思路、公式和系统框架。Christie 和 Wu（2002）对多产品需求情况下的半导体制造企业多厂区产能进行规划研究，确定未来五年内各厂区的生产品种及数量，以满足快速变动的需求。Chen et al.（2005）考虑了多个晶圆厂的设备产能，提出了一个产能规划系统（CPS），该系统能有效平衡不同厂区间的设备负荷。李娜等（2006）以半导体封装测试企业为研究对象提出生产过程模型单元思想，建立了具有流程适应性的线性规划产能模型，以解决生产任务在多个工厂的分配问题。Wang 和 Chen（2009）着眼于半导体的产能与订单共享（Capacity and order sharing）问题，建立了一个两企业间产能规划的混合整数规划模型，并采用蚁群算法加以求解。钱省三等（2008）考虑厂区间的产能平衡，构建了多厂区产能规划的四阶段模型。

伴随着供应链竞争模式的形成与发展，迫切要求从供应链角度进行产能规划，以整合整个供应链的制造资源，提升供应链综合竞争能力。然而，目前相关研究很少。Timpe et al.（2000）利用混合整数线性规划建立供应链环境下的跨厂区生产规划，确定各厂区的最佳生产量。Chauhan et al.（2004）采用大规模混合整数规划建立三层次供应链战略产能规划模型，帮助管理者迅速应对新的市场机会。许世洲等（2003）针对半导体设计公司（Fabless）研究需求确定情况下的外包产能规划，构建了线性规划产能分配模型，以最小化总成本。Karabuk 和 Wu（2003）考虑市场需求与产能的波动，提出随机整数规划模型，帮助半导体供应链各主体企业进行产能决策。Vlachos et al.（2007）建立了一个闭合供应链动态产能规划的系统动力学模型，帮助评估各个规划策略。董海等（2006）以费用最低为目标，建立了一个包括供应商、制造商和销售商在内的供应链战略能力规划模型，并采用启发式算法探求模型可行解。Aditya et al.（2009）考虑半导体供应网络，构建了需求不确定情况下的两阶段随机整数规划模型，以辅助进行产能决策。

3.2.3 DBR 理论中的作业计划研究

Umble（1998）认为 DBR 理论结合了推式与拉式的生产方式，物料根据 Drum 的生产节奏被拉入生产系统中，同时，系统中的在制品则借助推式生产方式被及时推出瓶颈资源，以维持系统的正常产出。

根据 Schrangenheim（1990），一般 DBR 生产安排步骤如下所示。

Step（步骤）1　确定系统的瓶颈资源。

Step2　确定合适的时间缓冲长度。

Step3　确定瓶颈资源的生产节奏（Drum）。

Step4　确定各订单的投料时间（Rope）。

Step5　根据缓冲管理提供的信息，调整缓冲区的大小。

Step6　重复 Step1 ~5。

1. 系统瓶颈资源的确定

在瓶颈资源的确认上，目前有以下三种方法。

（1）Lawrence 和 buss（1994）认为就长期而言，可将平均利用率高的设备作为瓶颈资源；对于中短期，可依据各个设备前的等候队列长度来判断瓶颈资源。

（2）Sridharan et al.（1987）将拥有最多在制品的加工中心作为系统瓶颈资源。

（3）Ronen 和 Spector（1992）以成本与设备利用率间的关系来确定瓶颈资源，将成本高、利用率也高的设备作为瓶颈资源，成本低但利用率高的设备的瓶颈限制可以通过增加设备、扩充产能来消除。

2. 缓冲长度的确定

一个生产系统会因设备故障、客户插单等不可预测的因素造成系统的不稳定。在 DBR 理论中，缓冲区的设置可保证瓶颈设备连续生产，使生产系统物流顺畅，有效缓解生产系统受异常情况的影响。与传统的生产理论不同，DBR 系统中的缓冲长度是以在制品的加工和调整准备时间总和再加上一定的松弛时间来表示的，而不是以在制品的数量来表示。在实践中，需要对缓冲长度进行合理设置。缓冲长度设置太长，在非瓶颈设备已加工完的工件不能及时进入瓶颈设备加工，等待时间延长，导致生产周期长，良率下降，存货增加；缓冲长度太短，在预定的时间内，工件无法完成在非瓶颈设备上的加工，导致瓶颈设备因缺货而等待，造成系统产出降低。

Guide（1995）将缓冲的设置分为静态与动态两种，静态缓冲由经验决定，不考虑不同产品加工时间的不同，缓冲设定为一个固定值。动态缓冲为每种产品在瓶颈资源前加工时间总和的一定倍数。

对于 Flow - shop（流水线）型企业，不同订单的生产流程相同，缓冲时间的设置可以采取静态缓冲，即所有订单都采用相同的时间；而对于 Job - shop（作业车间）型企业，不同的订单会有不同的生产流程，使用静态缓冲会导致非瓶颈设备暂时性负荷超载，因此必须根据生产情况采用动态缓冲。一般来说，缓冲长度多为经验值，再利用缓冲管理在实际生产中进行调整。

在缓冲长度的设定方面，Ronen et al. （1990）将时间缓冲设置在瓶颈设备之前，并根据经验将其设定为目前流程时间总和的 1/4，而流程时间可由设备加工时间的总和得到。Schragenheim et al. （1991）根据经验和实际生产前置时间的分配，认为缓冲长度约为瓶颈资源的前置时间的 3 倍。Wu et al. （1994）则建议缓冲长度为生产前置时间（lead time）的 1.5 倍。Spencer（1991）认为应按照系统的波动因素来决定其缓冲长度，若波动因素改善，则可缩短其长度。

Schragenheim et al. （1990）将时间缓冲按其功能分为三类，瓶颈缓冲（Bottleneck buffer）、出货缓冲（Shipping buffer）和装配缓冲（Assembly buffer）。

重入生产（Re - entrant）是不同于 Flow - shop 与 Job - shop 的一类生产类型，半导体芯片制造系统是“多重入”生产物流系统的典型代表。在缓冲长度方面，针对生产物流系统“重入”问题，Goldratt（1990）提出“间隔棍”（Batch rod）概念，并定义其长度为瓶颈缓冲的 1/2，以保证生产作业的顺利完成，即在“多重入”的生产过程中，同一订单在瓶颈资源上的两个相邻加工作业中，必须保持一定的时间间隔长度。

3. 生产作业计划与投料策略

生产作业计划（Rope）是确保整个系统都与瓶颈资源同步的控制机制，可以使所有生产资源的生产速度能够按照 Drum 的节奏前进，并且配合缓冲来保证瓶颈资源能平稳生产。Duclos 和 Spencer（1995）分别在 MRP 和 DBR 系统中设置瓶颈缓冲，通过比较发现，DBR 在提高产出方面比 MRP 的效果好，他们认为缓冲的使用应结合投料机制才能发挥更好的效果，这也说明了 Rope 的重要性。

Goldratt 提出采用后排序方式来决定订单投料时间。Schragenheim（1990）认为可根据瓶颈资源的生产安排时间减去时间缓冲得到订单的投料时间。Gardiner et al.（1993）等由经验来估计投料时间。Russell 和 Fry（1997）将三种投料方法应用于 V 型企业的 DBR 系统中，发现即时投料法（Real - time Methodology，RTM）在缩短流程时间方面的效果好于后推无限负荷法（Backward Infinite Loading，BIL）和后推有限负荷法（Backward finite loading，BFL）。BFL 在满足订单交货期方面好于其他两种方法。Chakravorty et al.（1996）通过比较发现，DBR 投料机制比修正后的无限负荷投料机制的效果要好，当与 SPT（Shortest Processing Time）调度策略配合使用时，效果更佳。Ribeiro（2007）提出一种基于有限生产能力的前向排产思想；Radovilsky（1998）设计一个两阶段启发式方法，通过解决最大流量序列问题制订出生产排产的可行性方案；Uzsoy（2007）研究了柔性流水车间的生产计划与排程问题，以最小化提前和拖期的惩罚为优化目标，并将有限的计划时间区域分为相等的时间段；Trietseh（2005）针对多个最终产品的工厂计划问题，提出了一种启发式方法，以最小化拖延时间、生产周期和提前时间为优化目标。王军强（2006）基于约束理论综合生产计划和车间层调度问题提出了一个混合整数规划模型，该模型考虑了产能约束、工序顺序、提前期和交货期等。

物料投放与作业计划、车间设备负荷、作业人员状态、车间组织形式等都密切关联，一般来讲，投料人员会根据作业的订单量、设备的加工能力及生产线的节拍来确定投料的批次和批量。Bertrand（2002）提出物料投放控制策略能够有效控制线边库存和缩短生产提前期；然而，如果策略不够合理或者因为经验主义而多投或少投，会给生产物流带来很大的压力。所以，在很多投料策略中都引入了缓冲的概念，起到在瓶颈受限情况下保证生产连续性的作用。Enns et al.（2002）提出了一种面向瓶颈负荷的任务投放策略（Bottleneck Load—Oriented Release，BLOR）。Land（2007）阐述了企业控制和调节瓶颈负荷的必要性。Chakravorty（2001）采用 DBR 与改进的无限负荷法（Modified Infinite Loading，MIL）投料，仿真结果表示基于 DBR 的投料策略明显优于 MIL。KoH 等（2004）对比生产物流系统有效产出率及设备综合利用率等生产指标，指出采用 DBR 的投料策略优于固定在制品投料策略。Simons et al.（1997）分析了复杂制造情形下的漂移瓶颈和多重瓶颈现象形成的原因。曹政才等（2011）基于模糊 Petri 网推理的思路，提出半导体生产物流系统的投料控制策略。黎晓东（2002）则是研究了面向通用制造模式的生产监控模型。Wang 等（2009）考虑动态制造系统的瓶颈和紧急插单等情况，提出了基于 TOC 的投料策略以保证引入紧急插单后的生产平滑性。

3.2.4 DBR 理论中的生产控制

1. 生产批量与搬运批量

批量大小与设备调整准备时间、工件等候时间及搬运时间有关。DBR 理论（Goldratt，1996）中，将批量分为生产批量与搬运批量（也称运输批量）。如果生产批量太小，尽管系统在制品量少，但增加了调整准备时间，产出降低；如果生产批量太大，系统的在制品不流畅，平均在制品量增加，使平均等待时间延长，生产周期增加。Ronen et al.（1990）认为当系统在制品量为零时，生产批量等于搬运批量。一般来说，生产批量不一定等于搬运批量，生产批量是可变动的。DBR 理论将生产批量分成较小的搬运批量，以缩短生产周期。为了提高瓶颈设备利用率，通常在瓶颈设备上生产批量越大越好，以降低调整准备时间，提高产出。由于非瓶颈设备有富余产能，在非瓶颈设备上可以采用小批量方式加工，不会影响系统产出。为缩短生产周期，搬运批量越小越好。因此，加大生产批量与减少搬运批量并不冲突，都可使生产更有效率。Russell 与 Fry（1997）专门研究了生产批量与搬运批量对生产绩效的影响，表明将生产批量分成较小的搬运批量能够改善企业绩效。

2. 缓冲管理

根据约束理论，非瓶颈资源只要能配合瓶颈资源的生产即可，正常情况下以先进先出（FIFO）法则来调度。由于缓冲长度多由经验估计决定，造成各作业到达顺序不同于瓶颈资源的需求，或由于生产人员调整、设备故障等不确定因素影响作业的连续性，造成一段时间内，非瓶颈资源的生产无法顺利配合瓶颈资源的生产。鉴于以上情况，Schragenheim 和 Ronen（1991）提出了缓冲管理方法（Buffer Management，BM）来进行生产控制，有助于执行正确的生产活动，确保系统绩效的最大化实现。

缓冲管理的作用：可以对破坏计划的重大异常情况进行预警、控制生产周期、找出最薄弱的区域并优先加以改进。借助缓冲管理，可掌握生产过程中瓶颈资源与非瓶颈资源的实际情况。在缓冲管理中，将时间缓冲分为三个区：赶工区、警示区与忽略区。在生产过程中，对于应该到达而未到的订单，会在这三个区形成“空洞”，若空洞出现在赶工区，管理人员必须立即采取措施。若空洞出现在警示区，生产管理人员也必须加以关注，以避免该订单无法如期到达瓶颈设备。若空洞出现在忽略区，表示缓冲时间较富余，不会发生迟到情况，不必理会。尽管缓冲管理是可行的和有效的，但是不太严格，Yuan et al.（2003）给出了缓冲管理的一般步骤，更严格地定义了监控范围以及对缓冲的调整。

缓冲的设置与瓶颈资源密切相关，但随着产品组合的不同，生产物流系统的负荷点也发生变化，容易产生瓶颈漂移，从而使之前的缓冲设置可行性降低（Lee et al.，2010）。一般来说，造成瓶颈漂移的因素包括以下几点。①投料不当（批次、批量、时刻等），投料策略对生产物流系统各资源造成不同程度的影响（Gonzalez－R et al.，2010）。②非瓶颈资源利用不当，导致非瓶颈资源变成瓶颈资源，形成生产线多瓶颈状态。③产品组合不合理，产品的成组对工件等待时间及设备加工能力产生影响。④设备随机故障，使该设备加工能力陡然下降，造成设备上游工件堆积及下游工件缺乏（Chen et al.，2009）。

3. **生产控制**

管在林等（2007）提出多品种小批量生产环境下基于约束管理的混流制造运行控制机制，并就混流路径规划、资源瓶颈识别与动态瓶颈管理等关键技术进行探讨；李浩等（2004）基于约束理论，对订货型企业的客户订单优势因素与瓶颈资源确定准则进行了分析，建立了“虚拟订单”的数据结构和优势准则，并成功地进行了实践；刘勇等（2005）针对可重入、批处理、准备时间长及多目标混合流水生产物流系统问题，给出了复杂生产物流系统的一般描述，提出了一种基于约束理论的规划调度算法。

3.2.5 DBR 理论中的在制品控制

Conway 等（1988）研究了设有在制品库存的串行生产物流系统的性能，指出生产物流系统上在制品库存存在的优点和必要性。Srinivasan 和 Bozeg（1992）将在制品库存分为两部分：与加工设备有关的在制品库存、与搬运设备有关的在制品库存。若生产系统中无瓶颈存在，则在制品库存的存在只与加工设备有关，与物料搬运设备无关。另外，减小加工时间的协方差，会降低在制品库存；提高加工速度，会降低与设备有关的在制品库存，但对与搬运设备有关的在制品库存没有影响。Monden（1983）分析了日本丰田公司的看板管理模式。看板属于分散式拉动控制系统，看板系统使用卡片严格控制工序间的在制品库存，系统内的在制品总量等于卡片总数。看板系统的优点体现在：复杂的系统行为由简单的局部法则调控，并且目视化控制提供了直接的信息交流方式，管理者和操作者对自己的工作一目了然。Spearman，Woodruff 和 Hopp（1990）提出一种新的在制品库存控制模式，称为 CONWIP（恒定在制品库存系统）。CONWIP 并不控制每个工作站的在制品库存，而是控制整个生产系统的在制品库存。在看板系统中，原材料进入每个工作站加工都需要看板拉动，而 CONWIP 只需在生产开始前拉动原材料，然后原材料在系统内自由流动，以推动方式工作。Hopp 和 Roof（1998）建立了一个 CONWIP 生产模式下的生产率统计控制（Statistical Throughput Control，STC）模型。在满足生产率要求的同时，在静态、动态生产环境下，该模型能够保证系统的在制品库存最低、生产节拍最短。Kim 和 Lee（2001）在系统中在制品总量和最低生产率给定的约束条件下，研究在制品库存的最优配置，并设计了两种启发式控制算法保证生产系统的在制品库存最低，从而降低生产节拍，满足顾客的快速需求。Grosfeld - Nir 和 Magazine（2002）研究一种生产控制策略："门"策略。物流能否进入加工系统，要受到"门"的限制。当系统内的在制品库存达到最大允许值时，"门"关闭，物料不能进入加工系统。"门"策略主要是为了解决生产率和在制品库存之间的冲突。马士华和陈容秋

（1996）提出一种多缴并发控制“漏斗模型”，通过数学模型定量描述了生产计划与控制之间的联系，指出可以通过调整生产系统的输入速率和生产能力稳定在制品库存。张沽、汪宇和刘世平等（2002）建立工序间在制品库存控制数学模型，通过在制品调度，保证生产系统中在制品库存最低。Lödding、Yu 和 Wiendahl（2003）开发了一个工具车间生产环境下的生产控制系统（DEWIP，Decentralized WIP - oriented Manufacturing Control，面向在制品库存的分散式生产控制系统）。DEWIP 通过建立加工工段之间的在制品库存控制环路，通过漏斗模型和生产能力操作曲线，调整生产系统的生产能力和输入速率，保持在制品库存稳定，获得可靠的生产节拍。

4 传统的单厂产能规划

4.1 产能规划基本内容

4.1.1 产能内涵和分类

1. 产能内涵

产能是在特定时间内，制造系统所能完成的总产出。它是企业利用现有的资源，在正常状况下，所能达到的最大产出数量，即生产单位所能生产的负荷的上限。这些生产单位，可以是一座工厂、一条生产物流系统、一个部门、一台设备或一位操作员。制造系统的产能水平会响企业的市场反应速度、成本结构、存货政策、管理形态及对员工的需求等方面。制造系统的产能水平可用制造系统产出产品的速度来衡量，即单位时间产品产出量或者产出单位产品的生产时间。

企业产能是企业生产过程中许多因素发展变化的结果。无论从长期或短期来看，它都不是固定不变的，影响产能的重要因素主要包括以下几种。

（1）生产中的设备数量和生产面积。现代企业的作业离不开大量的专业化设备和作业场地，设备数量包括现有的全部用于生产的设备：生产面积的数量对于制造企业的能力水平意义重大。

（2）生产中的设备效率、人力资源的科技水平与劳动技能的熟练程度。从设备和生产面积看，它们的效率从两个方面体现：单台设备或单位平方米在单位时间内的产量定额；单台设备或单位平方米生产单位产品的时间定额。这两个方面效率水平的状况都离不开劳动者的科技水平和劳动技能熟练程度。

（3）固定资产工作时间。

（4）企业经营管理水平。企业的生产能力是与企业经营管理水平相关的诸因素综合作用的结果。管理的作用就在于从时空上合理地组织协调这些因素的相互关系，使其发挥最大的综合作用，形成最大的生产能力。

从长期来看，企业产能的增加有赖于资本投资的增加。从短期来看，企业可以通过如员工加班或增加临时工人，使产出增加。

2. 产能分类

在实践中，产能可分为设计产能（Design Capacity）、有效产能和实际产出三种类型。设计产能又称理论产能（Ideal Capacity）、实际产能或基本产能，是设备不出故障、物料不短缺、不合格品很少等理想状态下的最大产出量。有效产能（Effective Capacity）是在特定的产品组合下，考虑生产安排和质量因素情况下的最大可能产出，即扣除设备保养、员工休息、产品合格率、生产物流系统平衡等实际状况下可能达到的最高产能；实际产出（Actual Output）是指实际的产出率。

3. 三种产能类型间的关系

三种产能类型间的关系如图4－1所示。一般来讲，有效产能往往低于设计产能。此外，由于员工缺班、设备故障、不合格产出、待料等因素的存在，实际产出通常低于有效产能。因此，设计产能＞有效产能＞实际产出。

三种产能类型间的关系可以用生产效率与产能利用率来加以明确。

$$生产效率 = 实际产出 \div 有效产能$$

$$产能利用率 = 实际产出 \div 设计产能$$

因此，在实践中生产管理者或决策者应该优先提高有效产能。在有效产能提高的情况下再追求实际产出的提高，否则即使生产效率高但有效产能太低，也会导致无法大幅增加实际产出。

对于制造系统，影响有效产能的因素既有外部因素又有内部因素。外部因素包括产品安全生产法律制度的限制、环境保护法规限制、供应商供货能力等因素。内部因素主要包括设施规划、设备停机时间（Downtime）、产品合格率、设备调整准备时间、投料计划与调度法则。其中，前三种因素是可以测量的，而且包含在一般工厂的能力计划表格中。后两个因素是控制策略，

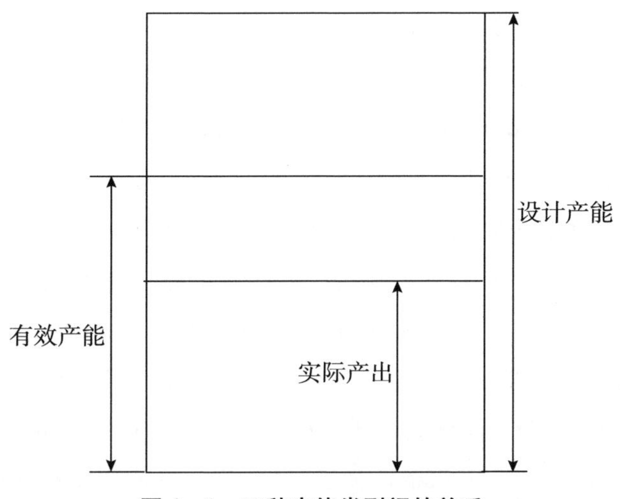

图 4－1 三种产能类型间的关系

对其他因素有很大的影响，尤其是在产品生产周期受限制的环境下，影响会更大。

4.1.2 产能规划内涵和分类

产能规划（Capacity Planning）是指企业在对产品/服务的未来需求预测后，需要检查现有产能是否能够满足未来需求变化，在产能不足或过剩情况下，如何扩充产能或处置剩余产能所采取的相关决策。通过产能规划可求出最佳的产能投资组合与生产计划。产能规划属于资源规划（Resource Planning）的一种，它是在考虑产能受限情况下，以利润最大化或成本最小化为主要目标，找出最合适的产品组合（Product Mix）和数量，并在满足所有需求时所必须拥有的产能水平。因此，产能规划是一种进行供需平衡的工具。它包含需要何种产能、需要多大产能、何时需要产能三个方面的基本问题。它涉及以下内容。

（1）扩建新厂或新生产物流系统，以满足未来增长的市场需求。

（2）当工作负荷长期超载时，增加人员雇用或采购设备。

（3）员工加班或减班，这属于短期调整方式。

（4）负荷转移，将低负荷区域的工人转移到高负荷工作区域，或将高负荷区域的负荷转移到低负荷区域。

（5）调整订单交货期，重新安排调度。

（6）将部分工作或订单外包给其他企业，即产能外包。

按规划决策层次划分，产能规划可分为战略产能规划（Strategic Capacity Planning）的战术产能规划（Tactical Capacity Planning）两大类。其中，战略产能规划属于长期的规划决策问题，包括生产什么产品、什么时候开设新的分厂；战术产能规划主要是指近期的一些决策问题，比如基于目前的生产状况半导体企业可以生产多少芯片、如果产量需要提升又要购置多少新设备等。

按规划时间长度划分，产能规划可分为长期产能规划（Long - term Capacity Planning）、中期产能规划（Middle - term Capacity Planning）和短期产能规划（Short - term Capacity Planning）三种类型。三种产能规划在规划时间长度、规划目标、规划内容和规划结果等方面存在区别。长期产能规划属于战略规划，它的规划时长一般为 1 ~5 年，主要用来规划未来一段时期内的生产能力状况，具体包括何时开设新厂、厂址选择、生产什么样的产品（产品类型设计）和设备购置。在该阶段，企业需进行大量市场分析工作以确定消费行为如何影响产品在未来工厂投入生产时的需求量。通常这一阶段的产能规划要为日后可能的产能扩张预留部分机动空间；中期产能规划的规划时长为 6 个月至 1 年，企业根据现有的生产规模来安排产能，确定适当的生产方案以满足预测需求，具体决策包括人员增减、产出水平、存货水平和外包数量等方面。主要思路是在保证产能被合理利用的前提下，决定何时生产以及生产多少产品。该阶段的产能规划与生产管理的多个方面密切相关；短期产能规划的规划时长一般在 1 个月以内，主要通过安排设备负荷或进行工作指派来应对客户订单。从长期来看，企业产能的增加有赖于资本投资的增加，不过从中短期来看，企业可以通过员工加班或增加临时工人等策略使产出增加。中短期产能规划是生产计划和投料计划制订的依据。它不同于一般的生产规划，生产规划往往不考虑产能约束或考虑产能约束而忽略产能平衡，中短期产能规划则综合考虑设备能力和实际生产因素对产能的影响，在此基础上进行生产安排。

根据对产能限制的考虑不同，产能规划可分为无限产能规划和有限产能规划。无限产能规划用于生产物流系统中工单（包括未投料工单和正在加工的工单）的产能规划，它未将目前时间当成系统限制来考虑。因此，无限产能规划允许设备使用率高于可用产能，即设备使用率可超过100%产能的部分，可作为人员加班或生产外包的决策依据。而且，无限产能规划的订单之间没有设定优先顺序。通过无限产能规划结果，可估计设备的负荷情况，以此作为生产管理者安排订单外包、员工加班及设备相互支援的重要依据。有限产能规划规定设备使用率不可高于其可用产能，且订单的加工有优先顺序。当产能需求超出设备的负荷时，可将产能需求转移到有过剩产能的其他加工期间。与无限产能规划相比，有限产能规划的结果可用于企业对客户订单交期的评估。

按需求的确定性划分，产能规划可分为需求确定型产能规划和需求不确定型产能规划。需求确定型产能规划首先对市场需求进行预测，一旦确定不轻易修改需求计划，并据此进行产能规划。这种方法规划相对容易，在需求预测准确的情况下产能规划的效果也比较好。需求不确定型产能规划是在市场预测不确定情况下对企业内部的产能进行规划。由于产能需求是不确定的，企业可根据计划部门的预测在某个范围内波动或选定几个预选的方案，每种方案根据预测的分析都存在一定的概率。需求不确定型产能规划要考虑需求的波动概率对设备配置和产品组合的影响。一般来讲，需求确定型产能规划的规划时间较短，规划风险也较高，但规划成本较低，规划结果的稳健性较差。相反，需求不确定型产能规划的规划时间较长，规划成本也较高，但规划的风险较低，规划结果也较稳健。在规划方法方面，需求确定型产能规划由于其需求是已知的确定值，多采用线性规划或整数规划来进行优化求解。而非确定型产能规划由于产品需求数量无法用确定值来表示，需求参数具有随机性，所以多数规划问题采用随机规划或动态规划来求解。

本章根据不同的生产范围和生产环境，将产能规划分为单阶单厂（single - level single - plane）、单阶多厂（single - level multi - plane）和多阶多厂（multi - level multi - plane）三种类型。单阶单厂产能规划属于传统的产能规划问题，其规划对象是企业生产物流系统的瓶颈设备，重点是规划期内生产物流系统的产品类型及数量。单阶多厂产能规划是单阶单厂产能规划问题的进一步演变。“多厂”（multi - site，multi - plant）是指位于不同地理位置，具有类似生产设备的多个公司或某一公司的多个分厂，即将分布在各地且功能类似的工厂视为多厂规划的主体，属于水平整合的多厂关系（具有替代生产能力的厂区，也称替代型厂区）。单阶多厂产能规划的规划对象仍是各厂区内生产物流系统的瓶颈设备。不同之处是，单阶多厂产能规划问题需要考虑各厂区不同的生产参数、生产成本以及各厂区间的产能支援问题，以整合多厂之间的制造资源。此时，还要考虑不同厂区的运输成本。多阶多厂产能规划指的是供应链环境下的产能规划问题。“多阶”（multi - stage，multi - level）是指供应链的前后节点关系，即将从供应链上游到下游具有不同功能的各厂视为多阶规划的主体，属于垂直整合的多厂关系（具有互补生产能力的厂区，也称互补型厂区）。多阶多厂产能规划以各厂整体产能为基本规划单元，以提升供应链整体竞争优势为主要目标，研究供应链各阶层之间产能搭配的可行性。

4.1.3 产能规划的目标和内容

1. 产能规划的目标

产能规划决定了产能的多寡、种类和投资时间点，最重要的是能在不确定性环境下调整产能水平。产能规划的对象主要是针对现场的生产资源，例如，人力资源、设备资源或整个生产物流系统资源。产能规划如果存在缺陷则会直接影响生产活动，过高的产能显然是资源的浪费，所有企业需要极力避免；而若产能过低则会影响交货日期，降低竞争力而将商机拱手让人。

在做产能规划时，身为管理者必须要能了解产能规划的目标并定义出衡量产能规划优劣的指标。事实上，对于各种管理行为，如果能够明确定义所要管理的目标及衡量指标，则管理将会变得更有效率。

产能规划的管理目标包括以下几个方面：降低成本和提升利润、提升客户服务水平、降低存货水平、降低生产速率波动、降低人员数量波动、提升设备使用水平。

2. 产能规划决策的重要性

产能规划决策的重要性体现在以下几个方面。其一，产能限制了制造系统的最高产出，直接影响着能否满足未来市场需求的能力。其二，产能规划决策的正确与否直接影响运营成本。产能过剩导致资源闲置，人员闲置，设备折旧费用增加。产能不足也使成本增加，如加班费用、产品短缺成本等。同时，产能不足会导致客户服务水平降低，造成客户流失。其三，产能规划决策影响其他生产作业的成本，如设备的多寡影响维修或作业人员的数量。其四，产能规划决策是一种对制造资源的长期承诺，若要改动决策会花费很大成本。

3. 产能规划影响因素

影响产能规划的因素众多。①产能扩充水平，投资形式可分为连续型和离散型两种，其中绝大多数投资属于连续型投资。②产能调整成本，即当产能水平提高一单位时所需花费的成本。③规划时长，它要求在规划期内决定产能资源的投资成本。④前置时间（Leadtimes），产能资源的前置时间会影响投资的风险，时间越长，未来的不确定性越大，投资的风险就越大。⑤库存水平，为保证生产流程顺畅，及时满足市场需求，企业必须保存一定量的库存。产能规划必须考虑库存数量，利用库存来平衡供需的不协调。⑥未来市场需求量，市场需求量直接决定着产能资源的规模。当需求高度不确定时会影响满足需求的情况。⑦产能短缺数量，当产能出现短缺时，产能扩充成本将影响产能规划结果。⑧信息不确定性和需求预测技术，这两方面影响着需求预测的准确度。

4. 产能规划与生产计划、物料需求计划的关系

与生产计划、物料需求计划相比，企业界往往忽略了产能规划的重要性。许多企业经常在尚未执行产能规划之前就直接进行生产计划与作业控制，结果是经常无法准时完成订单。产能规划与生产计划、物料需求计划的关系如图 4 – 2 所示。为了评价主生产计划（Master Production Schedule，MPS）的产能需求，确认是否存在显著的产能限制，需要首先进行粗略产能规划（Rough – Cut Capacity Planning，RCCP），它属于战略规划范畴。粗略产能规划将主生产计划结果转换成对关键资源的产能需求，计算可以平衡产能

的供给与需求，从而判断主生产计划的结果是否可行。若主生产计划可行，则可以根据它再制订物料需求计划。在制订物料需求计划（Material Requirement Planning，MRP）后，根据粗略产能规划结果、物料需求计划和产品生产工艺等资料进行产能需求计划（Capacity Requirement Planning，CRP）。产能需求计划属于战术规划范畴，它可以检查生产资源的负荷情况，确认制造系统产能能否满足要求，从而保证生产计划的有效实施。当订单需要的产能与企业可以提供的产能不一致时，企业管理者可以提早通过更改订单交期、订单外包、增加或减少设备、员工加班等形式加以修正。最后，执行生产作业计划与控制，以确保订单如期完成。

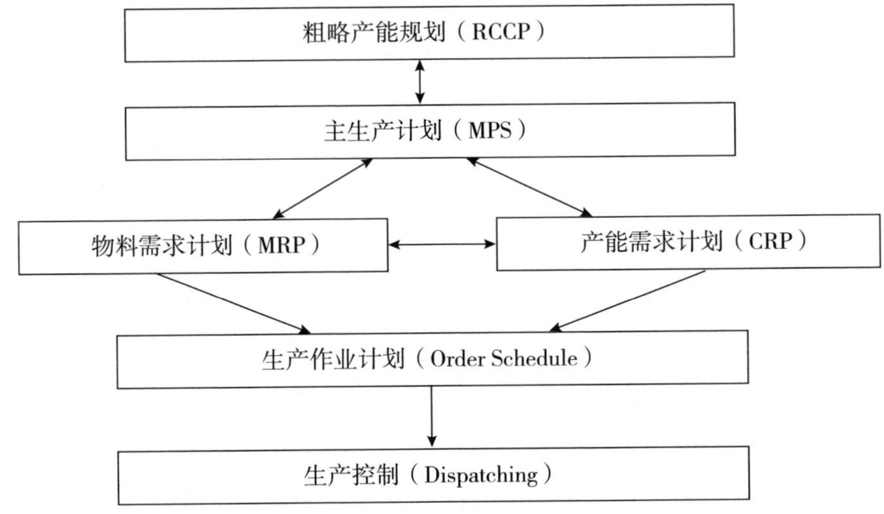

图 4－2　产能规划与生产计划、物料需求计划的关系

4.1.4　产能规划常用方法

对于粗略产能规划，其常用方法主要有产能规划因素法（Capacity Planning Using Overall Factors）、产能单据规划法（Capacity Planning Using Capacity Bill）、资源概算法（Capacity Planning Using Resource Profile）三种方法。其中，产能规划因素法采用试算方法来进行粗略产能的预估。利用主生产计划、产品生产周期以及产品在各加工中心的加工时间来估算各加工中心每月的产能负荷。即将各产品数量乘以单位产品所需加工时间，加总后得到生产物流系统的总负荷。然后，根据以往各加工中心负荷的分摊比例，将生产物流系统总负荷分配到各加工中心。该方法的优点是计算简单，需要的资料少。但必须知道产品组合比例以及各加工中心产能的历史分摊比例。产能单据规划法与产能规划因素法计算过程相似，不同之处在于产能单据规划法是计算产品组合比例实际上在各加工中心的产能负荷。前两种方法未考虑生产前置时间，因此没有考虑各加工中心产能需求时间差。而资源概算法充分考虑了前置时间，是一种较详细的方法。

对于产能需求计划，常用方法主要有电子表格模型（Spreadsheet）、仿真模型（Simulation）、数学规划模型等。

电子表格模型是指利用电子表格进行产能规划，它通常单独用在每个独立的设备组上，每个设备组包括了几台功能相同的设备。对每个设备组，最初认为生产能力为100%。然后把一些导致产能损失的因素从100%中扣除，比如宕机、设备预维护、重加工、设备安装时间等。每个产能损失因素用百分制来表示，这些数据通常是由经验获得的，生产者可以通过产品的需求来获得生产能力的需求。这种方法的优点：便于使用、结果便于解释、求解速度快。缺点：没有抓住生产过程中的一些动态特征，例如，设备组间的相互影响，在制品量以及生产周期等。

仿真模型可以描述设备组间的相互影响及其他一些动态特征，得到生产周期和在制品量等生产指标。与电子表格模型相比，仿真需要更多的数据，且运行速度不快，而且对输出的结果要进行数据分析，不易解释。另外，由于实际生产物流系统中存在众多复杂、不确定的因素，如何建立一个和实际系统比较相符的仿真模型是非常困难的事情。因此，仿真模型可以建立，但是不能长时间进行维护。

数学规划模型得到的结果也相对容易解释，但动态特性不如仿真模型准确。它能够将当前生产状况考虑到模型中，从而给出一个最优解或满意解。

以上三种方法都存在各自的优劣性，针对不同的问题和目标可以选择相应的方法，以下将对这些方法的特点加以分析。常用产能规划方法优缺点比较如表4－1所示。

表 4-1　　常用产能规划方法优缺点比较

产能规划方法	优点	缺点
电子表格模型	模型易于解释，方便实用，容易维护	不能反映生产物流系统动态数据，只能运用于静态产能规划
仿真模型	能动态反映生产物流系统动态数据，可建立动态产能规划模型，模型较直观，容易解释	模型建立困难，运行时间长，对实际系统模拟的准确性存在怀疑，模型维护困难
数学规划模型	学术认可度高，方法准确度高，易于解释	实用性不高，模型较难用现有的计算工具在有限时间内解出

4.2 传统单厂产能规划

1. 传统单厂产能规划步骤

传统单厂产能规划考虑因素较少，方法比较简单，规划步骤可分为三大步。

（1）进行需求预测，确定市场需求。

（2）计算制造系统短期内所需的设备及人员。

（3）计算制造系统长期内所需的设备及人员。

2. 应用案例

本章以某饮料企业为例加以说明。饮料企业可生产瓶装和塑料装两种饮料。该企业现有瓶装设备 3 台，每年的产能是 150000 瓶。每台瓶装设备需要 2 人操作，现有瓶装设备操作员 6 人。另外，该企业拥有塑料装设备 5 台，每年的产能是 250000 瓶。每台塑料装设备需要 3 人操作，现有塑料装设备操作员 20 人。目前，企业领导要求对其产能进行规划，以满足市场需求。

产能规划计算如下所示。

（1）市场需求预测，结果如表 4-2 所示。

市场需求预测方法可采用定性法、统计分析法、因果法和模拟法等方法。其中，定性法是指利用市场的调查以及个人观点来判断、评估市场需求量的方法。它包括市场研究法、历史类推法和德尔菲法。统计分析法主要利用历史数据预测未来需求。它包括简单移动平均法、加权移动平均法、指数平滑法和时间序列法。因果法主要是考虑市场需求数量会随企业的投入（广告、价格、质量及竞争对手的活动）而改变的预测方法。主要包括回归分析法、投入/产出模型法和领先指标法。模拟法主要利用计算机进行动态仿真。例如，价格若上升10%时市场需求的变化，市场不景气会如何影响对市场需求的预测等。

表4－2 **市场需求预测** 单位：千瓶

年	1	2	3	4	5
瓶装饮料	135	185	245	297	348
塑料装饮料	300	600	900	1050	1180

（2）计算第1年满足市场需求所需的设备及人员。

①设备情况。

瓶装设备：135÷150＝0.9（台）

塑料装设备：300÷250＝1.2（台）

第1年的产能利用率。

瓶装设备：0.9÷3＝30%

塑料装设备：1.2÷5＝24%

②人员情况。

瓶装设备人员需求量：0.9×2＝1.8（人）

塑料装设备人员需求量：1.2×3＝3.6（人）

人员使用率：（1.8＋3.6）÷（6＋20）＝20.77%

（3）计算5年内满足预测需求所需的设备及人员。

对于瓶装作业，企业5年内的瓶装设备需求和人员需求情况如表4－3所示。

表4－3 **企业5年内的瓶装设备需求和人员需求情况**

年	1	2	3	4	5
产能利用率（%）	30	41	54	66	77
设备台数（台）	0.9	1.23	1.63	1.98	2.32
人员需求量（人）	1.8	2.46	3.26	3.96	4.64

对于塑料装作业，企业5年内的塑料装设备需求和人员需求情况如表4－4所示。

表4－4　　企业5年内的塑料装设备需求和人员需求情况

年	1	2	3	4	5
产能利用率（%）	24	48	72	84	94
设备台数（台）	1.2	2.4	3.6	4.2	4.7
人员需求量（人）	3.6	7.2	10.8	12.6	14.1

5 企业生产物流的单厂产能均衡规划

5.1 基于约束理论的单厂产能均衡规划方法

应用约束理论获得成功的企业很多。例如，美国得克萨斯食品公司从1992年开始进行TOC改善活动以缩短提前期，结果省去了为增产所需的数亿美元的投资。半导体乌耶哈工厂也引进了TOC，提前期在1年半内减少了75%，生产能力在同样的设备条件下提高了25%。与传统的成本会计方法不同，约束理论的产出会计思想以瓶颈资源的单位产出为基准，计算产品在瓶颈资源的单位产出率来决定产品的组合。

本章以某晶圆制造厂为例，利用约束理论的方法解决产能规划中的产品组合生产策略问题。在某晶圆制造厂中，设备成本约占总投资额的75%，面对昂贵的设备，低的设备利用率对于某晶圆制造厂来说损失巨大。同时，若设备生产能力无法满足客户要求，或者无法完成客户要求的产品种类，不仅会使芯片厂丧失部分效益，还会造成部分客户的流失，这就要求某晶圆制造企业进行良好的产能规划。

某晶圆制造厂生产及销售P及Q两种产品，其制造过程均需经过A、B、C、D四种设备，生产流程如图5-1所示。A、B、C、D四种设备每周最多可用的时间皆为2400分钟（5个工作日），工厂每周固定作业费用为6000美元。P、Q两种产品的售价分别为90美元/个与100美元/个，且每周市场的需求为P产品100个，Q产品50个（见表5-1）。该工厂因受到产能约束（Capacity Constraints）与市场需求约束（Market Demand Constraints），无法在有限的资源环境下，供应市场全部需求，故为追求工厂的最大利润目标，应该首先决定生产及销售每种产品的数量。

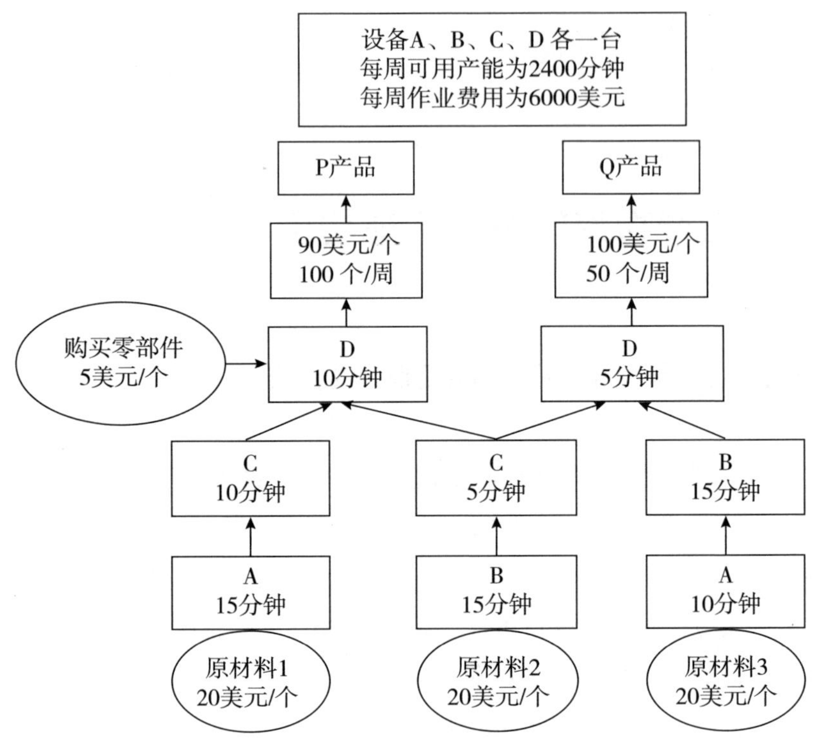

图 5－1　产品 P、Q 的生产流程

表 5－1　　　　　　　　　　产品 P、Q 的相关数据

产品类型	P	Q
每单位产品售价（美元）	90	100
每单位材料成本（美元）	45	40
每单位产品需使用设备的时间（分钟）	55	50
每周市场需求量（个）	100	50

步骤一：分析各设备每周的产能，以确定哪一种设备是系统的瓶颈。

对 A 设备而言，生产 100 个 P 产品需要 1500 分钟，生产 50 个 Q 产品需要 500 分钟，所以 A 设备每周的产能负荷为 2000 分钟。对 B 设备而言，每周生产 100 个 P 产品和 50 个 Q 产品需要的产能负荷为 3000 分钟，超出产能限制（2400 分钟）600 分钟，因此 B 设备无法生产所有的产品。相同的方法，计算 C 设备与 D 设备每周的产能负荷，计算结果见表 5－2。由表 5－2 可知，B 设备为系统的瓶颈（Capacity Constraint Resource，CCR）。

表 5－2　　　　　设备 A、B、C、D 每周的产能负荷

设备类型	每周产能负荷（分钟）	每周可使用产能（分钟）	产能利用率（%）
A	15×100＝1500 10×50＝500 小计＝2000	2400	83
B	15×100＝1500 15×50＝750 15×50＝750 小计＝3000	2400	125
C	10×100＝1000 5×100＝500 5×50＝250 小计＝1750	2400	73
D	10×100＝1000 5×50＝250 小计＝1250	2400	52

步骤二：决定如何最佳利用"约束"。

因受到 B 设备的限制无法生产市场所需全部产品，企业需要决定如何最佳利用 B 设备产能（充分利用约束）来决定各种产品的生产数量及生产优先级。在传统的成本观点中，计算产品利润的方法之一是以单位人工小时或单位设备小时的获利为基准，而在本案例中，每单位 P 产品所需的设备时间为 55 分钟（15＋10＋15＋5＋10＝55），售价为 90 美元，材料成本为 45 美元（20＋20＋5＝45），所以每单位 P 产品的边际贡献利润为 45 美元（90－45＝45），而 P 产品的单位设备时间获利为 0.82 美元（45÷55＝0.82）。每单位 Q 产品所需的设备时间为 50 分钟（15＋5＋10＋15＋5＝50），售价为 100 美元，材料成本为 40 美元（20＋20＝40），所以每单位 Q 产品的边际贡献利润为 60 美元（100－40＝60），而 Q 产品的单位设备时间获利为 1.2 美元（60÷50＝1.2）。由上述分析可知，生产产品 Q 的获利较高（见表 5－3）。因此，在 B

资源的约束下应尽可能先生产产品 Q，剩余的产能生产产品 P。

表 5－3　　　　传统成本法对 P、Q 产品的获利分析

产品类型	P	Q
每单位产品售价（美元）	90	100
每单位材料成本（美元）	45	40
边际贡献利润（售价－材料成本）（美元）	45	60
每单位产品需使用设备的时间（分钟）	55	50
边际贡献利润/每单位产品需使用设备的时间（美元）	0. 82	1. 2

由于 Q 产品的市场需求量为每周 50 个，B 设备生产 1 单位 Q 产品所需时间为 30 分钟，故 B 设备生产全部 Q 产品共消耗的产能为 1500 分钟，剩余产能 900 分钟（2400－1500＝900），只够生产 60 个 P 产品（900÷15＝60）。在传统成本的观点下所采取的产品组合生产策略为：生产 50 个 Q 产品及 60 个 P 产品。每周收入为 5700 美元，扣除每周固定作业费用 6000 美元后，可知此种产品组合的生产策略结果为每周亏损 300 美元（见表 5－4）。

表 5－4　　　　传统成本法对产品组合策略的分析

产品类型	P	Q	备注
每周市场需求量（个）	100	50	
每周可生产量（个）	60	50	
边际贡献利润（售价－材料成本）（美元）	45	60	
每单位产品需使用 B 设备的时间（分钟）	15	30	
每周 B 设备被使用时间（分钟）	900	1500	共 2400
每周收入（美元）	2700	3000	共 5700
每周作业费用（美元）			6000
每周净利润（美元）			－300

约束理论强调要同时考虑边际利润值与系统的约束资源。对于上述传统成本的分析可知，虽然 P 产品的边际利润值低于 Q 产品的边际利润值，但是由于 P 产品所耗费的约束资源（B 设备产能）仅为 Q 产品的一半，此时若只

考虑边际利润值将无法达到公司整体最大的效益，因此需要同时考虑边际利润值与系统的瓶颈资源。

根据约束理论，生产 1 单位 P 产品需要使用 B 设备 15 分钟，且每单位 P 产品的产出为 45 美元（90 - 45 = 45），故 P 产品每单位约束产能获利率为 3 美元（45 ÷ 15 = 3）。同理，Q 产品每单位约束产能获利率为 2 美元（60 ÷ 30 = 2）（见表 5 - 5）。因此，根据 P、Q 产品的每单位约束产能获利率得知，应优先生产 P 产品，再用 B 设备所剩余的产能生产 Q 产品。

表 5 - 5　　约束理论方法对 P、Q 产品的获利分析

产品类型	P	Q
每单位产品售价（美元）	90	100
每单位材料成本（美元）	45	40
边际贡献利润（售价 - 材料成本）（美元）	45	60
每单位产品约束产能时间（分钟）	15	30
边际贡献利润/每单位产品约束产能时间（美元）	3	2

因此，为满足市场的需求生产 100 个 P 产品，共需 1500 分钟的 B 设备产能。而 B 设备每周可使用的产能为 2400 分钟，故仅剩 900 分钟可生产 Q 产品。每单位 Q 产品所需 B 设备的产能为 30 分钟，故 B 设备所剩产能只够生产 30 个 Q 产品。在此生产策略下，每周所得到的总边际贡献利润值为 6300 美元，扣除每周的固定作业费用 6000 美元，可得每周的净利为 300 美元（见表 5 - 6）。

表 5 - 6　　约束理论方法对产品组合策略的分析

产品类型	P	Q	备注
每周市场需求量（个）	100	50	
每周可生产量（个）	100	30	
边际贡献利润（售价 - 材料成本）（美元）	45	60	
每单位产品需使用 B 设备的时间（分钟）	15	30	

续 表

产品类型	P	Q	备注
每周 B 设备被使用时间（分钟）	1500	900	共 2400
每周收入（美元）	4500	1800	共 6300
每周作业费用（美元）			6000
每周净利润（美元）			300

步骤三：尽全力配合步骤二所做的决策。

尽全力配合上述步骤所决定的生产策略，安排 B 设备的生产排程，在 B 设备前准备适当的库存，不让 B 设备产生待料情况，使约束资源（B 设备）发挥最大的效果。

步骤四：打破“约束”。

由于 B 设备的产能不能满足市场需求，阻碍了公司赚取更多利润。为了打破 B 设备的约束，可以采用外包方式处理或者增购 B 设备。无论采用哪种提升产能的策略，都需要进行详细评估，要确定新策略不会衍生新的问题或者衍生的新问题可以被解决，方可实施提升产能策略。

步骤五：当“约束”在上述的步骤已经被打破，返回步骤一。

约束理论提供一套能持续改善的逻辑式处理程序，因此当系统瓶颈在上述步骤中已被打破时，需重新回到步骤一，继续寻找新的“约束”，若忽略了此步骤，将使“惰性”变成系统的“约束”，以致系统无法达到最佳的绩效。

从本例结果可以看出，采用约束理论方法能比传统成本会计方法获得更大的利润，而且传统方法在处理过程中，需要考虑众多复杂因素，不便于统计、计算。约束理论主要考虑瓶颈资源的利用情况，大大减少了计算量。

5.2 改进型单厂产能均衡规划方法

5.2.1 单厂产能规划电子表格模型

产能规划的电子表格模型方法简单、求解速度快，结果便于解释，可协助企业生产部门进行产能评估和分析，为投料计划和生产计划的制订提供帮助。目前，多数半导体企业在生产实践中采用电子表格模型进行产能规划，并取得了不错的效果。Witte 基于电子数据表建立静态产能模型，对 Harris 半导体制造企业进行产能规划，大大减少了数据量的计算。Ko LG 和 Wang I 以 Excel 和 VB 为软件平台，用统计方法计算每个设备的负荷率（Loading），通过比较不同设备的 Loading 值找出瓶颈设备，为平衡生产物流系统提供依据。Tang J F 等建立了一个数据中转站（Universal Distributed Data Integrating Middleware，UDDIM），有效整合了各个厂区的产能规划数据，并可进行数据交换。因此，本章以半导体芯片制造系统为例，详细介绍电子表格模型在单厂产能规划中的应用。

1. 半导体晶圆制造术语介绍

CPW（Cycle_time Per Wafer）：平均每片晶圆所需的加工时间，包括必要的人员操作时间和机台加工时间，单位为分钟。

Layer（Recipe）：不同产品所需经过的工序的工艺代码。

Product：产品代码。

EQ（Equipment）：设备组名称或编号。

Ideal Move：不考虑良率情况下，设备的理论需求加工量，单位为片。

Required Move：考虑良率情况下，设备的实际需求加工量，单位为片。

Required Hour：根据每片晶圆所需的加工时间和每个层次的实际需求加工量得到的设备实际需求加工时间，单位为小时。

OEE（Overall Equipment Effectiveness）：设备综合效率。

Yield：良率（历史良率）。

Supply Day：产能规划的区间长度，单位为天。

Supply Hour Per Tool：考虑设备综合效率的前提下，每台设备在规划区间内的可用时间，单位为小时。

Demand Hour：所有层次设备需求时间累积得到的设备总需求时间，单位为小时。

Supply Tool：设备组内的可用设备台数。

Required Tool：根据每台设备在规划区间内的可用时间和设备总需求时间

确定的设备需求台数。

Loading：设备负荷率。

Loading Factor：设备装载率。

2. 单厂产能规划电子表格模型构建

晶圆制造单厂产能规划流程如图 5－2 所示。

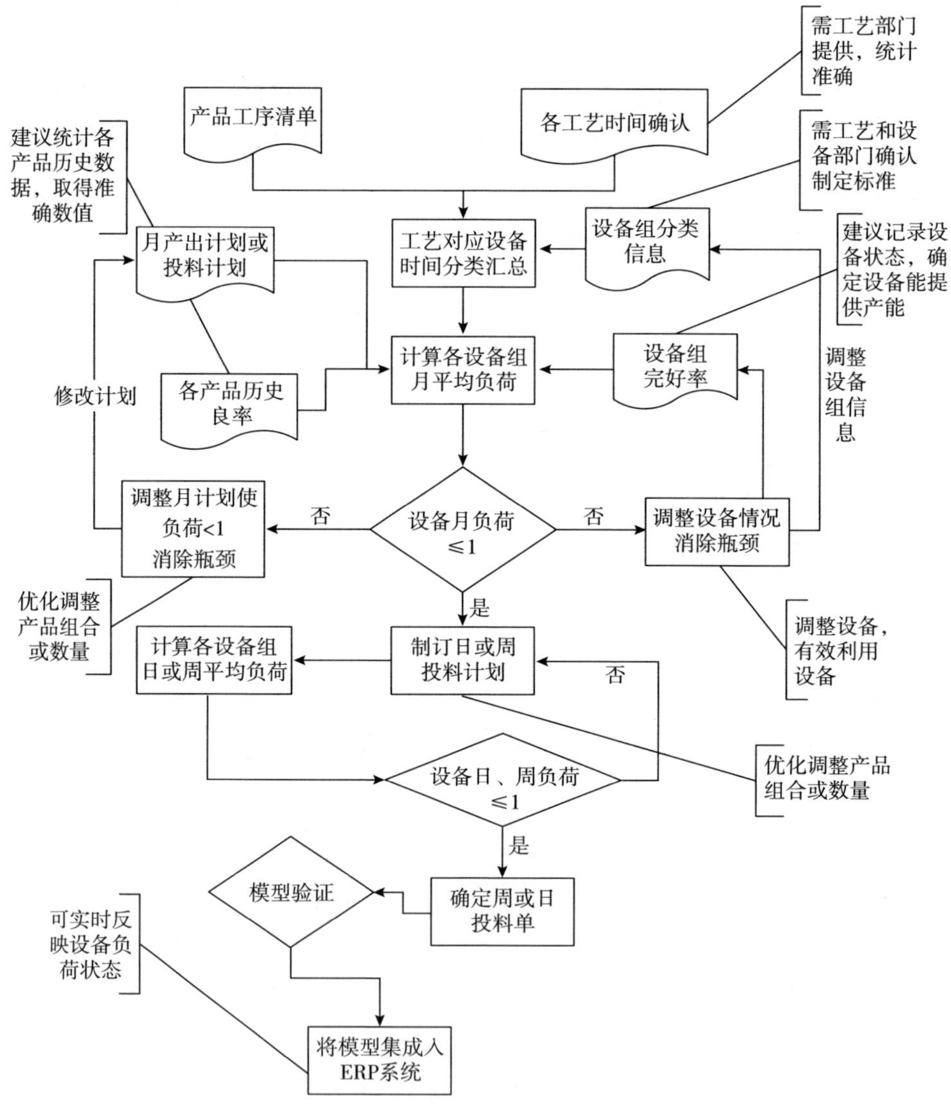

图 5－2　晶圆制造单厂产能规划流程

（1）确定各产品的工序清单，这个数据在 ERP 中可以导出。

（2）确定各加工工艺占用设备的方式，包括哪些设备可加工，加工的 Batch Size（批量大小）为多少。

（3）输入工序的频次。按照不同产品的工序清单，将产品需加工的工艺对应到产能规划模型中，某台设备加工某个工艺 1 次就在对应的空格中输入 1，n 次就输入 n，如果有多台设备可以加工同种工艺，可以考虑让柔性小的设备先加工，或者输入 $1/n$，将加工量平均分配。

（4）确定不同工艺的加工时间，将不同设备的 Batch Size 换算成每片的加工时间，即 CPW，输入对应的空格中。

（5）调查已有设备组综合效率，输入模型中，计算每台设备在规划区间内可提供的产能。

$$\text{Supply Hour Per Tool} = 24 \times \text{Supply Day} \times \text{OEE}$$

（6）确定各种产品每月的产量、历史良率，输入模型中。

（7）计算各种产品对应某一工艺的设备理论需求加工量。

$$\text{Ideal Move}_{\text{单一工序}} = \text{SUM}_{\text{所有产品}}\text{（计划产出量}_{\text{单一产品}} \times \text{工序的频次}_{\text{单一产品}}\text{）}$$

（8）计算各种产品对应某一工艺的设备实际需求加工量。

$$\text{Required Move}_{\text{单一工序}} = \text{Ideal Move}_{\text{单一工序}}/\text{Yield}$$

（9）计算各种产品对应某一工艺的设备实际需求加工时间。

$$\text{Required Hour}_{\text{单一工序}} = \text{CPW} \times \text{Required Move}_{\text{单一工序}}/60$$

（10）计算各种设备组的产能需求。

$$\text{Demand Hour} = \text{SUM}_{\text{所有工序}}\text{（Required Hour}_{\text{单一工序}}\text{）}$$

（11）计算所需实际产能需求下的设备需求台数。

$$\text{Required Tool} = \text{Demand Hour}/\text{Supply Hour Per Tool}$$

（12）输入设备组可用设备台数，计算设备负荷率。

$$\text{Loading} = \text{Required Tool}/\text{Supply Tool}$$

（13）根据计算结果，可以做如下分析。

①判断设备负荷率是否超过 100%，分析是否有设备出现产能不足的情况，及时调整投料计划或调试备用设备。

②动态地确定该规划周期内的瓶颈设备，并重点关注。

③分析设备负荷是否平衡，瓶颈设备是否被充分利用。

5.2.2 模型应用

第一步：确定晶圆制造企业的产品工序清单，如表 5－7 所示。

表 5－7 晶圆制造企业的产品工序清单

Product1	Product2	Product3
Recipe2	Recipe1	Recipe4
Recipe7	Recipe9	Recipe8
Recipe11	Recipe15	Recipe13

第二步：确定设备组可加工工艺列表，将工艺对应到设备组中，如表 5－8所示。

表 5－8 设备组可加工工艺列表

EQ1	EQ2	EQ3
Recipe1	Recipe6	Recipe11
Recipe2	Recipe7	Recipe12
Recipe3	Recipe8	Recipe13
Recipe4	Recipe9	Recipe14
Recipe5	Recipe10	Recipe15

第三步：确定不同类型的产品加工工序的频次（加工次数），如表 5－9 所示。

表 5－9 产品加工工序的频次

EQ	Layer	Poduct1	Product2	Pruduct3
	Recipe1		1	
	Recipe2	1		
EQ1	Recipe3			
	Recipe4			1
	Recipe5			

续　表

EQ	Layer	Poduct1	Product2	Pruduct3
EQ2	Recipe6			
	Recipe7	1		
	Recipe8			1
	Recipe9		1	
	Recipe10			
EQ3	Recipe11	1		
	Recipe12			
	Recipe13			1
	Recipe14			
	Recipe15		1	

第四步：调查工艺加工时间，换算成 CPW 后输入模型中，如表 5－10 所示。

表 5－10　　不同工序的单片晶圆所需加工时间　　单位：分钟

EQ	CPW	Layer	Poduct1	Product2	Pruduct3
EQ1	2. 4	Recipe1		1	
	1. 6	Recipe2	1		
	2. 0	Recipe3			
	5. 1	Recipe4			1
	3. 3	Recipe5			
EQ2	1. 4	Recipe6			
	1. 8	Recipe7	1		
	2. 2	Recipe8			1
	3. 0	Recipe9		1	
	3. 2	Recipe10			
EQ3	4. 3	Recipe11	1		
	4. 5	Recipe12			
	3. 7	Recipe13			1
	1. 2	Recipe14			
	0. 8	Recipe15		1	

第五步：以 84% 的 OEE 值计算每台设备在一个月内可提供的产能。

Supply Hour Per Tool = 24 × Supply Day × OEE = 24 × 30 × 84% = 604. 8 小时

第六步：确定各种产品的每月产量，输入模型中，如表 5 – 11 所示。

表 5 – 11　各种产品的每月产量

EQ	CPW（分钟）	Layer	Poduct1（片）	Product2（片）	Pruduct3（片）
			2500	3000	5250
EQ1	2. 4	Recipe1		1	
	1. 6	Recipe2	1		
	2. 0	Recipe3			
	5. 1	Recipe4			1
	3. 3	Recipe5			
EQ2	1. 4	Recipe6			
	1. 8	Recipe7	1		
	2. 2	Recipe8			1
	3. 0	Recipe9		1	
	3. 2	Recipe10			
EQ3	4. 3	Recipe11	1		
	4. 5	Recipe12			
	3. 7	Recipe13			1
	1. 2	Recipe14			
	0. 8	Recipe15		1	

第七步：计算各种产品对应某一工序的理论设备需求加工量，如表 5 – 12 所示。

表 5 – 12　某工序的理论设备需求加工量

EQ	CPW（分钟）	Layer	Poduct1（片）	Product2（片）	Pruduct3（片）	Ideal Move（片）
			2500	3000	5250	
EQ1	2. 4	Recipe1		1		3000
	1. 6	Recipe2	1			2500
	2. 0	Recipe3				0
	5. 1	Recipe4			1	5250
	3. 3	Recipe5				0

续 表

EQ	CPW（分钟）	Layer	Poduct1（片）	Product2（片）	Pruduct3（片）	Ideal Move（片）
			2500	3000	5250	
EQ2	1.4	Recipe6				0
	1.8	Recipe7	1			2500
	2.2	Recipe8			1	5250
	3.0	Recipe9		1		3000
	3.2	Recipe10				0
EQ3	4.3	Recipe11	1			2500
	4.5	Recipe12				0
	3.7	Recipe13			1	5250
	1.2	Recipe14				0
	0.8	Recipe15		1		3000

第八步：当产品良率为85%时，计算各种产品对应某一工序的实际设备需求加工量，如表5－13所示。

表5－13　良率为85%时的各种产品加工某工序的实际设备需求加工量

EQ	CPW（分钟）	Layer	Poduct1（片）	Product2（片）	Pruduct3（片）	Ideal Move（片）	Required Move（片）
			2500	3000	5250		
EQ1	2.4	Recipe1		1		3000	3529
	1.6	Recipe2	1			2500	2941
	2.0	Recipe3				0	0
	5.1	Recipe4			1	5250	6176
	3.3	Recipe5				0	0
EQ2	1.4	Recipe6				0	0
	1.8	Recipe7	1			2500	2941
	2.2	Recipe8			1	5250	6176
	3.0	Recipe9		1		3000	3529
	3.2	Recipe10				0	0

续 表

EQ	CPW（分钟）	Layer	Poduct1（片）	Product2（片）	Pruduct3（片）	Ideal Move（片）	Required Move（片）
			2500	3000	5250		
EQ3	4.3	Recipe11	1			2500	2941
	4.5	Recipe12				0	0
	3.7	Recipe13			1	5250	6176
	1.2	Recipe14				0	0
	0.8	Recipe15		1		3000	3529

第九步：计算各种产品对应某一工艺的实际设备需求加工时间，如表5－14所示。

表5－14　　各种产品加工某工序的实际设备需求加工时间

EQ	CPW（分钟）	Layer	Poduct1（片）	Product2（片）	Pruduct3（片）	Ideal Move（片）	Required Move（片）	Required Hour（小时）
			2500	3000	5250			
EQ1	2.4	Recipe1		1		3000	3529	141.2
	1.6	Recipe2	1			2500	2941	78.4
	2.0	Recipe3				0	0	0
	5.1	Recipe4			1	5250	6176	525.0
	3.3	Recipe5				0	0	0
EQ2	1.4	Recipe6				0	0	0
	1.8	Recipe7	1			2500	2941	88.2
	2.2	Recipe8			1	5250	6176	226.5
	3.0	Recipe9		1		3000	3529	176.5
	3.2	Recipe10				0	0	0
EQ3	4.3	Recipe11	1			2500	2941	210.8
	4.5	Recipe12				0	0	0
	3.7	Recipe13			1	5250	6176	380.9
	1.2	Recipe14				0	0	0
	0.8	Recipe15		1		3000	3529	47.1

第十步：计算各种设备组产能需求，如表5－15所示。

表5－15　各种设备组的产能需求　单位：小时

EQ	EQ1	EQ2	EQ3
Demand Hour	744.6	491.2	638.8

第十一步：计算所需实际产能需求下的设备需求台数，如表5－16所示。

表5－16　设备需求台数

EQ	EQ1	EQ2	EQ3
Demand Hour（小时）	744.6	491.2	638.7
Required Tool（台）	1.23	0.81	1.06

第十二步：输入设备组可用设备台数，计算设备组的负荷率，如表5－17所示。

表5－17　设备组的负荷率

EQ	EQ1	EQ2	EQ3
Demand Hour（小时）	744.6	491.2	638.7
Required Tool（台）	1.23	0.81	1.06
Supply Tool（台）	2	1	1
Loading（%）	61.5	81	106

由表5－17可知，EQ3设备组的设备负荷率超过了100%，需要减少投料量或调整产品组合以降低该设备组的负荷率。EQ3将会成为短期的绝对瓶颈，需要重点关注，如增加设备备件以提供维修保障。EQ2设备组的设备负荷率超过了80%，将会成为短期内的次要瓶颈，需要适当关注。EQ1虽然设备负荷率较低，但一旦出现一台设备严重故障而长时间停机的情况，也会造成设备瓶颈。

此外，在实际的模型运用过程中，可以在月投料计划周分解后，分析每周的产能是否平衡。当连续进行几个月的产能规划后，可以观察并发现系统的长期瓶颈。当某些瓶颈设备组的设备数量较少时，需要调试未启用的设备或购买新设备，因为一台设备的损坏就可能造成严重的瓶颈。当然，产能规划模型不是固定不变的，需要根据生产物流系统的实际变化进行相应维护，主要体现在以下几个方面。

（1）当设备综合效率变化时，需要修正它的值，以保证 Supply Hour Per Tool 的准确性。

（2）当设备组中的设备数量发生变化时（通常指由于设备故障时缺少备件造成的长时间设备停机，一般的设备宕机不包括在内，因为短期内可以恢复使用），需要在 Supply Tool 这一栏修改。

（3）当历史良率发生变动时，需要修正它的值，以保证投料量的准确。

（4）当设备可加工工艺发生变化时，需要调整设备的可加工工艺列表。

（5）当设备加工工艺时间发生变动时，需要调整。

（6）当产品增加时，需要根据产品的工艺清单，按照其所经过的工序添加到表格中。

（7）针对长期瓶颈，可以在同一设备组中继续细分，关注每一台设备。

6　考虑需求的单厂产能均衡规划

6.1　需求确定情况下的单厂产能均衡规划

6.1.1　考虑需求的产能规划方法

随着消费需求的多样化、个性化趋势发展，对于产品需求，实际上存在一系列可能出现的需求情况，而不仅是单一需求的确定性产品组合。因此，需要充分考虑需求变化，合理规划企业产能。产能规划包括需求确定和需求不确定两种情况。本小节主要考虑需求确定情况下的产能规划问题。

对于需求确定型产能规划，主要规划方法包括以下几种。

（1）电子表格法。

电子表格法多采用平准化生产策略来进行分析，用累积的需求量和生产量来改善总体计划，通过试错不断修正。

（2）线性规划方法。

线性规划方法采用设定决策变量、目标函数和约束条件方式，将产能规划问题转换成数学模型，并最优化求解。

（3）运输模型法。

运输模型法将产能规划简化为运输问题，考虑未来一段时间内需要投入的各种资源，以及各资源的制造成本和库存成本，以最小化总成本，从而形成最合理的产能规划。

6.1.2　需求确定情况下的产能规划模型

本小节以某晶圆企业为例，研究需求确定情况下的产能规划建模问题。

半导体生产环境十分复杂。半导体设备昂贵，设备成本约占总成本的75%，并且购置的前置时间很长。当需求逐渐增加时，应该购买哪套设备以及在哪个时间点购置，已经成为该企业关注的重要议题。首先，假定每个需求情况的概率在不同的时期是相互独立的。利用产品的需求预测，考虑规划周期第 t 期的每种需求情况发生的概率和公司为了满足需求变动所愿意提供的资金，计算第 t 期不同的需求情况下，每种设备组应该配置多少产能，即设备组中需要几台相同类型的设备，以及每种产品实际生产的数量。

在该晶圆企业运行期间，每年的设备更新购置费用在百万美元以上。设备购置计划对于芯片制造厂来说极其重要，原因如下。

（1）产品技术方面的变化。在微电子领域，技术更新很快，这就要求购置新设备，以满足新技术的要求。另外，产品生命周期不断缩短，使得对芯片的需求预测变得越来越困难。

（2）设备购置的提前期。多数芯片设备都有很高的定制性，因此设备的购置是基于订单的制造，它的提前期从三个月到一年不等。管理者必须对下一年的需求进行预测，然后购置新设备。由于这个领域的技术发展很快，需求预测显得越来越不准确。

（3）设备成本。设备成本不断增加，即使是中型规模的芯片制造厂，每个季度用于新设备的投资也要几百万美元。对于管理者来说，即使是做出一个很小的设备购置决策，对于这一年的盈利状况也有很大影响。

（4）需求特性。客户对于芯片制造厂的要求越来越高，如果没有做好需求预测和产能规划导致某一阶段生产能力不足，就会失去部分客户。当然，可以考虑对产品进行外购，但这样会导致成本增加，往往得不偿失。

因此，本小节将建立单一时期的产能规划模型，以支持决策者对某一时期的设备购置计划。

符号定义如下所示。

i——芯片类型序列（1，…，I）。

j——加工设备序列（1，…，J）。

s——需求情况序列（1，…，S）。

t_{ij}——在设备组 j 上加工每片芯片类型 i 的时间。

p_s^t ——第 t 期，需求情况 s 出现的概率，$\sum_{s=1}^{S} p_s^t = 1$ 。

d_{is}^t ——第 t 期，在需求情况 s 的条件下对芯片类型 i 的需求预测。

C_j ——设备组 j 中一台设备的成本。

π_i^t ——第 t 期，每片芯片类型 i 的短缺成本。

w_i ——产品 i 的价格，不受销售数量影响。

v_i ——变动成本，产品 i 的边际利润 $MP_i = w_i - v_i$ 。

x_{0j}^t ——第 t 期，在购置新设备前，设备组 j 已有的设备数量。

A_j ——设备组 j 的可用率。

T_j ——设备组 j 中一台设备的可用时间。

B ——预算上限。

W_{is}^t ——第 t 期，在需求情况 s 的条件下决定生产的芯片类型 i 的数量。

x_j^t ——第 t 期，设备组 j 新购置的设备数量。

α_1 ——瓶颈设备闲置 1 小时对整条生产物流系统造成的损失。

α_2 ——在规划期内设备的折旧系数。

Z——生产产品的总利润。

将设备利用率和是否准时交货作为评价指标。产能规划模型的目标有两个：第一个是最小化设备产能不足造成的产品短缺成本；第二个是最小化设备产能过剩造成的浪费。产能规划模型如下所示。

$$\operatorname*{Min}_{x_j^t, W_{is}^t} \sum_{s=1}^{S} p_s^t \left[\alpha_1 \sum_{i=1}^{I} \pi_i^t (d_{is}^t - W_{is}^t) + \alpha_2 \sum_{j=1}^{J} \left(\frac{\sum_{i=1}^{I} MP_i \cdot W_{is}^t \cdot \frac{t_{ij}}{\sum_{j=1}^{J} t_{ij}}}{\sum_{i=1}^{I} t_{ij} \cdot W_{is}^t} \cdot \left((x_{0j}^t + x_j^t) \cdot T_j - \sum_{i=1}^{I} t_{ij} \cdot W_{is}^t \right) \right) \right]$$

s. t.

$$\sum_{i=1}^{I} t_{ij} \cdot W_{is}^t \leqslant (x_{0j}^t + x_j^t) \cdot T_j \qquad \forall j, s \tag{6-1}$$

$$W_{is}^t \leqslant d_{is}^t \qquad \forall i, s \tag{6-2}$$

$$\sum_{j=1}^{J} C_j \cdot x_j^t \leqslant B \tag{6-3}$$

$$W_{is}^{t}, x_{j}^{t} \in \mathbf{N} \tag{6-4}$$

在上述模型中，每种需求情况的出现有一个概率 p_s^t，即对每种需求情况赋予一个权重系数 p_s^t，通过经验方法来确定权重系数 p_s^t。式（6－1）说明，不同需求情况下，每台设备生产不同类型芯片所花费的时间小于等于设备可用时间。式（6－2）说明生产的芯片数量不超过预测的需求量。由于产品生命周期很短，本小节假设没有成品库存，因此不存在库存成本。式（6－3）说明本期购买设备的资金要小于等于预算上限。式（6－4）要求新购置设备的数量必须是非负整数。由于设备能力很大，本小节将设备加工的晶圆片数量看作一个连续变量，方便计算。

模型为多目标规划，通过线性加权和法可确定 α_1 和 α_2 两个参数。

令 $f_1(X) = \sum_{s=1}^{S} \sum_{i=1}^{I} p_s^t \pi_i^t (d_{is}^t - W_{is}^t)$，

$$f_2(X) = \sum_{s=1}^{S} \sum_{j=1}^{J} p_s^t \left(\frac{\sum_{i=1}^{I} MP_i \cdot W_{is}^t \cdot \frac{t_{ij}}{\sum_{j=1}^{J} t_{ij}}}{\sum_{i=1}^{I} t_{ij} \cdot W_{is}^t} \cdot \left((x_{0j}^t + x_j^t) \cdot T_j - \sum_{i=1}^{I} t_{ij} \cdot W_{is}^t \right) \right),$$

$f_1^0 = \mathrm{Min} f_1(X) = f_1(X^1)$，$f_2^0 = \mathrm{Min} f_2(X) = f_2(X^2)$，$f_1^* = f_1(X^2)$，$f_2^* = f_2(X^1)$。

利用线性加权和法，$\begin{cases} \alpha_1 f_1^0 + \alpha_2 f_2^* = \alpha_1 f_1^* + \alpha_2 f_2^0 \\ \alpha_1 + \alpha_2 = 1 \end{cases}$，得解 $\begin{cases} \alpha_1 = \dfrac{f_2^0 - f_2^*}{f_1^0 + f_2^0 - f_1^* - f_2^*} \\ \alpha_2 = \dfrac{f_1^0 - f_1^*}{f_1^0 + f_2^0 - f_1^* - f_2^*} \end{cases}$。

确定两个参数后可以找到一个非劣解，然后调整两个参数再找到其他几个非劣解，将这些非劣解进行比较，决定非劣解的取舍。

6.1.3 模型应用

本小节针对某晶圆制造厂一个工作区的设备进行研究。共有 3 种需求情况、9 种设备、4 种产品类型，规划周期为一个月。

（1）参数设定。

①需求情况发生概率 p_s^t 。

3 种需求情况（$S=3$）分别是 Scenario1、Scenario2 和 Scenario3。其中，Scenario1 为权重概率较大的情况，Scenario2 为新产品需求有较大提高的情况，Scenario3 为所有的产品需求都有较大增长的情况。三种情况出现概率为 $p_1^t=0.5$，$p_2^t=0.25$，$p_3^t=0.25$。

②产品价格 w_i（单位：元）。

在 4 种产品（$I=4$）中，产品 1 和产品 2 是比较成熟的产品，而产品 3 和 4 是新产品。产品价格服从均匀分布 U（2800，3200），随机取值 4 次，得 0.218、0.024、0.533、0.878，从而得到 4 种产品的价格，$w_1=2887.2$，$w_2=2809.6$，$w_3=3013.2$，$w_4=3151.2$。

③变动成本 v_i（单位：元）。

变动成本服从均匀分布 U（600，750），同样随机取值 4 次，得 0.667、0.358、0.254、0.857，得到变动成本，$v_1=700.05$，$v_2=653.7$，$v_3=638.1$，$v_4=728.55$。

④产品的边际利润 MP_i（单位：元）。

边际利润 $MP_i=w_i-v_i$，即 $MP_1=2187.15$，$MP_2=2155.9$，$MP_3=2375.1$，$MP_4=2422.65$。

⑤ 9 种设备类型（$J=9$）的设备成本 C_j（单位：美元）、目前设备数量 x_{0j}^t（单位：台）、设备可用率 A_j、设备可用时间 T_j（单位：分钟）如表 6－1 所示，其中 $T_j=30\times24\times60\times A_j$。

⑥产品在设备上的加工时间 t_{ij}（单位：分钟）。

由于芯片制造过程中会出现回流（Reentrant，Reentry），因此在计算一台设备对某产品的加工时间时，应累计加工次数，具体数据如表 6－2 所示。

表 6－1　设备组基本数据

设备组	目前设备数量 x_{0j}^t（台）	设备可用率 A_j	设备成本 C_j（美元）	设备可用时间 T_j（分钟）
设备组 1	3	0.95	1000000	41040
设备组 2	3	0.92	1000000	39744

续 表

设备组	目前设备数量 x_{0j}^t（台）	设备可用率 A_j	设备成本 C_j（美元）	设备可用时间 T_j（分钟）
设备组 3	4	0.92	1000000	39744
设备组 4	3	0.92	1000000	39744
设备组 5	3	0.8	1000000	34560
设备组 6	3	0.9	1000000	38880
设备组 7	2	0.8	1000000	34560
设备组 8	4	0.92	1000000	39744
设备组 9	1	0.92	1000000	39744

表 6－2　　产品加工时间　　单位：分钟

t_{ij}	设备组 1	设备组 2	设备组 3	设备组 4	设备组 5
产品 1	7.29	14.00	18.03	3.00	3.16
产品 2	12.23	8.87	5.03	9.34	15.42
产品 3	7.47	2.73	42.00	20.73	3.16
产品 4	6.00	17.65	0.00	4.62	3.16

t_{ij}	设备组 6	设备组 7	设备组 8	设备组 9	总计
产品 1	8.11	1.54	7.08	0.00	62.21
产品 2	9.39	3.64	14.90	3.75	82.57
产品 3	3.00	1.76	13.00	0.00	93.85
产品 4	0.00	2.61	12.00	3.75	49.79

⑦产品短缺成本 π_i^t（单位：元）。

由产品短缺造成的不仅是利润方面的损失，而且还会造成商业信誉的损失、市场的损失等，假定 $\pi_i^t = 1.2MP_i$。$\pi_1^t = 2624.58, \pi_2^t = 2587.08, \pi_3^t = 2850.12, \pi_4^t = 2907.18$。

⑧不同需求情况下产品的需求预测 d_{is}^t（单位：片）如表 6－3 所示。

表 6－3　　产品需求情况　　单位：片

d_{is}^t	情况 1	情况 2	情况 3
产品 1	2400	2400	4320
产品 2	4000	4000	7200

续 表

d_{is}^{t}	情况 1	情况 2	情况 3
产品 3	1800	3500	3240
产品 4	1800	3000	3240
总计	10000	12900	18000
概率	0.5	0.25	0.25

（2）模型计算及结果分析。

这里仅计算一个时期的情况，用 Lingo 8.0 软件计算。

$X = (x_1, x_2, x_3, x_4, x_5, x_6, x_7, x_8, x_9, W_{11}, W_{21}, W_{31}, W_{41}, W_{12}, W_{22}, W_{32}, W_{42}, W_{13}, W_{23}, W_{33}, W_{43})^{T}$

仅对 $f_1(X)$ 优化，得到：

$X^1 = (1,2,2,1,2,0,0,2,0,2400,4000,1800,1800,2400,4000,3500,3000,4320,7200,2960,3240)^{T}$，

$f_1^0 = f_1(X^1) = 199508.4$，$f_2^* = f_2(X^1) = 14173280$。

仅对 $f_2(X)$ 优化，得到：

$X^2 = (0,0,0,0,0,0,0,0,0,2400,4000,1800,1800,1697,4000,2577,3000,1368,5394,2551,2563)^{T}$，

$f_2^0 = f_2(X^2) = 6267708$，$f_1^* = f_1(X^2) = 5204531$。

① $\alpha_1 = 0.612$，$\alpha_2 = 0.388$，得到一个非劣解，

$X = (0,1,1,0,0,0,0,0,0,2400,4000,1800,1800,2400,4000,2933,3000,4320,3905,2409,3240)^{T}$，

$f_1 = 3127224$，$f_2 = 7649448$，$\alpha_1 f_1 + \alpha_2 f_2 = 4881846.912$。

不断调整 α_1、α_2 的值可得一系列非劣解。

② $\alpha_1 = 0.6638189$，$\alpha_2 = 0.3361811$，得到的解与①相同。

③ $\alpha_1 = 0.67$，$\alpha_2 = 0.33$，

$X = (1,1,2,1,1,0,0,1,0,2400,4000,1800,1800,2400,4000,3500,3000,3687,7136,3240,1994)^{T}$，

$f_1 = 1362320$，$f_2 = 11135100$，$\alpha_1 f_1 + \alpha_2 f_2 = 4587337.4$。

④ $\alpha_1 = 0.7077116$，$\alpha_2 = 0.2922884$，得到的解与③相同。

⑤ $\alpha_1 = 0.71$，$\alpha_2 = 0.29$，

$X = (1,2,2,1,1,0,0,2,0,2400,4000,1800,1800,2400,4000,3500,3000,4320,6799,3008,3240)^T$，

$f_1 = 424661.7$，$f_2 = 13404350$，$\alpha_1 f_1 + \alpha_2 f_2 = 4188771.307$。

⑥ $\alpha_1 = 0.77$，$\alpha_2 = 0.23$，得到的解与⑤相同。

⑦ $\alpha_1 = 0.78$，$\alpha_2 = 0.22$，

$X = (1,2,2,1,2,0,0,2,0,2400,4000,1800,1800,2400,4000,3500,3000,4320,7200,2960,3240)^T$，

$f_1 = 199508.4$，$f_2 = 14173280$，$\alpha_1 f_1 + \alpha_2 f_2 = 3273738.152$。

图 6－1 为不同的 α_1 值对应的 f_1 和 f_2 值。图 6－2 描述了在不同 α_1 值的情

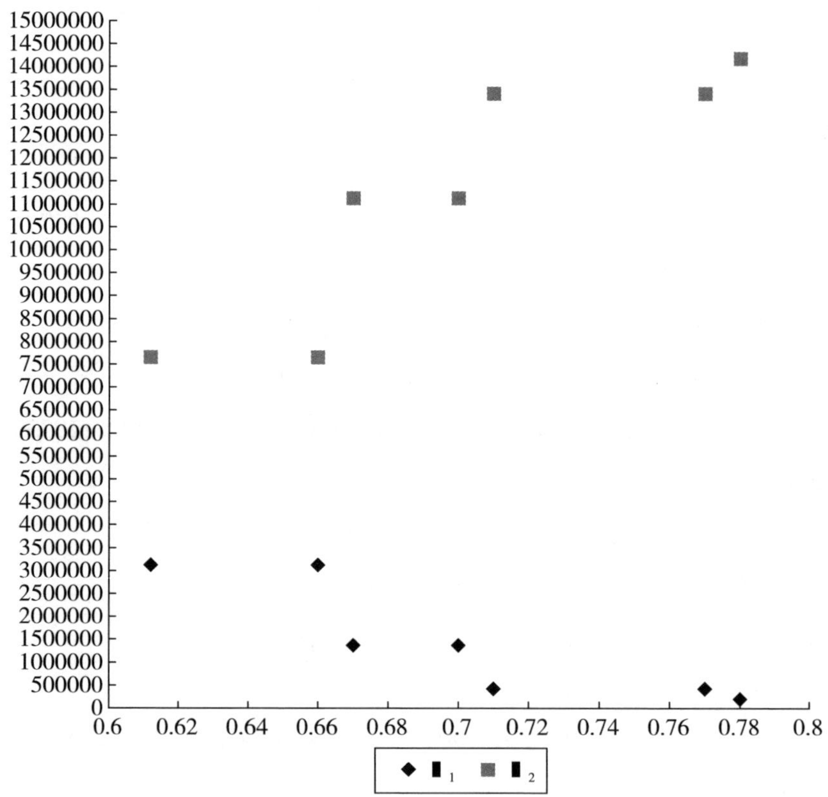

图 6－1　不同的 α_1 值对应的 f_1 和 f_2 值

况下，购置设备数量与短缺芯片数量（由于生产能力不足而无法满足需求的芯片数量）的趋势图。随着 α_1 值的增大，需要购置的设备数量也增多，短缺的芯片数量也随之降低。购置设备的边际效用如表 6－4 所示。

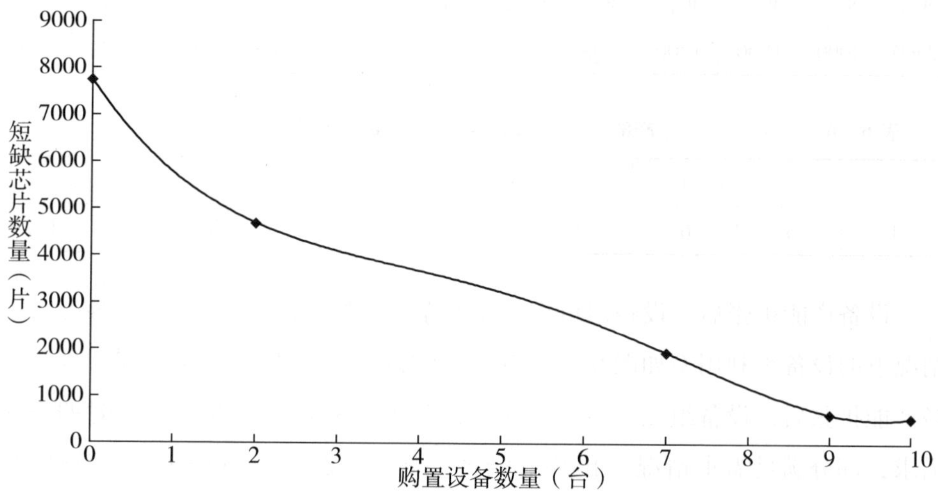

图 6－2　购置设备数量与短缺芯片数量间的关系

表 6－4　　购置设备的边际效用

购置设备数量（台）	从 0 到 2	从 2 到 7	从 7 到 9	从 9 到 10
短缺芯片减少的数量（片）	3057	2750	1310	83
平均增加一台设备所减少的短缺芯片数量（边际效用）（片）	1528.5	550	655	83

由表 6－4 可知，购置设备数量从 7 台增加到 9 台的过程，带来的效果（减少未满足的需求数量）要比购置设备数量从 2 台到 7 台或者从 9 台到 10 台的效果要好，因此选择增加 9 台设备，即取 $\alpha_1 = 0.71$，$\alpha_2 = 0.29$。由模型得到解：

$X = (1,2,2,1,1,0,0,2,0,2400,4000,1800,1800,2400,4000,3500,3000,4320,6799,3008,3240)^{T}$。

解的实际意义如表 6－5 所示，产能扩张后各设备组中设备的数量如表 6－6 所示。

表 6-5　解的实际意义

x_1^t	x_2^t	x_3^t	x_4^t	x_5^t	x_6^t	x_7^t	x_8^t	x_9^t
1	2	2	1	1	0	0	2	0

W_{11}^t	W_{21}^t	W_{31}^t	W_{41}^t	W_{12}^t	W_{22}^t	W_{32}^t	W_{42}^t	W_{13}^t	W_{23}^t	W_{33}^t	W_{43}^t
2400	4000	1800	1800	2400	4000	3500	3000	4320	6799	3008	3240

表 6-6　产能扩张后各设备组中设备的数量

$x_{01}^t+x_1^t$	$x_{02}^t+x_2^t$	$x_{03}^t+x_3^t$	$x_{04}^t+x_4^t$	$x_{05}^t+x_5^t$	$x_{06}^t+x_6^t$	$x_{07}^t+x_7^t$	$x_{08}^t+x_8^t$	$x_{09}^t+x_9^t$
4	5	6	4	4	3	2	6	1

设备产能扩张后，设备组可用产能及需求分析如图 6-3 所示，各种需求情况下的设备组利用率如图 6-4 所示。可以看出，利用不确定性需求进行设备产能扩张后，设备组完全可以满足需求情况 1 和需求情况 2 出现时的产能需求，部分满足需求情况 3 出现时的产能需求。若要求完全满足三种情况，无论资金投入还是产能冗余都比较大。若仅按照出现概率最大的需求情况进行确定性需求产能规划，其缺陷也是很明显的。由于需求情况 1 出现的概率最大，因此实际工厂中多以需求情况 1 为标准进行产能规划，当认为需求情况 1 为确定性情况时，此产能规划为确定型模型。若需求情况 2 和需求情况 3 发生，则生产能力差距就比较大，未满足的需求情况较多。因此，当采用非确定型需求模型计算时，需要综合考虑三种情况出现的可能，并赋以相应的权重。

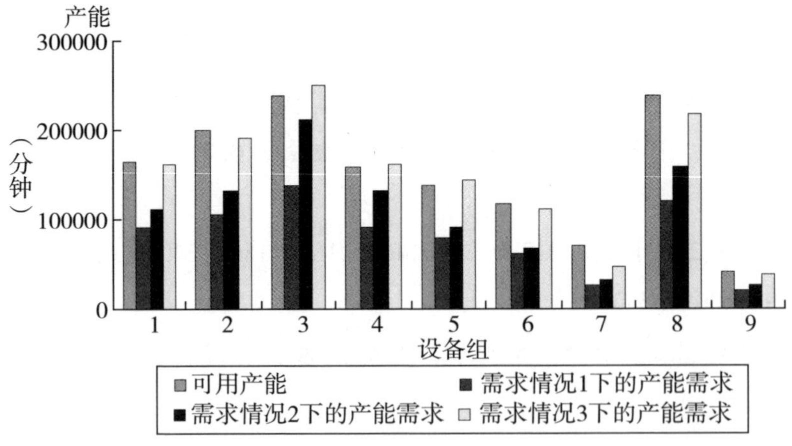

图 6-3　设备组可用产能及需求分析

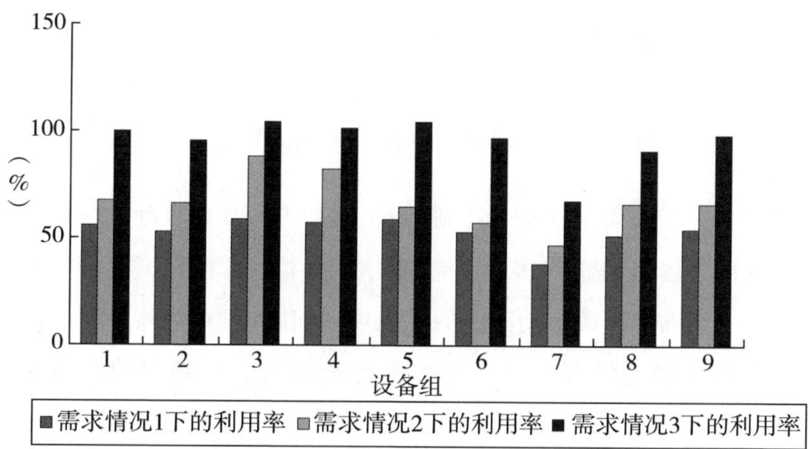

图 6-4　各种需求情况下的设备组利用率

如果视需求情况 1 为确定性需求，并进行产能规划，也就是说需求情况 1 的出现概率是 1，得到的结果是不需要购置设备。如果需求情况 1 出现，满足需求当然毫无问题，如果需求情况 2 出现，设备组 3 和设备组 4 的利用率均超过了 100%，如果需求情况 3 出现，无法满足能力需求的设备组更多，只有设备组 6、设备组 7 和设备组 9 的利用率在 100% 以下，如图 6-5 所示。

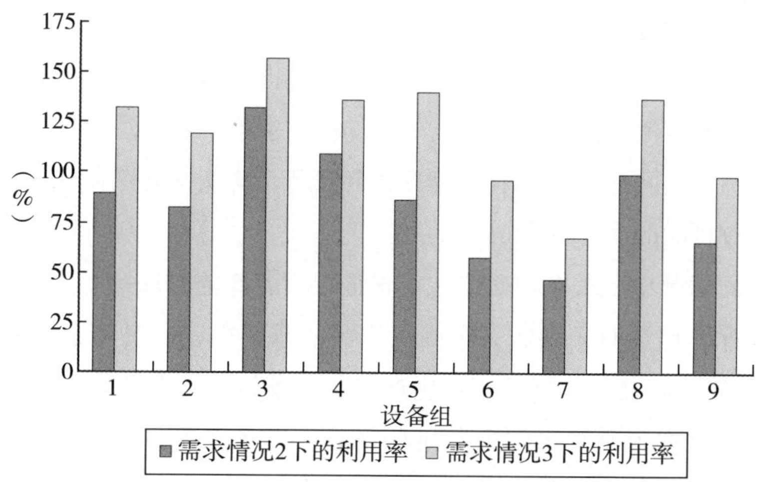

图 6-5　设备组利用率（确定性需求下的产能规划）

6.2 需求不确定情况下的单厂产能均衡规划

6.2.1 需求不确定情况下的传统单厂产能规划

在实践中，产品需求往往是不确定的。主要原因有两点，一是市场需求环境的多变性，随机因素众多；二是预测方法本身不精确，人为因素无法控制。因此，考虑需求不确定情况下的产能规划问题更为重要。

针对需求不确定情况，由于参数多是随机的、不确定的，因此多采用随机规划（Stochastic Programming）方法来进行产能规划。在随机模型中，其目标函数和约束条件都有可能存在不确定性，这种不确定性通常以随机概率形式出现，这导致随机优化模型的解也具有不确定性，其求解难度大幅增加。

对于不确定性产能规划问题，可采用情境（Scenario）或抽样法（Sampling Method）来描述其中的不确定性。其中，情境方式主要有枚举法（Enumeration）、蒙特卡罗模拟法（Monte Carlo Simulation）、情境树（Scenario Tree）三种描述不确定性参数的方法。枚举法是将所有可能发生的情境都一一列举出来。蒙特卡罗模拟法是以实验概率的方法来解决难以决定的问题，利用计算机任意模拟出一些随机产生的数据，将这些数据当成不确定因子所有可能发生的数值，输入数学模型来进行规划求解。该方法可以借助随机数将连续型不确定问题转换成离散型不确定问题。情境树是用树型方式一层层表示出所有可能的发生情境。

在前面章节中，若利用确定性需求进行设备产能扩张后，当需求情况 2 和需求情况 3 出现时，无法完全满足产品需求。由于每种产品的短缺所造成的短缺成本 π_i^t 是不一样的，在生产能力不能满足产品需求时，要视产品短缺造成的成本大小来决定生产何种产品，生产多少，以使成本最小。由于不再考虑设备产能扩张问题，生产能力计划变为单纯的生产计划，模型也变得简单。

目标函数 $\underset{W_{is}^t}{\mathrm{Min}} \sum_{i=1}^{I} \pi_i^t (d_i^t - W_i^t)$

s. t.
$$\sum_{i=1}^{I} t_{ij} \cdot W_{is}^t \leqslant x_{0j}^t \cdot T_j \qquad \forall j, \tag{6-5}$$

$$W_i^t \leqslant d_i^t \qquad \forall i, \tag{6-6}$$

$$W_i^t \geqslant 0 \tag{6-7}$$

计算结果如表 6－7 所示。确定性需求模型和不确定性需求模型在三种需求情况下的产量如表 6－8 所示。若单纯考虑一种需求情况，要完全满足其产品需求，需要新购置的设备数量及所相应耗用的资金如表 6－9 所示，可以看出，若完全满足需求情况 3，耗用资金会超出限制。

表 6－7　　计算结果　　单位：片

需求情况出现	产品 1	产品 2	产品 3	产品 4
需求情况 2 出现	1698	4000	2577	3000
需求情况 3 出现	1369	5395	2551	2564

表 6－8　　确定性需求模型和不确定性需求模型的产量比较　　单位：片

需求情况	确定性需求下的产品总产量	不确定性需求下的产品总产量	需求
需求情况 1	10000	10000	10000
需求情况 2	11275	12900	12900
需求情况 3	11879	17368	18000

表 6－9　　不确定性需求模型和单一需求模型的购置设备比较

设备组	不确定性需求模型计算	需求情况 1	需求情况 2	需求情况 3
设备组 1	1	0	0	1
设备组 2	2	0	1	2
设备组 3	2	0	2	3
设备组 4	1	0	1	2
设备组 5	1	0	0	2

续 表

设备组	不确定性需求模型计算	需求情况 1	需求情况 2	需求情况 3
设备组 6	0	0	0	0
设备组 7	0	0	0	0
设备组 8	2	0	0	2
设备组 9	0	0	0	0
耗用资金（美元）	9000000	0	4000000	12000000

需要注意的是，模型涉及需求情况出现概率，其设置对计算结果影响较大。对需求情况出现概率，Hood et al.（2003）建立了三种设置规则。第一，需求情况要分等级，可以结合企业战略和前景来考虑，找出哪种需求情况比其他情况出现的概率大。若把所有的需求情况都设置成一样的权重概率，会忽视很多重要的信息。第二，最高等级的需求情况设置的权重概率不能太大，因为一种需求情况的权重概率越大，与确定性需求模型越相似，会降低模型的鲁棒性。第三，最低等级的需求情况的权重概率不能太小，概率越小，它对不确定性需求模型的影响也越小。

6.2.2 基于约束理论的需求不确定情况下的单厂产能均衡规划

本小节仍以某晶圆制造企业为研究对象，考虑到最小化企业产能约束下，产品订单无法生产造成的机会成本，综合线性规划方法和电子表格法，建立产能规划模型，确定企业的产品组合和设备配置计划。

传统中，寻求最佳的设备配置和产品组合的方法中，多采用归纳成本法所计算的毛利率或利用边际贡献法计算的边际贡献作为决策的基准。这两种方法均没有重点考虑瓶颈设备产出的影响。本小节基于约束理论思想，针对系统的瓶颈设备构建产能规划数学模型，进行单厂产能均衡规划。在数学模型中，运用到的数据都是比较标准的数据结构，鉴于实际生产数据和数学模型要求的数据结构存在较大差异，若直接采用数学模型处理生产物流系统产生的数据，将导致模型处理时间很长，不利于模型的实际运用。因此，本小节将借鉴电子表格法在静态数据处理上的优越性能，建立与之对应的电子表格模型，在规范生产现场直接产生的数据的同时，快速确定生产物流系统的瓶颈设备所在。

1. 产能规划模型构建

（1）模型假设。

①某晶圆厂为订单式生产（Make to Order，MTO），没有预先生产。

②不考虑客户临时插单、撤单情况。

③订单在各规划时段产出后立即出货，没有库存成本。

④各类产品生产流程资料已知，包括工艺流程、工艺占用设备的时间及产品的生产周期。

⑤不考虑各厂区所需的物料与资源，即各厂区所需的物料与资源都可以充足供应。

⑥不存在订单外包和多厂间互相协助情况，所有产能规划仅限于单厂。

⑦每种产品的利润预先确定后，在规划期内不再更改，每台设备的购买成本也预先确定，规划期内不会变化。

⑧模型不考虑操作工的配置问题，认为操作工数量足够，不存在设备等人的情况。

⑨设备调整准备时间为零。

⑩同组设备具有完全相同的功能，也不考虑同组设备间的分工。

（2）参数定义。

T ——模型的规划周期。

N ——设备的折旧年限。

C——总的机会成本，包括产品缺失成本、产能剩余成本和设备购置成本。

其他参数定义请参照前面章节。

（3）产能规划数学模型。

目标函数：

$$C = \text{Min} \sum_{s=1}^{S} p_s^t \left\{ \begin{aligned} & \sum_{i=1}^{I} \pi_i^t (d_{is}^t - W_{is}^t) + \\ & \alpha_1 \text{Min}_{j=1}^{J} \left[(x_{0j}^t + x_j^t) \cdot T_j - \sum_{i=1}^{I} t_{ij} \cdot W_{is}^t \right] + \alpha_2 \sum_{j=1}^{J} C_j \cdot x_j^t \end{aligned} \right\}$$

$$\text{s.t.} \quad \sum_{i=1}^{I} t_{ij} \cdot W_{is}^t \leqslant (x_{0j}^t + x_j^t) \cdot T_j \quad \forall j, s \qquad (6-8)$$

$$W_{is}^t \leqslant d_{is}^t \qquad \forall i,s \tag{6-9}$$

$$\sum_{j=1}^{J} C_j \cdot x_j^t \leqslant B \tag{6-10}$$

$$W_{is}^t, x_j^t \in \mathbf{N} \tag{6-11}$$

式（6－8）表示由于设备可用时间的限制，每种需求情况下每组设备能生产的所有芯片类型的总数小于等于其产能。注意，本小节的产能单位统一为时间。式（6－9）表示生产的芯片数小于等于实际需求。式（6－10）表示本期购置设备的资金投入要小于等于预算上限。式（6－11）要求购置设备数量和设备加工芯片数量必须为非负整数。

在本模型中，引入了约束理论产出会计思想，即企业有限产能将优先生产对企业贡献最大的产品，购买设备时也将综合考虑对企业贡献最大设备的配置问题。模型解决的最大困难是面对数百台设备和大量的订单，如何快速、准确地定位生产物流系统的产能约束（瓶颈），即确定 $\mathrm{Min}_{j=1}^{J}[(x_{0j}^t + x_j^t) \cdot T_j - \sum_{i=1}^{I} t_{ij} \cdot W_{is}^t]$。确定产能瓶颈需要考虑的因素很多，例如，现有设备组的数量和工艺特点、计划购买的设备种类和数量、预测订单的产品组合、各类型产品占用设备的方式和占用的时间等。传统的数学模型将产能瓶颈的确认纳入模型运算过程，导致模型运算时间很长，无法在规定时间内求解。部分学者引入拉格朗日乘子，使模型的运算过程简化。但是，这种方法并没有解决根本的问题，大量的数据还是存在于数学模型的运算过程中。本小节将这部分运算过程从数学模型中独立出来，建立解决该问题的电子表格模型，从而简化数学模型的运算过程。通过数学模型和电子表格模型之间数据的不断传递，在较短的时间内得到模型结果。

（4）产能规划电子表格模型构建。

模型构建的基本过程如下所示。

①收集各产品的工序清单：工序的频次（产品的工序清单）。

②收集各工序占用设备的方式、时间（工序对应设备的清单）。

③调查已有设备组的设备数量和历史综合效率，确定各设备组每天能提供的产能，即：

每天提供的产能＝设备数量×历史综合效率×24 小时

④根据各类产品每月的产量和历史合格率，确定每天需投入的产品数量，即：

每天需投入的产品数量 = 每月的产量/历史合格率/月工作日

⑤计算生产相应产品对各种工序数量的需求，即：

对某一工序所需的数量 = 对所有用到该工序的产品的工艺数量加总（每天投入产品数$_{单一产品}$ × 工序的频次$_{单一产品}$）

⑥计算各种设备组的产能需求，即：

对某一设备组所需的产能 = 对所有用到该设备的产能需求加总（工序所需的数量$_{单一工序}$ × 所需的时间$_{单一工序}$）

根据以上模型建立过程，考虑每种产品对各设备组的占用方式，计算特定需求下的产能需求（Capacity Required）。电子表格模型确定的每组设备产能需求如表6－10所示。

表6－10　　电子表格模型确定的每组设备产能需求

EQ	WPH	Step	Product1（片）	Product2（片）	Product3（片）	Required Move（片次）	Capacity Required（小时）
			2500	3000	5250		
EQ1	25	Recipe1		1		3000	120.00
	37.5	Recipe2	1			2500	66.67
	30	Recipe3				0	0
	11.76	Recipe4			1	5250	446.43
	18.18	Recipe5				0	0
EQ2	42.86	Recipe6				0	0
	33.33	Recipe7	1			2500	75.01
	27.27	Recipe8			1	5250	192.52
	20	Recipe9		1		3000	150.00
	18.75	Recipe10				0	0

表6－10中的术语说明如下所示。

EQ：设备组。

WPH：即Wafer Per Hour，表示设备在特定工艺下每小时产出的晶圆片数，在数学模型中对应 t_{ij}的倒数，这里为方便计算取倒数。

Step：产品经过的工艺（Recipe），每台设备根据自身的特点都有相应的工艺可以加工，每个工艺的加工又有相应的 WPH。

Product：在特定产品组合 s 下加工的产品类型 i，在其下面的数字代表每个产品类型 i 的加工数量。

Required Move：设备组 j 相应的工艺需要加工的晶圆片次数。

Capacity Required：表示在产品组合 s 下相应设备组 j 的每个加工工艺所需的加工时间，单位为小时。

模型中的数字“1”表示产品在加工过程中经过相应设备组 j 的加工工艺的次数为 1 次，这个数据是根据每种产品的工艺清单决定的。

电子表格模型的公式（部分）如图 6－6 所示。

	A	B	C	D	E	F	G	H
1				Product1	Product2	Product3		Capacity Required
2	EQ	WPH	Step	2500	3000	5250	Required Move	
3		25	Recipe1		1		=SUMPRODUCT($D$2:$F$2,D3:F3)	=G3/B3
4		37.5	Recipe2	1			=SUMPRODUCT($D$2:$F$2,D4:F4)	=G4/B4
5		30	Recipe3				=SUMPRODUCT($D$2:$F$2,D5:F5)	=G5/B5
6		11.76	Recipe4			1	=SUMPRODUCT($D$2:$F$2,D6:F6)	=G6/B6
7	EQ1	18.18	Recipe5				=SUMPRODUCT($D$2:$F$2,D7:F7)	=G7/B7
8		42.86	Recipe6				=SUMPRODUCT($D$2:$F$2,D8:F8)	=G8/B8
9		33.33	Recipe7	1			=SUMPRODUCT($D$2:$F$2,D9:F9)	=G9/B9
10		27.27	Recipe8			1	=SUMPRODUCT($D$2:$F$2,D10:F10)	=G10/B10
11		20	Recipe9		1		=SUMPRODUCT($D$2:$F$2,D11:F11)	=G11/B11
12	EQ2	18.75	Recipe10				=SUMPRODUCT($D$2:$F$2,D12:F12)	=G12/B12
13								

图 6－6　电子表格模型的公式（部分）

Excel 函数 Sumproduct（$D$2：$F$2，D3：F3）：表示 D2 到 F2 的单元格依次和单元格 D3 到 F3 的单元格数据相乘并相加，将最终结果作为函数值。其余函数比较简单，不再赘述。

从图 6－6 中可以看出，Product1 经过加工工艺 Recipe2 和 Recipe7 各一次，使用 Recipe2 和 Recipe7 的每小时产出分别为 37.5 片和 33.33 片（晶圆）。同理，可以得出 Product2 和 Product3 的每小时产出（WPH）情况。

图 6－6 作为电子表格模型的主要部分，用来计算现有产能和需求产能。实际上，最终的结果并不是以每个工艺的产能需求量来表示，由于各数据表

之间存在很多的关联，单纯一个数据表无法解决复杂的数据计算。

电子表格模型的计算过程包括两个方面。

其一，计算各工艺（Recipe）的产能需求（Capacity Required）。

Recipe1 的 Required Move = 2500 × 0 + 3000 × 1 + 5250 × 0 = 3000，表示在现有产品组合 s 下设备组 EQ1 需要 Recipe1 的次数是 3000 片次，而每小时可加工 Recipe1 的次数是 25 片次，所以 Recipe1 的 Capacity Required = 3000 ÷ 25 = 120（小时）。

其二，计算各设备组的利用率和所需设备数量。

在确定每个设备组各工艺的产能需求后，可求出各设备组的设备利用率和设备需求数量，这里主要根据设备组自身生产能力计算。例如，将设备组 EQ1 的 Capacity Required 加总得到 633.10 小时（120 + 66.67 + 0 + 446.43 + 0），这时如果设备组 EQ1 在规划期内每台设备能提供的有效加工时间是 300 小时，并且这组设备有 3 台设备，那么这组设备的负荷就是 633.10 ÷（300 × 3）× 100% = 70.3%，所需设备的台数正好是 3 台。

通过计算，最终可以得到每组设备的产能需求量和现有设备产能的利用情况，将计算结果通过电子表格模型直接生成相关的表，经过比较可以快速得出生产物流系统的产能瓶颈。借助电子表格模型，数学模型的计算量可以大幅度降低，为数学模型的求解提供保证。

（5）数学模型和电子表格模型的关系及运算过程。

由以上分析可知，电子表格模型对数学模型起到很重要的辅助作用。在解决产能规划过程中，电子表格模型和数学模型的关系如图 6 - 7 所示。

由图 6 - 7 可知，电子表格模型主要是针对生产现场产生的基础数据进行处理，产生可供数学模型直接运算的标准数据。这个过程处理的数据量非常大，但由于电子表格模型在这方面存在优势，可以快速解决这一问题。数学模型的处理主要依据电子表格模型产生的基础数据和资金等实际约束。由于电子表格模型已经解决大部分的数据运算，数学模型的运算时间将大大减少。

数学模型和电子表格模型的综合处理步骤如下所示。

①调查现有设备组情况和各产品的工艺清单，确定产品占用设备的方式和时间。

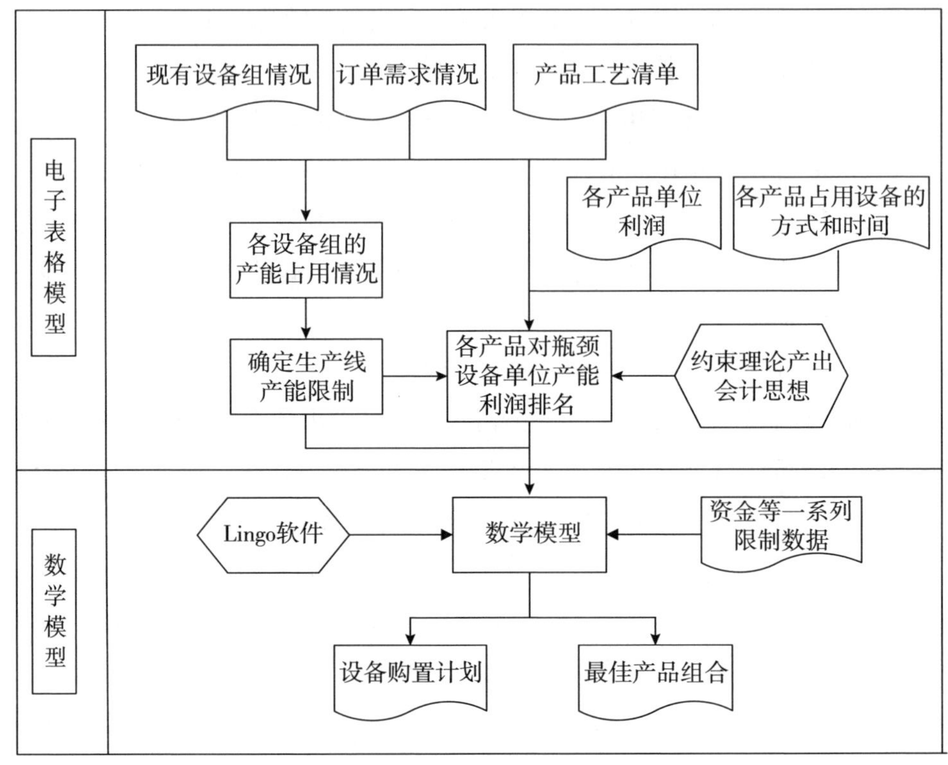

图 6-7　电子表格模型和数学模型的关系

②根据产能需求和产品占用设备的方式和时间，确定生产物流系统的产能约束。

③针对产能约束，根据产品的单位利润和产品占用瓶颈设备的情况，计算瓶颈设备单位时间内各产品的边际贡献，确定各产品的利润大小并排序。

④根据电子表格模型产生的产能约束和产品利润的大小排序，综合资金等方面限制条件，采用 Lingo 软件建立数学模型，计算出最终的设备购置计划和最佳产品组合。

⑤对最终的设备购置计划和最佳产品组合，利用电子表格模型进行分析，并根据现实情况进行调整。

2. 模型应用

（1）参数设定。

①需求情况发生概率 p_s^t 。

假设有 3 个需求情况（Scenario），即 $S=3$。各自发生概率为 $p_1^t=0.5$，$p_2^t=0.25$，$p_3^t=0.25$。产品需求情况如表 6-11 所示。

表 6-11　　产品需求情况

d_{is}^t	情况 1	情况 2	情况 3
Product1（片）	3400	2400	4320
Product2（片）	4000	4000	7200
Product3（片）	3800	3500	3240
Product4（片）	3800	3000	3240
Product5（片）	2600	2700	3500
总计（片）	17600	15600	21500
概率	0.5	0.25	0.25

②产品工艺流程及加工时间。

产品类型共有 5 种，分别为 Product1 至 Product5。设备组有 5 种，分别为 EQ1 至 EQ5，各产品工艺流程如表 6-12 所示。

表 6-12　　各产品工艺流程

EQ	WPH	Step	Product1	Product2	Product3	Product4	Product5
EQ1	25	Recipe1		1			
	37.5	Recipe2	1				
	30	Recipe3					1
	11.76	Recipe4			1		
	18.18	Recipe5				1	
EQ2	42.86	Recipe6				2	
	33.33	Recipe7	3				
	27.27	Recipe8			1		
	20	Recipe9		4			
	18.75	Recipe10					2

续 表

EQ	WPH	Step	Product1	Product2	Product3	Product4	Product5
EQ3	12.7	Recipe11			4		
	15.6	Recipe12	5				
	13.2	Recipe13		6			
	16.4	Recipe14				3	
	20.3	Recipe15					4
EQ4	35.5	Recipe16	1				1
	45.6	Recipe17			2		
	37.9	Recipe20		2			
EQ5	20.1	Recipe21	1				
	19.3	Recipe22				2	
	21.2	Recipe23			2		
	18.3	Recipe24					3
	16.8	Recipe25					

各类产品在设备组的加工时间如表 6－13 所示。

③设备参数。

相关设备参数分别为设备成本 C_j（单位：美元）、现有设备数量 x_{0j}^t（单位：台）、设备可用率 A_j 、设备可用时间 T_j（单位：小时）。

表 6－13　　　　各类产品在设备组的加工时间

加工时间	设备组 1	设备组 2	设备组 3	设备组 4	设备组 5
产品 1	0.03	0.09	0.32	0.03	0.05
产品 2	0.04	0.20	0.45	0.05	0
产品 3	0.09	0.04	0.31	0.04	0.09
产品 4	0.06	0.05	0.18	0	0.1
产品 5	0.03	0.11	0.20	0.03	0.16

设备可用时间 $T_j = 30 \times 24 \times A_j$，具体数据见表 6－14。

表 6－14 各设备组基本数据

设备组	现有设备数量 x_{0j}^t	设备可用率 A_j	设备成本 C_j	设备可用时间 T_j	设备组总产能
设备组 1	2	0.95	1000000	684	1368
设备组 2	3	0.92	2500000	662.4	1987.2
设备组 3	7	0.92	8000000	662.4	4636.8
设备组 4	3	0.92	6000000	662.4	1987.2
设备组 5	3	0.8	2000000	576	1728

④单位产品利润（产品的边际利润）MP_i 。

单位产品利润如表 6－15 所示。

表 6－15 单位产品利润

Product	MP_i
Product1	100
Product2	120
Product3	150
Product4	130
Product5	180

⑤产品短缺成本 π_i^t（单位：美元）。

假定产品短缺的损失只包括利润方面的损失，即 $\pi_1^t = 100$ ，$\pi_2^t = 120$ ，$\pi_3^t = 150$ ，$\pi_4^t = 130$ ，$\pi_5^t = 180$ 。

⑥规划周期 T 为一个月。按照半导体行业标准，设备折旧年限一般为 5 年，因此设备折旧系数 $\alpha_2 = \frac{T}{N} = \frac{1}{12 \times 5} = \frac{1}{60}$ 。

⑦瓶颈设备闲置利润损失为 1000 美元/小时，即 $\alpha_1 = 1000$ 。

⑧可用资金限制为 1 亿美元，即 $B = 100000000$。

（2）模型计算。

本案例在验证产能规划模型的同时，将对比需求确定和需求不确定两种情况。首先，分别计算各设备组的利用率，并借助电子表格模型确定瓶颈设备。然后，计算各产品在瓶颈设备上单位产能（每小时）的利润情况，根据约束理论产出会计思想得出产品组合的最佳顺序。最后，将电子表格模型产生的数据代入数学模型，用 Lingo 软件计算出最终结果——产品组合和设备购置计划。

①需求确定情况下的产能规划。

需求情况 1 的设备组利用率如表 6－16 所示。

表 6－16　　需求情况 1 的设备组利用率

EQ	设备组产能需求	现有设备总产能	设备组利用率（%）
EQ1	869. 48	1368	63. 56
EQ2	1700. 03	1987. 2	85. 55
EQ3	5312. 21	4636. 8	114. 57
EQ4	1285. 85	1987. 2	64. 71
EQ5	1347. 66	1728	77. 99
EQ6	1235. 52	1944	63. 56

由表 6－16 可知，设备组 EQ3 是系统的瓶颈。根据约束理论产出会计思想，应对瓶颈设备组 EQ3 进行规划。各产品在设备组 EQ3 的单位产能利润如表 6－17 所示。

表 6－17　　各产品在设备组 EQ3 的单位产能利润

产品	Product1	Product2	Product3	Product4	Product5
单位产品对 EQ3 的产能需求（小时）	0. 321	0. 455	0. 315	0. 183	0. 197
单位产能利润	100	120	150	130	180
EQ3 每小时利润（美元/小时）	312. 00	264. 00	476. 25	710. 67	913. 50

根据表 6－17，产品的优先顺序依次为 Product5、Product4、Product3、Product1、Product2。

将相应数据代入产能规划数学模型，用 Lingo 软件求得在需求情况 1

（S1）的发生概率为 1 时的计算结果：

$$X=(0,0,1,0,0,0,3400,3971,3800,3800,2600)^T$$

$$C=136813.3$$

需求情况 1 的产品组合规划如表 6－18 所示，设备组规划如表 6－19 所示。

表 6－18　需求情况 1 的产品组合规划

Product	Product1	Product2	Product3	Product4	Product5
产品组合	3400	3971	3800	3800	2600

表 6－19　需求情况 1 的设备组规划

EQ	EQ1	EQ2	EQ3	EQ4	EQ5	EQ6
需购买设备数 x_j^t	0	0	1	0	0	0

由表 6－19 可知，当需求情况为 S1 时，应该购买 1 台 EQ3 设备，并且产品组合如表 6－18 所示时，得到的目标机会成本最小，为 136813.3 美元。S1 时规划前后的设备组利用情况如图 6－8 所示。

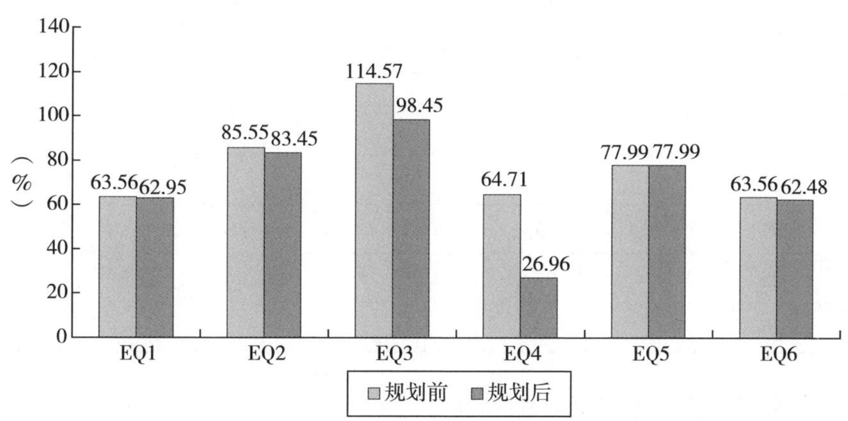

图 6－8　S1 时规划前后的设备组利用情况

同理，可计算出当需求情况分别为 S2 和 S3 时的产品组合及设备配置计划，如表 6－20、表 6－21、表 6－22 和表 6－23 所示。

表 6－20　　S2 时的产品组合

Product	Product1	Product2	Product3	Product4	Product5
产品组合	3400	3800	5000	4500	3787

表 6－21　　S2 时的设备配置

EQ	目前数量 x_{0j}^t	需购买设备数 x_j^t	最终数量
EQ1	2	0	2
EQ2	3	0	3
EQ3	7	2	9
EQ4	3	0	3
EQ5	3	0	3
EQ6	3	0	3

表 6－22　　S3 时的产品组合

Product	Product1	Product2	Product3	Product4	Product5
产品组合	3811	5075	4240	6240	6500

表 6－23　　S3 时的设备配置

EQ	目前数量 x_{0j}^t	需购买设备数 x_j^t	最终数量
EQ1	2	0	2
EQ2	3	1	4
EQ3	7	4	11
EQ4	3	0	3
EQ5	3	1	4
EQ6	3	0	3

②需求不确定情况下的产能规划。

当需求不确定时，假设出现概率分别为 P（S1）＝0.5，P（S2）＝0.25，P（S3）＝0.25，此时计算各参数的期望值。然后，根据电子表格模型、约束理论产出会计思想、数学模型，得到设备配置调整前各设备组的期望利用率。需求不确定情况下现有设备组利用情况如图 6－9 所示。

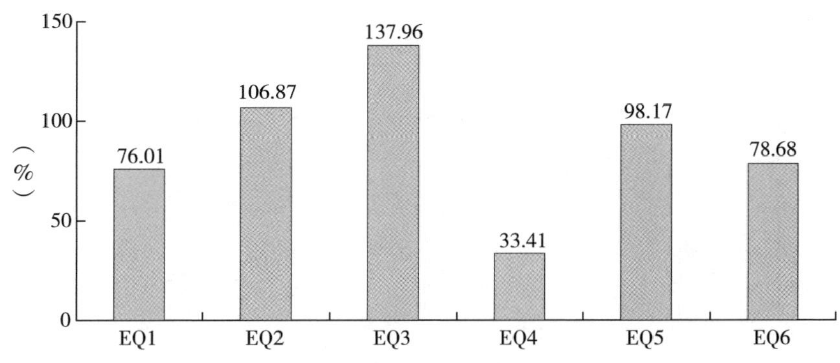

图 6－9　需求不确定情况下现有设备组利用情况

由图 6－9 可知，系统瓶颈仍为 EQ3，但是设备组 EQ2 也存在产能限制。根据各产品相对于 EQ2 和 EQ3 的单位产能贡献，运用 Lingo 软件解得结果如下所示。

$$决策变量\ X=(0,0,2,0,0,0,3630,4092,4210,4585,3925)^T$$

$$目标值\ C=381626.7$$

因此，产品组合和设备购置情况如表 6－24 和表 6－25 所示。

表 6－24　需求不确定情况下的产品组合

Product	Product1	Product2	Product3	Product4	Product5
产品组合	3630	4092	4210	4585	3925

表 6－25　需求不确定情况下的设备购置

EQ	目前数量 x_{0j}^t	需购买设备数 x_j^t	最终数量
EQ1	2	0	2
EQ2	3	0	3
EQ3	7	2	9
EQ4	3	0	3
EQ5	3	0	3
EQ6	3	0	3

根据计算结果，比较设备购置和产品组合产能规划前后，各设备组的利用率，如图 6－10 所示。

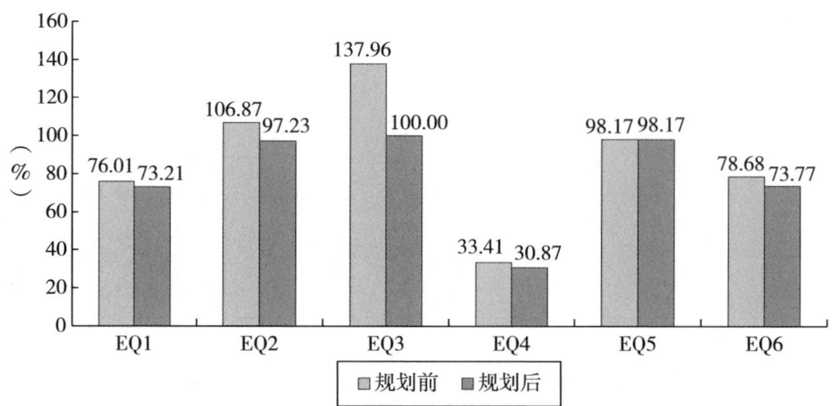

图 6－10　需求不确定情况下的产能规划前后设备组利用率

通过以上结果可以看出，无论是需求确定还是需求不确定情况，通过本章提出的产能规划方法，设备组的综合利用率都有相当程度的提高，并减少了产能剩余和产能短缺造成的损失，节约了设备购置成本。

7 企业生产物流的多厂产能均衡规划

7.1 多厂产能均衡规划体系

7.1.1 多厂产能均衡规划特性

由于企业市场环境变化多端，众多企业往往无法准确掌握产品需求状况，通过外包、加班和购置设备来增加产能的单厂产能均衡规划无法有效应对不断变化的市场需求。在全球供应链运作体系下，为最小化成本，快速响应变动的市场需求，企业开始在各地并购或扩建新厂，通过在多厂区之间合理地分配订单或产品类型，可有效进行厂区之间的产能支援。生产范围和生产环境的改变，使传统的单厂产能均衡规划不再适用，多厂产能均衡规划问题也随之产生。

传统的单厂产能规划仅考虑单一厂区内的加工情况，规划对象主要是各生产物流系统的瓶颈设备，将这些瓶颈设备视为生产物流系统的产能限制来进行产能规划，以决定未来各期间内生产物流系统最适合生产的产品种类和数量。当产能不足时，则考虑是否购置新的瓶颈设备或附属设备以及扩充的数量和时间点，从而满足未来的需要。而多厂产能规划问题则考虑多个厂区的生产情况，规划对象比单厂区要精略，将各厂区的瓶颈生产物流系统产能视为产能限制进行规划，以决定未来期间内各厂区最适合生产的产品种类和数量。

对于单企业多厂区的制造资源来讲，它对于某一产品的生产是可替代的，即在某产品中的某一制程具有相同或类似的生产能力。对于该类产能规划问题，它具有以下特性。

（1）相同的产品可以在不同厂区生产，而各厂区具有不同的生产成本。

（2）各厂区之间产品的运输具有不同的运输时间和运输成本等诸多限制。

（3）各厂区都有各自的产能限制和需求限制。

（4）各单一厂区的规划系统需要整合，原来分散的规划需要合作完成。

各厂区之间类似的制造资源，可以借助厂区之间的支援、协调来降低各厂区的库存量和订单制造的前置时间。因此，多厂产能规划的最终目标是通过统一规划，降低企业成本，改善各厂区产能规划品质，减少分散规划的众多弊端。

7.1.2 产能规划时段长度

在产能规划中，规划时段（Time Bucket）的长度对于产能规划效果有直接影响，而以往文献中鲜有这方面的考虑，要么指定某一规划区间而不考虑规划区间内规划时段的滚动，要么只考虑逐期规划但不给定每期的长度。

多厂产能规划可采用逐月和逐周规划方式，这在单厂产能规划阶段已被证明是非常有效的。对于多厂产能规划，由于要进行跨厂区的产能支援，逐月规划的参考价值很差。例如，某厂区某月的规划产能不足，而另一厂区的规划产能过剩，表面上看跨厂区支援是可行的，但如果产能不足发生在月初，而产能过剩发生在月末，就不能进行产能支援，这时的规划结果就会误导生产调度和现场排程。

产能规划为事前规划，所构建的模型为静态模型，所以不考虑实时在制品的因素。每个规划时段的实际负荷累积由两部分组成，一是在制品在当期的生产流程所占用的负荷，二是规划时段内的投料在当期的生产流程所占用的负荷。投料负荷累积是指规划时段内总投料量所产生的产能负荷。在静态产能规划模型中，每批芯片的生产流程是未知的，通常以投料负荷累积来代替实际负荷累积，这在平稳投料的情况下误差较小，但这样的做法要求规划时段不能太短。产能负荷累积如图 7－1 所示。

考虑到以上因素，本章的规划时段定为一周。

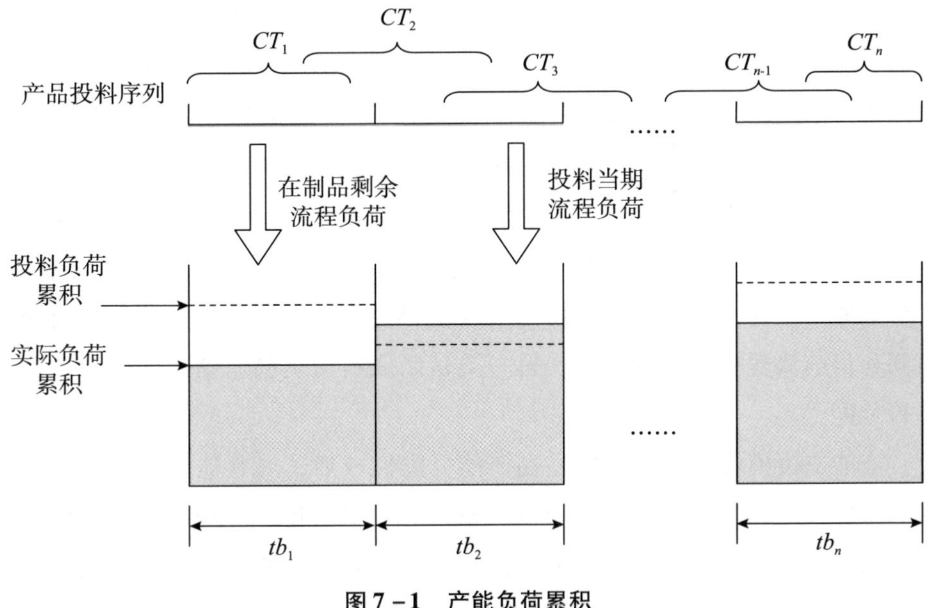

图 7-1　产能负荷累积

7.1.3　多厂产能均衡规划体系

本章仍以某晶圆制造企业为研究对象，从多厂资源整合的角度出发，考虑厂区之间的产能平衡，多厂产能均衡规划体系可分为订单分派和产能支援两大模块。每个模块又分别包含两阶段的整数规划模型，可利用 Lingo 软件进行求解，为多厂订单分派及产能支援问题提供较满意的解决方案，避免出现某些厂区产能负荷过重或产能闲置情况。晶圆制造的多厂产能分配如图 7-2 所示。

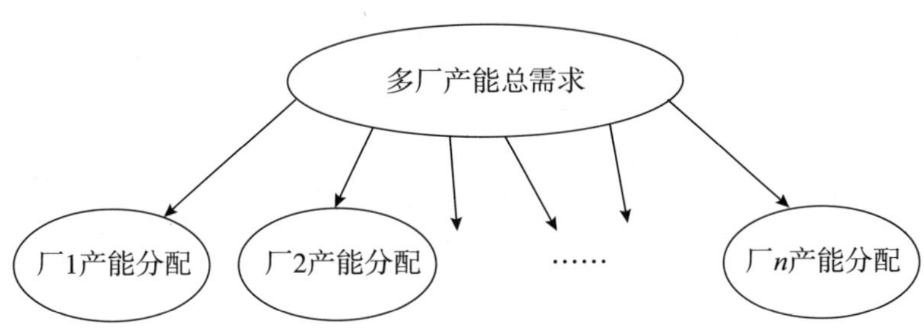

图 7-2　晶圆制造的多厂产能分配

对于一个多厂区的企业，当面对客户随机的订单需求量时，由于各厂区都有自身的产能限制，而且各厂区的生产信息不透明，将可能降低企业的生产效率。因此，企业需要有一个统一的规划平台（规划模块）。订单分派模块的主要目的是根据总订单量对于产能的总需求，合理分配瓶颈区的产能用于各订单的生产。订单分派是企业与客户最直接相关的问题，为缩短产品在制造流程上的时间，达到快速满足客户需求的目标，合理的订单分派十分重要。订单分派可分为两类，一类是以时间为基础原则，依据产品交期、剩余处理时间和目前流程时间进行分配；另一类是以成本为基础原则，依据产品价值进行分配。

产能支援模块的主要目的是在产能分配完成后，对其他加工区域仍然存在的产能不足和产能闲置现象加以调整，进一步优化产能利用状况。在本章中，以半导体晶圆制造为例，黄光区是晶圆厂的长期瓶颈，它的产能代表着整个晶圆厂的产能。晶圆制造的跨厂区产能支援如图 7－3 所示，灰色的加工区域说明产能不足，虚线表示产能支援。

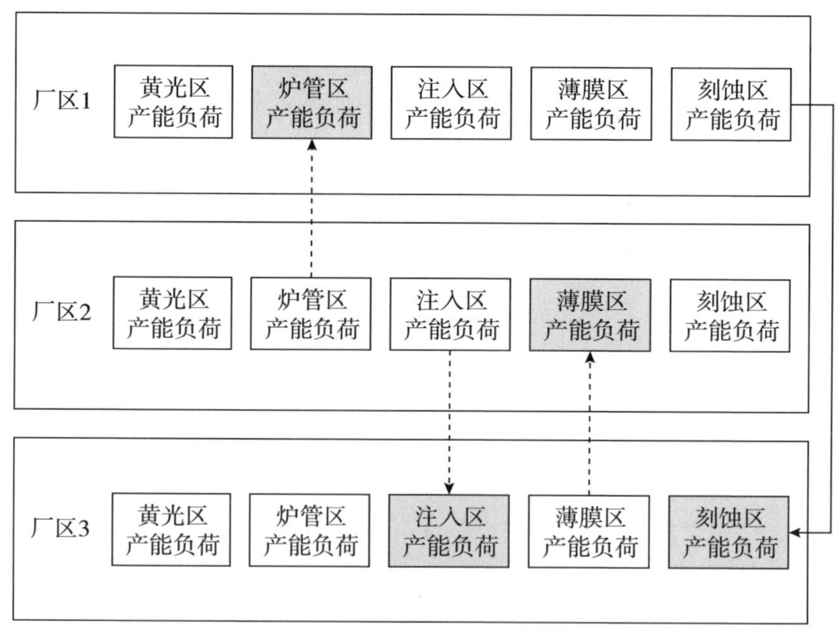

图 7－3　晶圆制造的跨厂区产能支援

晶圆制造的多厂产能均衡规划体系如图 7－4 所示。

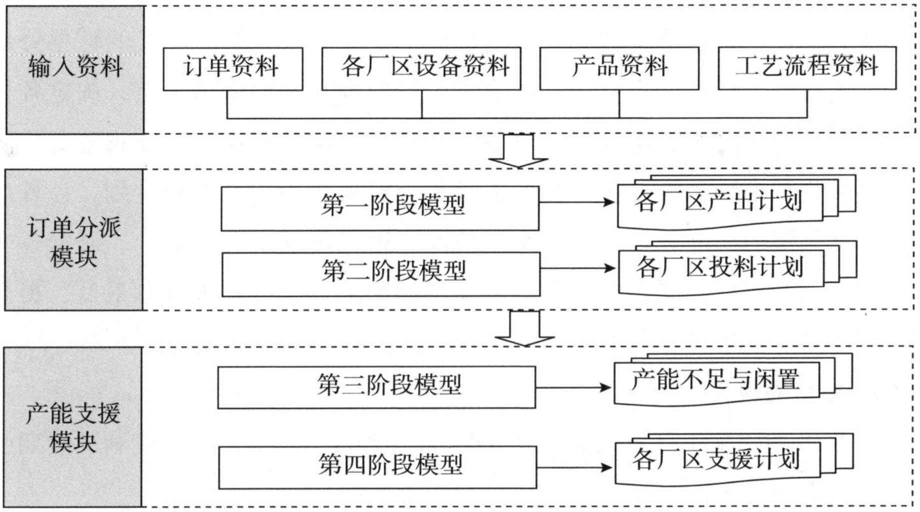

输入资料
订单资料　各厂区设备资料　产品资料　工艺流程资料

订单分派模块
第一阶段模型 → 各厂区产出计划
第二阶段模型 → 各厂区投料计划

产能支援模块
第三阶段模型 → 产能不足与闲置
第四阶段模型 → 各厂区支援计划

图 7－4　晶圆制造的多厂产能均衡规划体系

7.2　多厂产能均衡规划模型

7.2.1　多厂产能均衡规划模型构建

目前，半导体等企业较多采用数学规划模型方法来解决产能规划问题。Hood 等建立随机整数规划模型，研究需求不确定情况下的设备采购决策。Robinson 和 Giglio 采用 M/M/c 排队模型，研究产能规划中的操作时间限制问题，并用离散事件仿真加以验证。Çatay 等考虑设备运行成本和库存成本，建立多目标混合整数规划模型进行整厂产能分析，同时引入拉格朗日松弛变量方法进行求解。Jayashankar 在需求不确定情况下，建立非线性产能规划模型，并用启发式算法求解，预测设备需求数量。

本章欲建立一个具有多厂区、多产品、多产品优先等级、多平行设备的芯片制造厂产能规划模型。根据 TOC 理论，瓶颈加工区域的产出决定着整个系统的产出。因此，首先要对瓶颈加工区域的产能负荷进行规划，在此基础上考虑其他加工区域的产能利用情况。针对给出的多厂产能规划模块，建立一个四阶段模型。在订单分派模块中，将建立两阶段的混合整数规划模型。第一阶段在芯片厂总体接单的基础上，考虑各个厂区的产能平衡及对不同产品的生产优势，将订单合理分配到各个厂区，然后根据第一阶段的订单分配结果，生成各类产品的需求表；在第二阶段根据在制品平衡策略，确定各种产品在各个厂区的投料量和投料时间。在产能支援模块中，同样将建立两阶段的整数规划模型，第一阶段将根据订单分派模块制订的投料计划，计算出该投料计划下的产能不足和产能闲置情况。第二阶段在此基础上，调配各个厂区的产能，相互支援，将产能不足和产能闲置造成的损失降到最低，提高并平衡各个厂区的设备利用率。

1. 模型假设

（1）产品皆采用订单式生产（Make to Order，MTO），需求量和交货期已知，不会有预先生产。

（2）不考虑客户临时插单和撤单的情况。

（3）一个订单只包含一种产品，不考虑同一个订单包含两种以上产品的情况。

（4）各个厂区有各自的生产优势，即同一产品在不同的厂区生产会有不同的生产成本，包括直接制造成本和间接制造成本，但产品的市场售价是统一的。

（5）各个厂区的订单在各规划时段产出后便立即出货，即没有库存成本。

（6）各个厂区可生产的产品相同，所使用的设备也类似，故各厂区生产物流系统可互相支援。

（7）各类产品生产流程已知，包括工艺流程、各工艺占用设备的时间、产品的生产周期。

（8）各厂区所需的物料与资源是充足的。

（9）每个加工区域都有若干功能相同的设备。

（10）在规划区间长度内不购置新设备。

2. 订单分派模块

（1）符号定义。

①索引变量。

i ——客户订单序列，$i = 1,2,\cdots,I$；

j ——产品类型序列，$j = 1,2,\cdots,J$；

s ——厂区序列，$s = 1,2,\cdots,S$；

pri ——晶圆批次优先等级序列，$pri = 1,2,\cdots,PRI$；

t ——规划时段序列，$t = 1,2,\cdots,T$；

n ——产品的光刻层次序列（等同于产品的工序段组序列），$n = 1,2,\cdots,N$。

②第一阶段模型参数。

P_j ——产品 j 的售价；

MC_{js} ——产品 j 在厂区 s 的直接制造成本；

FC_s ——厂区 s 的间接制造成本；

$Extra_j^{pri}$ ——批次优先等级为 pri 的产品 j 的额外利润；

PT_{jn} ——产品 j 在第 n 个光刻层的瓶颈加工区域所需的加工时间；

Cap_s ——厂区 s 的最大产能；

Ava ——芯片厂的可用产能比率；

TT_s ——厂区 s 的产出目标；

RB ——拒绝订单而造成的单位产品的利润损失；

D_{ij} ——订单 i 中产品 j 的需求量；

$U_s^{\max}$ ——厂区 s 的产能利用率上限；

$U_s^{\min}$ ——厂区 s 的产能利用率下限；

PER^{pri} ——批次优先等级为 pri 的产品在单个厂区的百分比限制；

$Big\ Number$ ——一个足够大的实数，不小于最大订单的晶圆片数；

$Unit$ ——一个晶圆批所包含的最大晶圆片数，通常为 25 片。

③第二阶段模型参数。

$WIP_{(0)}^s$ ——厂区 s 的初始时刻的在制品量；

$\overline{TP}^s$ ——厂区 s 规划区间长度内每个规划时段的平均产出量；

CT_j^{pri} ——批次优先等级为 pri 的产品 j 的生产周期；

$D_{j,t+CT_j^{pri}}^{s,pri}$ ——厂区 s 中批次优先等级为 pri 的产品 j 在时段 $t + CT_j^{pri}$ 的需求量；

Cap_t^s ——厂区 s 在时段 t 的最大产能；

Ava_t^s ——厂区 s 在时段 t 的可用产能比率；

H ——规划区间长度。

④第一阶段模型决策变量。

X_{ijs}^{pri} ——厂区 s 接受的订单 i 中批次优先等级为 pri 的产品 j 的晶圆片数；

Y_{is} ——决定厂区 s 是否接受订单 i 的二元决策变量，

$$Y_{is} = \begin{cases} 1, \text{将订单 } i \text{ 分配至厂区 } s \\ 0, \text{其他} \end{cases};$$

Z_{ijs}^{pri} ——厂区 s 接受的订单 i 中批次优先等级为 pri 的产品 j 的晶圆批数。

⑤第二阶段模型决策变量。

$X_{jt}^{s,pri}$ ——厂区 s 中批次优先等级为 pri 的产品 j 在时段 t 的投料量；

REL_t^s ——厂区 s 在时段 t 的总投料量；

WIP_t^s ——厂区 s 在时段 t 的在制品量；

$REM_{jt}^{s,pri}$ ——厂区 s 中批次优先等级为 pri 的产品 j 在时段 t 满足未来需求后的剩余量；

Y_t^1 、Y_t^2 ——化解绝对值的非负变量；

AVE_j^s ——厂区 s 中产品 j 的平均投料量。

（2）第一阶段模型。

目标函数

$$\text{Max} \quad \sum_{i=1}^{I}\sum_{j=1}^{J}\sum_{s=1}^{S}\sum_{pri=1}^{PRI} P_j \cdot X_{ijs}^{pri} - \sum_{i=1}^{I}\sum_{j=1}^{J}\sum_{s=1}^{S}\sum_{pri=1}^{PRI} MC_{js} \cdot X_{ijs}^{pri} - \sum_{i=1}^{I}\sum_{s=1}^{S} FC_s \cdot Y_{is} + \sum_{i=1}^{I}\sum_{j=1}^{J}\sum_{s=1}^{S}\sum_{pri=1}^{PRI} Extra_j^{pri} \cdot X_{ijs}^{pri} - RB \cdot \left(\sum_{i=1}^{I}\sum_{j=1}^{J} D_{ij} - \sum_{i=1}^{I}\sum_{j=1}^{J}\sum_{s=1}^{S}\sum_{pri=1}^{PRI} X_{ijs}^{pri}\right)$$

$$\text{s.t.} \quad \sum_{i=1}^{I}\sum_{j=1}^{J}\sum_{s=1}^{S}\sum_{pri=1}^{PRI}\sum_{n=1}^{N} PT_{jn} \cdot X_{ijs}^{pri} \leqslant \sum_{s=1}^{S} Cap_s \cdot Ava \tag{7-1}$$

$$\sum_{i=1}^{I}\sum_{j=1}^{J}\sum_{pri=1}^{PRI} X_{ijs}^{pri} \geqslant TT_s \quad \forall s \tag{7-2}$$

$$\sum_{i=1}^{I}\sum_{j=1}^{J}\sum_{pri=1}^{PRI}\sum_{n=1}^{N} PT_{jn} \cdot X_{ijs}^{pri} / (Cap_s \cdot Ava) \leqslant U_s^{\max} \tag{7-3}$$

$$\sum_{i=1}^{I}\sum_{j=1}^{J}\sum_{pri=1}^{PRI}\sum_{n=1}^{N} PT_{jn} \cdot X_{ijs}^{pri} / (Cap_s \cdot Ava) \geqslant U_s^{\min} \quad \forall s \tag{7-4}$$

$$\sum_{s=1}^{S} Y_{is} \leqslant 1 \text{ , } X_{is} \leqslant Big\ Number \cdot Y_{is} \text{ , } X_{is} = \sum_{j=1}^{J} \sum_{pri=1}^{PRI} X_{ijs}^{pri} \quad \forall i, \forall s \tag{7-5}$$

$$\sum_{i=1}^{I} \sum_{j=1}^{J} X_{ijs}^{pri} / \sum_{i=1}^{I} X_{is} \leqslant PER^{pri} \quad \forall s, \forall pri \tag{7-6}$$

$$\sum_{s=1}^{S} \sum_{pri=1}^{PRI} X_{ijs}^{pri} \leqslant D_{ij} \quad \forall i, \forall j \tag{7-7}$$

$$Z_{ijs}^{pri} = X_{ijs}^{pri} / Unit \quad \forall i, \forall j, \forall s, \forall pri \tag{7-8}$$

$$X_{ijs}^{pri} \geqslant 0 \text{ , } Y_{is} \in \{0,1\} \text{ , } Z_{ijs}^{pri} = Integer \quad \forall i, \forall j, \forall s, \forall pri \tag{7-9}$$

目标函数包含五项内容，第一项表示所有订单包含产品的总售价；第二项表示所有订单产品的直接制造成本；第三项表示所有订单的间接制造成本；第四项表示不同优先等级产品的额外总利润；第五项表示拒绝订单造成的总利润损失。这五项内容构成芯片厂各个厂区的总利润，模型的目标是最大化总利润。式（7－1）表示整个芯片厂的总产能限制。式（7－2）表示分派到各个厂区的订单量不得小于各自的产出目标。式（7－3）和式（7－4）为产能平衡约束，它表示各个厂区的产能利用率都要在一个合理的范围内，既不能过大，也不能过小，以此来保证订单分配后各个厂区间的产能平衡。式（7－5）表示订单不可分割，因为各个厂区虽然是接受总厂分配下来的订单，但各自独立地管理订单，比如与客户协调，保证整个订单的批次完成率和交货期等，若一个订单被分割到多个厂区进行生产，势必加大订单管理难度，也可能增加运输成本。式（7－6）为不同优先等级批次的百分比限制，不同优先等级的批次数量须在一个合理范围内，以保证生产物流系统的平衡。式（7－7）表示分配的订单量必须小于总的客户需求量。式（7－8）为晶圆批与晶圆片之间的换算公式，客户下单通常以片为单位，而芯片厂实际生产过程中的最小单位为晶圆批，对于批加工设备，即使晶盒中没有装满，也要耗费相同的时间来生产，因此要求分配到各个厂区的订单尽量满批生产。式（7－9）表示各决策变量的取值范围。

第一阶段模型的求解结果为各个厂区在规划区间长度内的订单分配量，其中包括分配的产品种类、数量、优先等级等信息，由此可生成各个厂区的产出计划，作为第二阶段模型的输入。该模型在保证订单的产能需求不超过总厂最大产能的同时，还要兼顾各个厂区间的产能负荷平衡。

（3）第二阶段模型。

目标函数 $\text{Min} \quad \sum_{t=1}^{T} \left| WIP_t^s - WIP_{t-1}^s \right|$

s. t.

$$WIP_t^s = WIP_{t-1}^s + REL_t^s - \overline{TP^s}, \; t \geqslant 2$$

$$WIP_1^s = WIP_{(0)}^s + REL_1^s - \overline{TP^s} \tag{7-10}$$

$$REL_t^s = \sum_{pri=1}^{PRI} \sum_{j=1}^{J} X_{jt}^{s,pri} \qquad \forall t$$

$$REM_{jt}^{s,pri} = REM_{j,t-1}^{s,pri} + X_{jt}^{s,pri} - D_{j,t+CT_j^{pri}}^{s,pri}, \; t \geqslant 2$$

$$REM_{j1}^{s,pri} = X_{j1}^{s,pri} - D_{j,1+CT_j^{pri}}^{s,pri}$$

$$REM_{j,12}^{s,pri} = 0 \qquad \forall j, \forall t \tag{7-11}$$

$$\sum_{pri=1}^{PRI} \sum_{j=1}^{J} \sum_{n=1}^{N} PT_{jn} \cdot X_{jt}^{s,pri} \leqslant Cap_t^s \cdot Ava_t^s \qquad \forall t \tag{7-12}$$

$$All\ Variables \geqslant 0, X_{jt}^{s,pri} = Integer \qquad \forall j, \forall t, \forall pri \tag{7-13}$$

目标函数表示最小化相邻时段的在制品偏差的绝对值总和，这样就能保证各个时段间的在制品量的波动不至于过大，保持相对平衡。式（7－10）表示各个时段的在制品量等于上一期的在制品量加上该期投料量再减去该期的产出量。由于该规划区间长度内各个时段的芯片产出量是未知的，只能根据芯片厂的历史数据给出一个平均产出量。对于管理水平较高、产出相对平稳的芯片制造企业而言，这种处理方法与实际情况较为吻合。式（7－11）表示投料必须满足客户需求，即每个厂区必须根据产品需求表，并考虑不同优先等级产品的生产周期，提前投料以满足交货期的要求。式（7－12）为各个时段的产能平衡约束，即考虑每个规划时段的投料量对生产系统的产能需求皆小于规划时段的最大可用产能，以此保证平稳投料，保持生产系统的平衡。式（7－13）表示各决策变量的取值范围。

由于目标函数中包含绝对值，该模型不是整数线性规划模型。为了保证软件的求解速度，采用以下方法化解绝对值：

设两个非负变量 Y_t^1、Y_t^2，并令 $Y_t^1 - Y_t^2 = WIP_t^s - WIP_{t-1}^s$，这样将目标函数

改为 Min $\sum_{t=1}^{T}(Y_t^1 + Y_t^2)$，保证 Y_t^1 与 Y_t^2 中必有一个为零，则有如下关系式：

$if\ WIP_t^s - WIP_{t-1}^s \geqslant 0$，$|WIP_t^s - WIP_{t-1}^s| = |Y_t^1 - Y_t^2| = |Y_t^1| = Y_t^1 + Y_t^2$, and $Y_t^2 = 0$，

$if\ WIP_t^s - WIP_{t-1}^s \leqslant 0$，$|WIP_t^s - WIP_{t-1}^s| = |Y_t^1 - Y_t^2| = |-Y_t^2| = Y_t^1 + Y_t^2$, and $Y_t^1 = 0$

原模型转变如下：

$$\text{Min} \quad \sum_{t=1}^{T}(Y_t^1 + Y_t^2)$$

s. t.
$$WIP_t^s = WIP_{t-1}^s + REL_t^s - \overline{TP^s}\ ,\ t \geqslant 2$$

$$WIP_1^s = WIP_{(0)}^s + REL_1^s - \overline{TP^s} \tag{7-14}$$

$$REL_t^s = \sum_{pri=1}^{PRI}\sum_{j=1}^{J} X_{jt}^{s,pri} \qquad \forall t$$

$$REM_{jt}^{s,pri} = REM_{j,t-1}^{s,pri} + X_{jt}^{s,pri} - D_{j,t+CT_j^{pri}}^{s,pri}\ ,\ t \geqslant 2$$

$$REM_{j1}^{s,pri} = X_{j1}^{s,pri} - D_{j,1+CT_j^{pri}}^{s,pri}$$

$$REM_{j,12}^{s,pri} = 0 \qquad \forall j, \forall t \tag{7-15}$$

$$\sum_{pri=1}^{PRI}\sum_{j=1}^{J}\sum_{n=1}^{N} PT_{jn} \cdot X_{jt}^{s,pri} \leqslant Cap_t^s \cdot Ava_t^s \qquad \forall t \tag{7-16}$$

$$All\ Variables \geqslant 0, X_{jt}^{s,pri} = Integer \qquad \forall j, \forall t, \forall pri \tag{7-17}$$

$$Y_t^1 - Y_t^2 = WIP_t^s - WIP_{t-1}^s \qquad \forall t \tag{7-18}$$

变换后的模型是一个规范的整数线性规划模型，其效果完全等同于原模型，不影响模型的求解结果。

根据芯片厂的一般做法，在产能规划指导投料时多采用平均投料策略（Average Release Policy，ARP）或最晚投料策略（Latest Release Policy，LRP），两种策略的模型如下所示。

基于平均投料策略的产能规划模型：

$$\text{Min} \quad \sum_{j=1}^{J}\sum_{t=1}^{T}\left|\sum_{pri=1}^{PRI} X_{jt}^{s,pri} - AVE_j^s\right|$$

s. t.
$$AVE_j^s = \sum_{pri=1}^{PRI}\sum_{t=1}^{T} X_{jt}^{s,pri}/H \qquad \forall j \tag{7-19}$$

$$REM_{jt}^{s,pri} = REM_{j,t-1}^{s,pri} + X_{jt}^{s,pri} - D_{j,t+CT_j^{pri}}^{s,pri}, t \geq 2$$

$$REM_{j1}^{s,pri} = X_{j1}^{s,pri} - D_{j,1+CT_j^{pri}}^{s,pri}$$

$$REM_{j,12}^{s,pri} = 0 \quad \forall j, \forall t \qquad (7-20)$$

$$\sum_{pri=1}^{PRI} \sum_{j=1}^{J} \sum_{n=1}^{N} PT_{jn} \cdot X_{jt}^{s,pri} \leq Cap_t^s \cdot Ava_t^s \quad \forall t \qquad (7-21)$$

$$Al\ Variables \geq 0, X_{jt}^{s,pri} = Integer \quad \forall j, \forall t, \forall pri \qquad (7-22)$$

基于最晚投料策略的产能规划模型如下，它是一个限制满足模型（CSP Model），只有唯一可行解（Feasible Solution）。

s. t.

$$REM_{jt}^{s,pri} = 0 \quad \forall j, \forall t, \forall pri \qquad (7-23)$$

$$REM_{jt}^{s,pri} = REM_{j,t-1}^{s,pri} + X_{jt}^{s,pri} - D_{j,t+CT_j^{pri}}^{s,pri}, t \geq 2$$

$$REM_{j1}^{s,pri} = X_{j1}^{s,pri} - D_{j,1+CT_j^{pri}}^{s,pri}$$

$$REM_{j,12}^{s,pri} = 0 \quad \forall j, \forall t \qquad (7-24)$$

$$All\ Variables \geq 0, X_{jt}^{s,pri} = Integer \quad \forall j, \forall t, \forall pri \qquad (7-25)$$

第二阶段模型采用在制品平衡策略（WIP Constant Release Policy, WCRP），以较好地平衡各个时段的产能利用率，控制提前投料的现象发生。模型求解结果为规划区间长度内各个时段的产品投料量，包括投料的产品种类、数量、时间等信息，由此可生成各个厂区的投料计划表，作为多厂产能支援模块的输入。

3. 产能支援模块

（1）符号定义。

新增变量、参数如下，其余定义请参照订单分派模块。

①索引变量。

k——厂区内的加工区域序列，$k = 1,2,\cdots,K$；

b——产能平衡厂区序列，$b = 1,2,\cdots,B$。

②第三阶段模型参数。

DC_j——产品 j 延迟成本；

IC_k——加工区域 k 的设备闲置成本；

PT_{jkn}——产品 j 的第 n 层在加工区域 k 所需的加工时间；

Cap_{sk}——厂区 s 中加工区域 k 的最大产能；

Ava_s ——厂区 s 的可用产能比率；

REL_{sjt} ——厂区 s 中产品 j 在时段 t 的投料量；

ST_{sjtk} ——厂区 s 的加工区域 k 在时段 t 中产品 j 的标准生产时间。

③第四阶段模型参数。

DT_{sjtk} ——厂区 s 的加工区域 k 在时段 t 中产品 j 由于产能不足而造成的生产延迟时间；

IT_{tkb} ——厂区 b 的加工区域 k 在时段 t 中由于产能过剩而造成的设备闲置时间。

④第三阶段模型决策变量。

IT_{stk} ——厂区 s 的加工区域 k 在时段 t 中由于产能过剩而造成的设备闲置时间；

RT_{sjtk} ——厂区 s 的加工区域 k 在时段 t 中产品 j 的生产需求时间；

AT_{sjtk} ——厂区 s 的加工区域 k 在时段 t 中产品 j 的实际生产时间。

⑤第四阶段模型决策变量。

BDT_{sjtkb} ——厂区 s 的加工区域 k 在时段 t 中产品 j 跨厂区至 b 生产后仍然延迟的时间；

BIT_{tkb} ——厂区 b 在时段 t 进行产能支援后仍然闲置的产能；

BPT_{sjtkb} ——厂区 s 的加工区域 k 在时段 t 中产品 j 跨厂区至 b 的生产时间。

（2）第三阶段模型。

目标函数 Min $\sum_{s=1}^{S}\sum_{j=1}^{J}\sum_{t=1}^{T}\sum_{k=1}^{K} DC_j \cdot DT_{sjtk} + \sum_{s=1}^{S}\sum_{t=1}^{T}\sum_{k=1}^{K} IC_k \cdot IT_{stk}$

s. t. $RT_{sjtk} = ST_{sjtk} + DT_{sj,t-1,k}\ ,\ t \geqslant 2$

$$RT_{sj1k} = ST_{sj1k}$$

$$ST_{sjtk} = \sum_{n=1}^{N} PT_{jkn} \cdot REL_{sjt} \qquad \forall s, \forall j, \forall t, \forall k \tag{7-26}$$

$$RT_{sjtk} = AT_{sjtk} + DT_{sjtk} \qquad \forall s, \forall j, \forall t, \forall k \tag{7-27}$$

$$IT_{stk} = Cap_{sk} \cdot Ava_s - \sum_{j=1}^{J} AT_{sjtk} \qquad \forall s, \forall t, \forall k \tag{7-28}$$

$$\sum_{j=1}^{J} AT_{sjtk} \leqslant Cap_{sk} \cdot Ava_s \qquad \forall s, \forall t, \forall k \tag{7-29}$$

$$All\ Variables \geqslant 0, DT_{sjtk} = Integer\ , IT_{stk} = Integer \quad \forall s, \forall j, \forall t, \forall k \tag{7-30}$$

目标函数表示最小化产能不足引起的生产延迟和产能过剩造成的设备闲置所带来的经济损失。产能不足和产能过剩都是对芯片厂不利的情况，产能不足会造成订单无法满足交货期，在支付延期罚款的同时，还影响芯片厂信誉；鉴于芯片制造设备都十分昂贵，产能过剩也是一种浪费。

式（7－26）表示本期的生产需求时间为上一期的生产延迟时间和本期的标准生产时间之和；式（7－27）表示某一时段的生产需求时间等于实际生产时间加上生产延迟时间；式（7－28）表示某一时段的设备闲置时间等于可用产能减去实际生产时间；式（7－29）为各厂区各加工区域在各个时段的产能限制；式（7－30）表示各决策变量的取值范围。

模型的求解结果为各个厂区的各加工区域在不同时段的生产延迟时间和设备闲置时间，反映了产能不足和产能过剩的状况，作为第四阶段模型的输入。

（3）第四阶段模型。

目标函数 $\text{Min} \quad \sum_{s=1}^{S}\sum_{j=1}^{J}\sum_{t=1}^{T}\sum_{k=1}^{K}\sum_{b=1}^{B} DC_j \cdot BDT_{sjtkb} + \sum_{t=1}^{T}\sum_{k=1}^{K}\sum_{b=1}^{B} IC_k \cdot BIT_{tkb}$

s. t.

$$\sum_{b=1}^{B} BPT_{sjtkb} \leqslant DT_{sjtk} \quad \forall s, \forall j, \forall t, \forall k \tag{7-31}$$

$$DT_{sjtk} = \sum_{b=1}^{B} (BPT_{sjtkb} + BDT_{sjtkb}) \quad \forall s, \forall j, \forall t, \forall k \tag{7-32}$$

$$\sum_{s=1}^{S}\sum_{j=1}^{J} BPT_{sjtkb} \leqslant IT_{tkb} \quad \forall t, \forall k, \forall b \tag{7-33}$$

$$BIT_{tkb} = IT_{tkb} - \sum_{s=1}^{S}\sum_{j=1}^{J} BPT_{sjtkb} \quad \forall t, \forall k, \forall b \tag{7-34}$$

$$All\ Variables \geqslant 0, BDT_{sjtkb} = Integer\ , BIT_{tkb} = Integer \quad \forall s, \forall j, \forall t, \forall k, \forall b \tag{7-35}$$

模型的目标函数为最小化跨厂产能支援后仍存在的产能不足所引起的生产延迟和产能过剩造成的设备闲置所带来的经济损失。

式（7－31）表示跨厂区的均衡生产时间须小于等于第三阶段模型计算出的生产延迟时间；式（7－32）是生产时间与延迟时间的均衡关系式，表示跨厂区的均衡生产时间加上产能均衡后仍然延迟的时间须等于产能均衡前的延迟时间；式（7－33）表示跨厂区的均衡生产时间不能超过提供产能支援厂区的设备闲置时间，我们可以将第三阶段模型解得的设备闲置时间看作产能支援厂区的可用产能，这个约束条件其实就等同于厂区的产能限制；式（7－34）则是生产时间与闲置时间的均衡关系式，表示提供产能支援后的仍然闲置的时间等于最初的闲置时间减去跨厂区支援的生产时间；式（7－35）表示各决策变量的取值范围。

7.2.2 模型应用

尽管半导体晶圆制造的多厂区生产形态较为普遍，但采用整体产能规划的企业很少，没有完整的订单资料可供利用。本章采用某消费类电子芯片厂的部分订单数据，并通过适当调整作为案例的订单数据，产品与生产环境的相关资料根据芯片厂的实际情况加以修正。所有订单资料及与生产相关的数据存放在 Excel 工作表中，整个四阶段的模型采用优化软件 Lingo8.0 进行求解，通过 Lingo 与 Excel 之间的连接传递数据。

某晶圆厂共有 3 个厂区、5 种产品和 3 个晶圆批次优先等级，整个规划区间长度为 12 周，分为 12 个时段，每个时段为 1 周，这也是产品生产周期和交货期的最小单位。

1. 参数设置

（1）第一阶段模型参数数据。

①产品列表。

产品列表如表 7－1 所示，其中，线宽代表芯片产品的技术含量，线宽越小工艺处理的难度越高，售价也越高。

表 7－1　　产品列表

线宽＼类别	Dram（动态随机存储器）	Flash Memory（闪存）	Logic（逻辑集成电路）
0.35μm	×	×	产品 1
0.25μm	×	×	产品 5

续 表

线宽＼类别	Dram（动态随机存储器）	Flash Memory（闪存）	Logic（逻辑集成电路）
0.18μm	产品 2	×	产品 4
90nm	×	产品 3	×

②产品售价及在各厂区的直接制造成本。

产品售价根据产品的工艺处理难度和成熟度有所不同，产品 3 的工艺流程较为复杂，且为新产品，售价稍高，其余产品皆为成熟产品。芯片制造成本分为直接制造成本和间接制造成本。直接制造成本包括工厂的物料、人力（与生产直接相关）和能源等相关成本。由于各种产品在各个厂区的成熟度不同，直接制造成本也会有所区别。产品售价及在各厂区的直接制造成本如表 7 – 2 所示。间接制造成本包括厂房、设备折旧和人力（生产支持部门）等相关成本。在计量单位方面，前者以晶圆片为最小单位计量，后者则以订单作为最小单位计量，即每接一个订单产生一次间接制造成本。

表 7 – 2　　产品售价及在各厂区的直接制造成本

产品编号	市场售价（单位：元）	直接制造成本（单位：元）		
		厂区 1	厂区 2	厂区 3
产品 1	800	320	340	300
产品 2	600	240	250	235
产品 3	1000	400	370	410
产品 4	720	288	288	280
产品 5	900	360	365	370

③产品的额外利润。

由于不同产品的市场需求情况不同，紧俏产品如提前交货会有相应的额外利润。产品的额外利润如表 7 – 3 所示。因此，芯片厂往往会在投料初期设定批次的优先等级，以加快某些批次的流速，保证其提前交付给客户。批次等级一共设为四个等级，分别是飞行批、特快批、速流批和正常批，优先级别依次递减。飞行批也称作“工程批”，往往是满足一些客户做试制品的需要，在生产物流系统上的数量非常少，通常只有几十批甚至更少，在本案例中不予考虑。另外，需要对优先批次的数量进行限制，以减少对整个生产物流系统的冲击，造成生产物流系统不平衡。特快批数量不能超过在制品总量的5%，速流批不能超过在制品总量的15%。

表7－3　　产品的额外利润

产品编号	额外利润（单位：元）		
	特快批	速流批	正常批
产品1	0	0	0
产品2	200	100	0
产品3	220	110	0
产品4	200	100	0
产品5	0	0	0

④各个厂区的基本数据。

各个厂区的基本数据包括黄光区设备数量、最大产能、产出目标、产能利用率上限、产能利用率下限和间接制造成本，如表7－4所示。

表7－4　　各个厂区的基本数据

厂区编号	黄光区设备数量	最大产能（单位：小时）	产出目标（单位：片）	产能利用率上限	产能利用率下限	间接制造成本
厂区1	14	28224	35000	1.2	0.8	19000
厂区2	12	24192	33000	1.2	0.85	20000
厂区3	11	22176	18000	1.2	0.8	18000

芯片厂的瓶颈加工区域一般为黄光区，根据TOC理论，瓶颈加工区域的最大产能即为整厂的最大产能，因此某个时间长度内最大产能的计算公式如下：

$$最大产能 = 黄光区设备数量 \times 产能规划天数 \times 24\ 小时$$

在模型输入数据时还可根据实际需要换算成分钟或秒。每个厂区都有各自的产出目标和产能利用率上下限，以保证总公司的利润要求。另外，新建厂区的设备折旧成本较高，间接制造成本会根据厂区兴建的时间有所不同。

⑤拒单利润损失。

拒绝订单到底使企业蒙受多少损失，这个很难给出一个确定值。本案例根据产品的平均利润，并考虑企业的信誉受损，给出一个近似值300元/产品。

⑥产品在黄光区的工艺流程。

不同产品的光刻层数不同，工艺流程也就不相同，表7－5给出了产品在黄光区的工艺流程，单位为秒/片。

表7－5　　产品在黄光区的工艺流程

产品编号 工序段组	产品1 (15个光刻层)	产品2 (10个光刻层)	产品3 (18个光刻层)	产品4 (15个光刻层)	产品5 (15个光刻层)
[BL]	×	120	120	×	×
[UL]	80	80	80	80	80
[AA]	120	×	120	120	120
[PI]	180	180	180	180	180
[DN]	100	100	100	100	100
[DI]	120	×	×	120	120
[ND]	×	×	120	×	×
[NI]	90	90	90	90	90
[HR]	100	100	100	100	100
[BS]	100	100	100	100	100
[LR]	150	150	150	150	150
[EI]	150	150	150	150	150
[CW]	×	120	120	×	×
[CA]	120	×	120	120	120
[CO]	120	×	120	120	120
[LA]	120	×	×	120	120
[VA]	100	×	100	100	100
[LB]	×	×	120	×	×
[PA]	150	×	150	150	150
[PD]	×	×	120	×	×

⑦客户订单数据。

客户订单数据如表7－6所示。P1～P5表示产品1至产品5，订购数量的单位为片，W9～W20表示12个规划时段共12周。为保证良好的客户管理和减少调整准备时间，按客户及客户所订购产品将订单数据汇总为12个订单，如表7－7所示。

表7－6　客户订单数据

客户编号	订购产品	订购数量	交货期	客户编号	订购产品	订购数量	交货期	客户编号	订购产品	订购数量	交货期
C1	P2	1100	W9	C10	P5	550	W10	C7	P1	400	W12
C2	P1	1000	W9	C11	P3	1000	W10	C8	P4	725	W12
C3	P4	900	W9	C12	P4	1400	W10	C9	P3	425	W12
C4	P2	1000	W9	C1	P2	1200	W11	C10	P5	650	W12
C5	P5	300	W9	C2	P1	700	W11	C11	P3	700	W12
C6	P3	1250	W9	C3	P4	850	W11	C12	P4	1800	W12
C7	P1	300	W9	C4	P2	1000	W11	C1	P2	1400	W13
C8	P4	1300	W9	C5	P5	300	W11	C2	P1	1200	W13
C9	P3	700	W9	C6	P3	700	W11	C3	P4	800	W13
C10	P5	550	W9	C7	P1	400	W11	C4	P2	1000	W13
C11	P3	950	W9	C8	P4	825	W11	C5	P5	250	W13
C12	P4	1300	W9	C9	P3	800	W11	C6	P3	1025	W13
C1	P2	1200	W10	C10	P5	600	W11	C7	P1	500	W13
C2	P1	500	W10	C11	P3	900	W11	C8	P4	800	W13
C3	P4	700	W10	C12	P4	1500	W11	C9	P3	1025	W13
C4	P2	2000	W10	C1	P2	1300	W12	C10	P5	450	W13
C5	P5	300	W10	C2	P1	500	W12	C11	P3	900	W13
C6	P3	700	W10	C3	P4	900	W12	C12	P4	2000	W13
C7	P1	700	W10	C4	P2	2000	W12	C1	P2	1300	W14
C8	P4	750	W10	C5	P5	250	W12	C2	P1	700	W14
C9	P3	900	W10	C6	P3	625	W12	C3	P4	850	W14

续 表

客户编号	订购产品	订购数量	交货期	客户编号	订购产品	订购数量	交货期	客户编号	订购产品	订购数量	交货期
C4	P2	2000	W14	C7	P1	300	W16	C10	P5	550	W18
C5	P5	400	W14	C8	P4	850	W16	C11	P3	850	W18
C6	P3	950	W14	C9	P3	1000	W16	C12	P4	1500	W18
C7	P1	600	W14	C10	P5	500	W16	C1	P2	1300	W19
C8	P4	675	W14	C11	P3	750	W16	C2	P1	700	W19
C9	P3	650	W14	C12	P4	1950	W16	C3	P4	600	W19
C10	P5	500	W14	C1	P2	1400	W17	C4	P2	1000	W19
C11	P3	800	W14	C2	P1	1200	W17	C5	P5	250	W19
C12	P4	2225	W14	C3	P4	1200	W17	C6	P3	700	W19
C1	P2	1200	W15	C4	P2	2000	W17	C7	P1	500	W19
C2	P1	700	W15	C5	P5	400	W17	C8	P4	400	W19
C3	P4	1200	W15	C6	P3	1000	W17	C9	P3	1050	W19
C4	P2	2000	W15	C7	P1	300	W17	C10	P5	450	W19
C5	P5	300	W15	C8	P4	1000	W17	C11	P3	800	W19
C6	P3	750	W15	C9	P3	700	W17	C12	P4	1800	W19
C7	P1	200	W15	C10	P5	600	W17	C1	P2	1200	W20
C8	P4	775	W15	C11	P3	750	W17	C2	P1	700	W20
C9	P3	1100	W15	C12	P4	1500	W17	C3	P4	700	W20
C10	P5	500	W15	C1	P2	1100	W18	C4	P2	2000	W20
C11	P3	800	W15	C2	P1	1200	W18	C5	P5	300	W20
C12	P4	1825	W15	C3	P4	500	W18	C6	P3	800	W20
C1	P2	1300	W16	C4	P2	3500	W18	C7	P1	500	W20
C2	P1	900	W16	C5	P5	250	W18	C8	P4	1200	W20
C3	P4	800	W16	C6	P3	700	W18	C9	P3	850	W20
C4	P2	500	W16	C7	P1	300	W18	C10	P5	500	W20
C5	P5	300	W16	C8	P4	700	W18	C11	P3	800	W20
C6	P3	800	W16	C9	P3	800	W18	C12	P4	1200	W20

表 7-7　汇总后的订单数据

订单编号	订单 1	订单 2	订单 3	订单 4	订单 5	订单 6
产品编号	产品 2	产品 1	产品 4	产品 2	产品 5	产品 3
产品数量	15000	10000	10000	20000	3600	10000
订单编号	订单 7	订单 8	订单 9	订单 10	订单 11	订单 12
产品编号	产品 1	产品 4	产品 3	产品 5	产品 3	产品 5
产品数量	5000	10000	10000	6400	10000	20000

（2）第二阶段模型参数数据。

①各厂区基本数据。

根据历史生产数据及设备状态记录，可确定各厂区初始时刻的在制品量（单位：批）、每周平均产出（单位：批）、每周最大产能（单位：分钟）及可用产能百分比，如表 7-8 所示。

表 7-8　各厂区基本数据

	初始时刻的在制品量	每周平均产出	每周最大产能	可用产能百分比
厂区 1	800	150	141120	84%
厂区 2	650	135	120960	98%
厂区 3	700	140	110880	84%

②产品生产周期。

这里的产品生产周期是指 MES 系统中设定的标准生产周期，根据企业的历史数据来确定，不同批次优先等级的产品生产周期如表 7-9 所示。

表 7-9　不同批次优先等级的产品生产周期　单位：周

	特快批	速流批	正常批
产品 1	5	6	7
产品 2	3	4	5
产品 3	6	7	8
产品 4	5	6	7
产品 5	5	6	7

（3）第三和第四阶段模型参数数据。

选取黄光区、炉管区、注入区、薄膜区和刻蚀区作为产能支援模块中的五大加工区域。选择这五个加工区域，主要基于两点考虑：一是这五个加工区域的设备昂贵，建厂时不会购置多余的设备，产能负荷趋于饱和；二是这五个加工区域的产品重入现象较频繁，经常出现设备瓶颈。

①产品在各加工区域的加工时间。

由于半导体芯片制造重入的特性，各类产品在各个加工区域的每次加工时间会因工艺参数的不同而有所区别。在计算某加工区域对某产品的加工时间时，应根据重入次数累计加工时间，表 7 – 10 中已将其累加。

表 7 – 10　　产品在不同加工区域的加工时间　　单位：分钟

	黄光区	炉管区	注入区	薄膜区	刻蚀区
产品 1	750	1220	182	115	430
产品 2	495	870	102	50	275
产品 3	900	1690	253	165	520
产品 4	750	1220	182	115	430
产品 5	750	1220	182	185	430

注：炉管区和刻蚀区的设备加工通量大于等于 1 批，这里已根据其设备的负载率折合成每批的加工时间。比如炉管区某台设备的加工通量为 10 批，负载率为 60%，每炉加工时间为 300 分钟，说明该设备每次可同时加工 6 批（10 ×60%），单批折算的加工时间为 50 分钟（300/6）。

②产品的延迟交货惩罚成本（见表 7 – 11）。

表 7 – 11　　产品的延迟交货惩罚成本

产品 1	产品 2	产品 3	产品 4	产品 5
15	18	20	18	15

③各个加工区域的基本数据（见表 7 – 12）。

表 7 – 12　　各个加工区域的基本数据

	设备数量			每周最大产能（单位：分钟）			闲置成本（单位：元）
	厂区 1	厂区 2	厂区 3	厂区 1	厂区 2	厂区 3	
黄光区	14	12	11	141120	120960	110880	25

续 表

	设备数量			每周最大产能（单位：分钟）			闲置成本（单位：元）
	厂区 1	厂区 2	厂区 3	厂区 1	厂区 2	厂区 3	
炉管区	25	24	18	252000	241920	181440	20
注入区	3	4	3	30240	40320	30240	18
薄膜区	2	3	2	20160	30240	20160	18
刻蚀区	8	8	6	80640	80640	60480	15

2. 第一阶段模型结果分析

第一阶段模型主要是进行订单分配，订单分配结果如表 7 – 13 所示。

表 7 – 13　　订单分配结果

订单编号	订单生产厂区	各优先等级的晶圆数量		
		特快批	速流批	正常批
订单 1	厂区 1	2250	6750	6000
订单 2	厂区 3	0	0	10000
订单 3	厂区 3	0	0	10000
订单 4	厂区 3	2250	6750	11000
订单 5	厂区 1	0	0	3600
订单 6	厂区 2	0	0	10000
订单 7	厂区 3	0	0	5000
订单 8	厂区 2	0	0	10000
订单 9	厂区 2	2000	1075	6925
订单 10	厂区 1	0	0	6400
订单 11	厂区 2	0	4925	5075
订单 12	厂区 1	0	0	20000

考虑产能均衡的各厂区产能需求情况如图 7 – 5 所示，可以看出订单分配后厂区 3 的产能负荷是比较平衡的。订单分配后，厂区 1 和厂区 2 的可用产能都能满足订单的产能需求，厂区 3 的产能需求略微超出可用产能，但小于厂区 3 的最大产能，通过调整设备的预维护（PM）和合理调

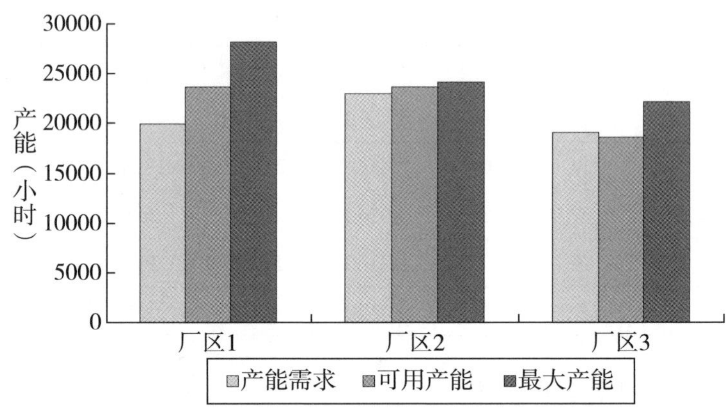

图 7-5　考虑产能均衡的各厂区产能需求情况

度，应该可以满足生产需要。

若仅根据各厂区的生产优势来分配订单，不考虑产能均衡的各厂区产能需求情况如图 7-6 所示。

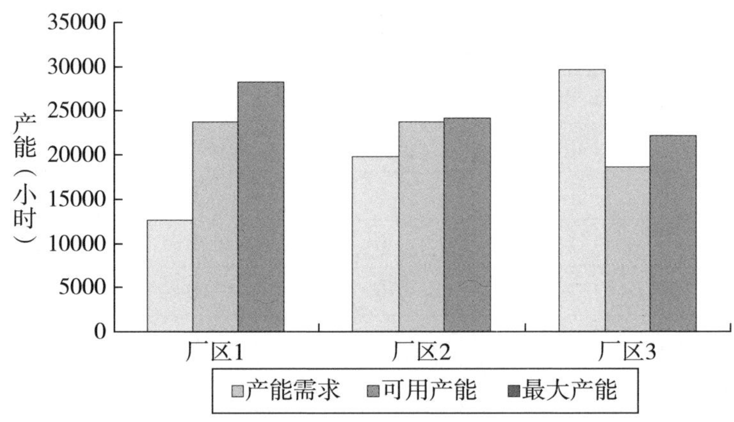

图 7-6　不考虑产能均衡的各厂区产能需求情况

从图 7-6 中可以看出，厂区 1 的产能需求远小于可用产能，造成产能极大浪费。厂区 3 的产能需求大大超过可用产能，最大产能也不能满足产能需求，厂区 3 会出现严重的堆料现象，引起生产周期延长，订单交货期难以保证。

考虑产能均衡与不考虑产能均衡的两种订单分配模式下，各厂区的产能利用率如图 7-7 所示，所获利润（见表 7-14）相差不多，但后者的产能极不均衡。考虑产能均衡的订单分配后，虽然获利略有减少，但厂区间的产能利用率保持相对的均衡，降低了现场管理和调度的难度。

表 7－14　　两种分配模式下的获利比较

	考虑产能均衡	不考虑产能均衡
所获利润	64982000	65132120

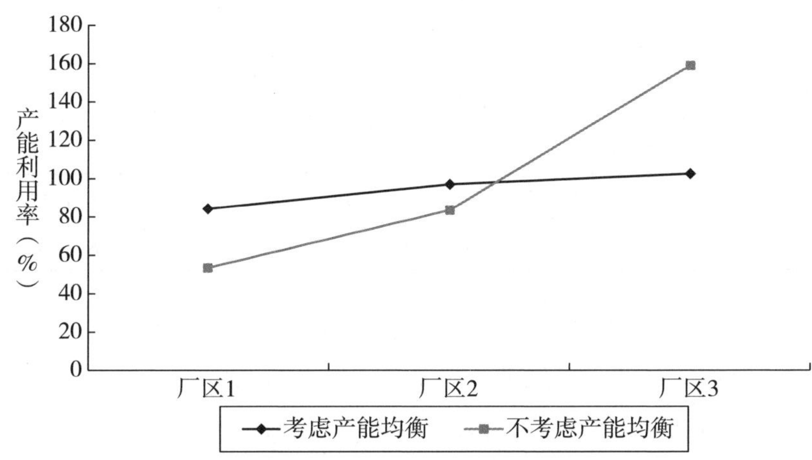

图 7－7　两种订单分配模式下的产能利用率比较

根据第一阶段的订单分配结果及客户订单资料，可制订出各个厂区的产出计划，如表 7－15 所示。

表 7－15　　各个厂区在规划区间内的产出计划

时段	厂区 1					厂区 2				厂区 3				
	P2	P2	P2	P4	P5	P3	P3	P3	P4	P2	P2	P1	P2	P4
	H	R	N	N	N	H	R	N	N	H	R	N	N	N
W7	7	0	0	0	0	6	0	0	0	7	0	0	0	0
W8	8	22	0	0	0	7	20	0	0	8	22	0	0	0
W9	7	23	15	52	34	7	20	90	52	7	23	52	11	36
W10	8	22	17	56	34	6	20	77	30	8	22	48	49	28
W11	7	23	19	60	36	7	20	69	33	7	23	44	11	34
W12	8	22	21	72	36	7	20	44	29	8	22	36	49	36

续 表

时段	厂区1					厂区2				厂区3				
	P2	P2	P2	P4	P5	P3	P3	P3	P4	P2	P2	P1	P2	P4
	H	R	N	N	N	H	R	N	N	H	R	N	N	N
W13	7	23	27	80	28	6	20	91	32	7	23	68	11	32
W14	8	22	21	89	36	7	20	69	27	8	22	52	49	34
W15	7	23	19	73	32	7	20	80	31	7	23	36	51	48
W16	8	22	21	78	32	6	20	75	34	8	22	48	0	32
W17	7	23	27	60	40	7	20	71	40	7	23	60	51	48
W18	8	22	13	60	32	7	20	68	28	8	22	60	98	20
W19	0	23	23	72	28	0	20	75	16	0	23	48	11	24
W20	0	0	17	48	32	0	0	71	48	0	0	48	49	28

其中，产出需求量的单位已换算成投料时的最小单位批次（Lot），H 表示特快批（Hot），R 表示速流批（Rush），N 表示正常批（Normal）。另外，特快批的产出时间将提前两周，而速流批的产出时间将提前一周，两者都均匀分布在各周产出；正常批则以原始客户订单中的交货期为产出周，满足客户需求。

3. 第二阶段模型结果分析

基于在制品平衡策略的产能规划指导，1 ~ 12 周的投料计划如表 7 - 16所示。

表 7 - 16　　在制品平衡策略下各厂区的投料计划

时段	厂区1					厂区2				厂区3				
	P2	P2	P2	P4	P5	P3	P3	P3	P4	P2	P2	P1	P2	P4
	H	R	N	N	N	H	R	N	N	H	R	N	N	N
W1	0	0	0	0	0	6	24	90	14	0	0	0	0	0
W2	0	0	0	52	34	7	16	77	38	30	22	52	0	36
W3	0	0	0	56	94	7	29	69	30	0	0	72	11	28
W4	45	22	15	60	0	13	16	44	33	0	0	20	0	104

续 表

时段	厂区 1					厂区 2				厂区 3				
	P2	P2	P2	P4	P5	P3	P3	P3	P4	P2	P2	P1	P2	P4
	H	R	N	N	N	H	R	N	N	H	R	N	N	N
W5	0	26	40	72	12	0	15	91	29	0	23	36	49	32
W6	0	42	0	80	28	7	20	76	32	0	61	68	11	0
W7	0	0	25	89	36	6	20	73	27	0	0	91	49	0
W8	0	22	19	77	32	9	20	75	31	7	6	49	28	48
W9	0	23	21	74	32	10	20	71	34	8	23	45	32	32
W10	7	24	19	60	40	1	20	74	40	7	22	12	51	48
W11	8	21	21	60	40	7	20	69	39	8	23	59	0	44
W12	7	22	27	72	20	7	20	71	5	7	22	48	51	0

从投料计划可以看出，与产出需求相比，三个厂区的投料量都略有减少。例如，厂区 1 的总需求为 1800 批，而实际投料 1576 批，这是由于有些产品生产周期较短，造成 7～20 周内的部分需求可在 12 周以后投料来满足，这样可以降低提前产出所带来的库存成本。

根据投料计划安排，产品组合的分布情况如图 7－8、图 7－9、图 7－10 所示，三个厂区在每周的投料产品组合都会有所不同，但每周的投料总量相差无几，分布较为平均，这样既能做到在满足客户需求的前提下尽量不提前投料，又能保证每周的投料总量不超过产能负荷上限。

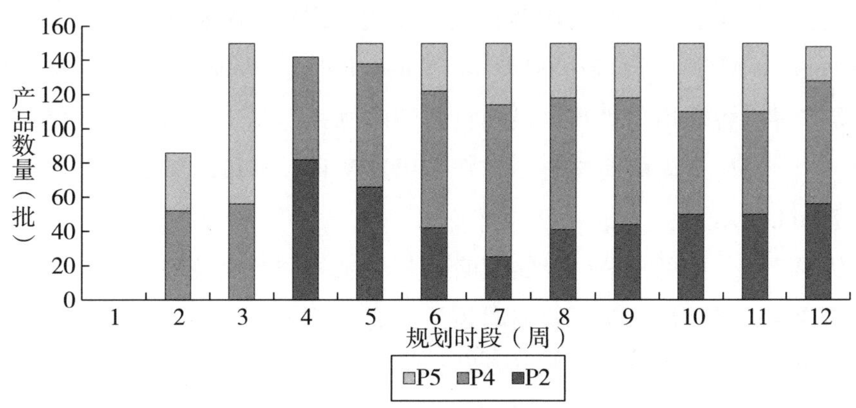

图 7－8　厂区 1 的投料产品组合

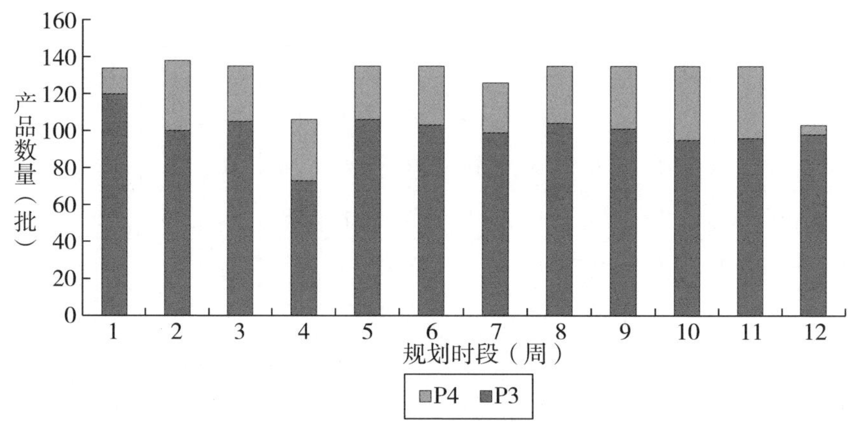

图 7－9　厂区 2 的投料产品组合

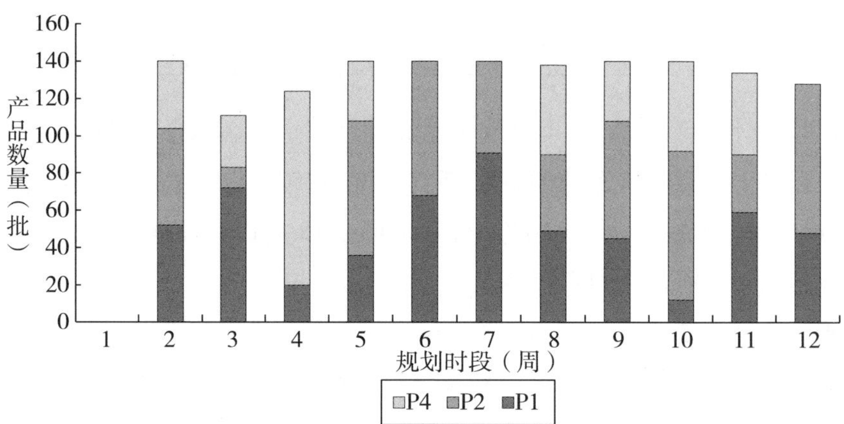

图 7－10　厂区 3 的投料产品组合

一般半导体芯片厂多采用两种投料模式，即平均投料策略（Average Release Policy，ARP）或最晚投料策略（Latest Release Policy，LRP）。平均投料策略是产品在各周均匀投料；最晚投料策略则是尽量不提前投料，仅在距交货期一个产品生产周期前投料。分别采用这两种投料策略时的产品组合情况如图 7－11 所示。

从图 7－11 可见，平均投料策略下各产品的分布比较平均，但存在提前投料的现象；采用最晚投料策略时虽然没有提前投料的现象发生，但投料的波动较大，对生产物流系统平衡极为不利。

三厂区分别在在制品平衡策略（WCRP）和最晚投料策略（LRP）下的产

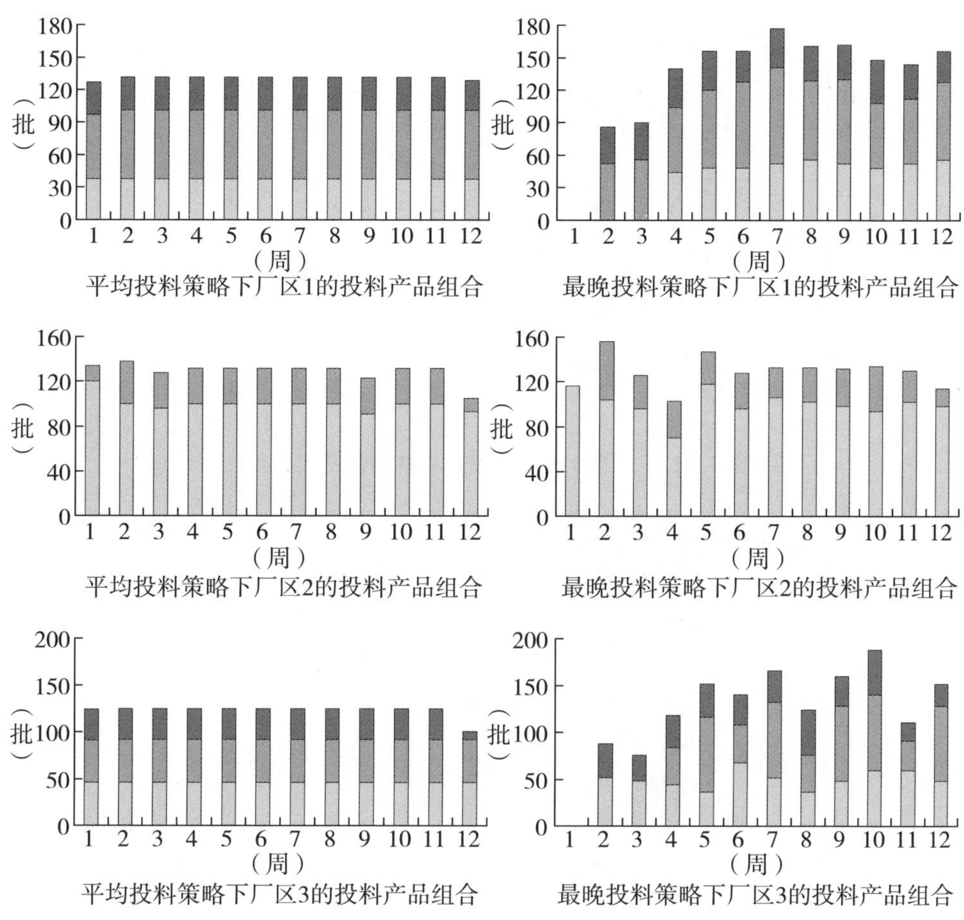

图 7－11　两种投料策略的产品组合比较

能利用率如图 7－12、图 7－13 和图 7－14 所示。

由图 7－12、图 7－13 和图 7－14 可看出，在最晚投料策略下各厂区的产能利用率波动较大，设备负荷的波动将直接导致生产物流系统的失衡；在在制品平衡策略下，各个厂区的产能利用率较为平稳。平均投料策略下的产能负荷最为平稳，各个规划时段的产能利用率几乎恒定不变，这一点可从其投料产品组合得出，这里不再作图描述。

综上所述，平均投料策略能使各个规划时段的产能利用率最为平衡，但提前投料现象严重；最晚投料策略没有提前投料的现象发生，却造成产能负荷的波动和某些时段产能不足。在半导体芯片厂，存在许多类似这样的矛

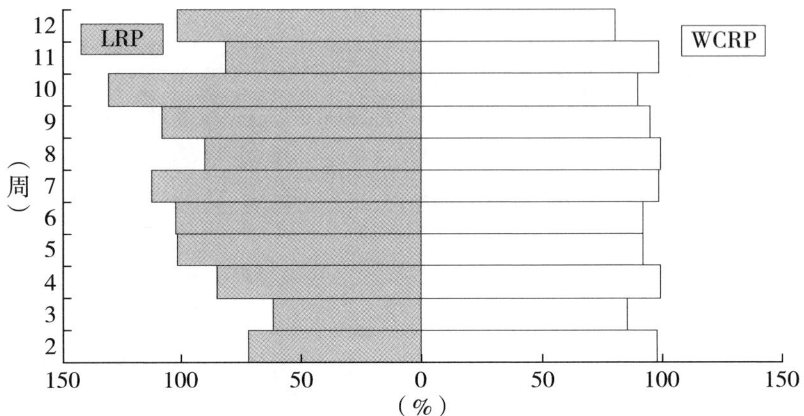

图 7－12　厂区 1 在两种投料模式下的产能利用率

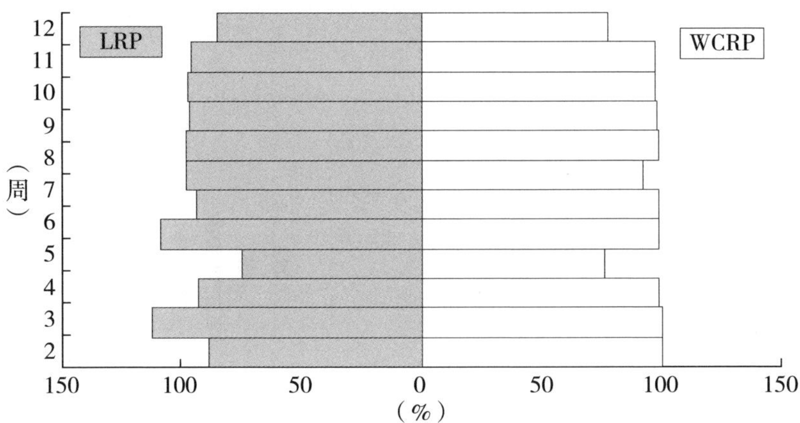

图 7－13　厂区 2 在两种投料模式下的产能利用率

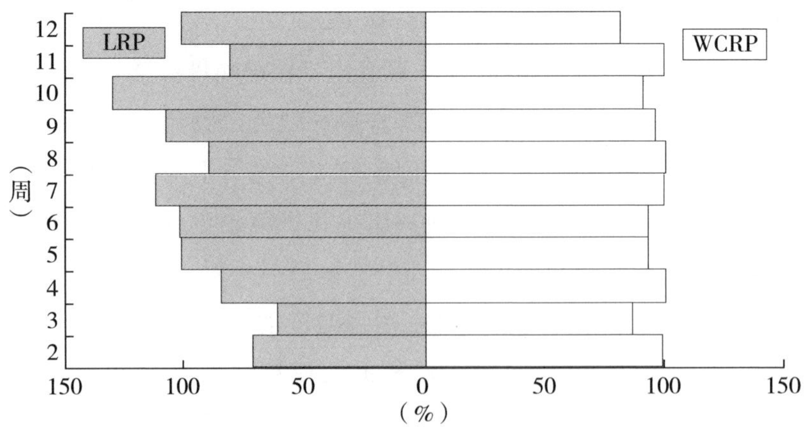

图 7－14　厂区 3 在两种投料模式下的产能利用率

盾，多个生产绩效指标往往不能同时达到最优，某些绩效指标的提升需要以牺牲其他绩效指标为代价，这就要求从全局考虑问题。系统在制品平衡策略既能维持产能负荷的平衡，又能保证投料水平的相对稳定，显然比前两个策略更为合理。基于在制品平衡策略的产能规划方法来制订投料计划，对于单厂生产模式和多厂生产模式而言，都是有利的。但是，在多厂环境下，单个厂区的产能负荷平稳还能大大降低加工区域间的设备负荷差异，这是非常重要的。尽管这种差异可以通过跨厂区的产能支援来减少或消除，但是晶圆过于频繁地在厂区间传送会延长生产周期，并增加操作失误的概率，直接影响产品的交货期和良率。因此，即使可以利用产能支援来减轻设备负荷在各个规划时段的波动，也应该让单个厂区的生产物流系统尽量保持平衡。

4. 第三阶段模型结果分析

在订单分派模块中，已经确定三个厂区在各个规划时段的投料产品种类及投料量。对于瓶颈区域（黄光区）而言，无论是从多厂区角度还是从各规划时段角度，产能利用率都较为平衡，而且各个厂区的可用产能均可以满足不同时期的产能需求。然而，在芯片厂经常出现这样的现象：即使瓶颈区域的产能利用率小于100%，其他加工区域的产能负荷依然有可能超过其可用产能。这是因为就长期而言黄光区是整个芯片厂的系统瓶颈，其平均产能负荷是所有加工区域中最高的，但是各产品加工流程不同，在不同加工区域设备上的加工时间与重入次数不同，造成的设备负荷不同，短期内某个加工区域可能取代黄光区成为暂时瓶颈。

在多厂区环境下，可以利用跨厂区的产能支援来减少或避免上述现象，即当某个厂区的某个加工区域出现产能不足时，运用其他厂区的闲置产能进行支援。根据上述的思路，在产能支援模块中，对各个加工区域进行多厂产能规划，找出可能出现的产能不足或产能闲置情况。

将订单分派模块的最终结果作为第三阶段模型的输入，各个加工区域的产能利用情况，如图7－15、图7－16、图7－17、图7－18和图7－19所示，正值表示产能闲置，负值表示产能不足。由于厂区1和厂区3在第1周没有投料，厂区2在第2周的投料量很少，这里仅对第2～12周的情况进行分析。从总体来看，除了系统瓶颈（黄光区）没有产能不足现象发生外，其他 4 个加工区域在不同时期均有少量的产能不足。

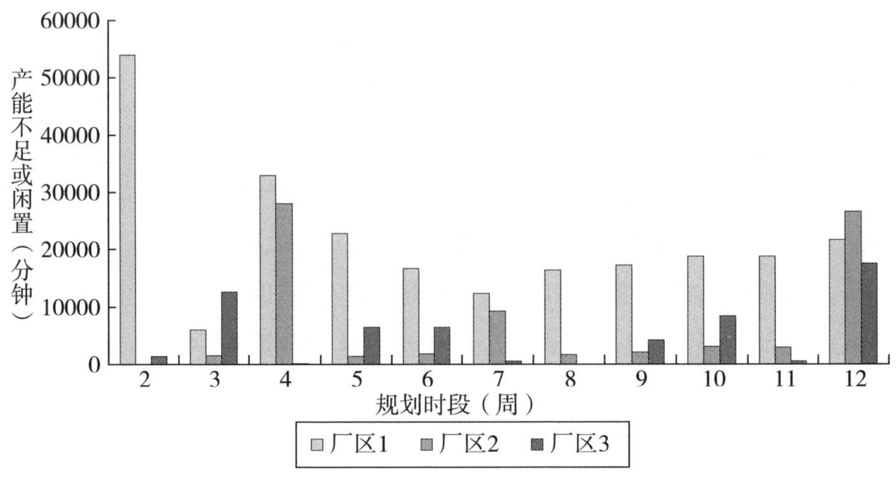

图 7－15　各厂区黄光区产能利用情况

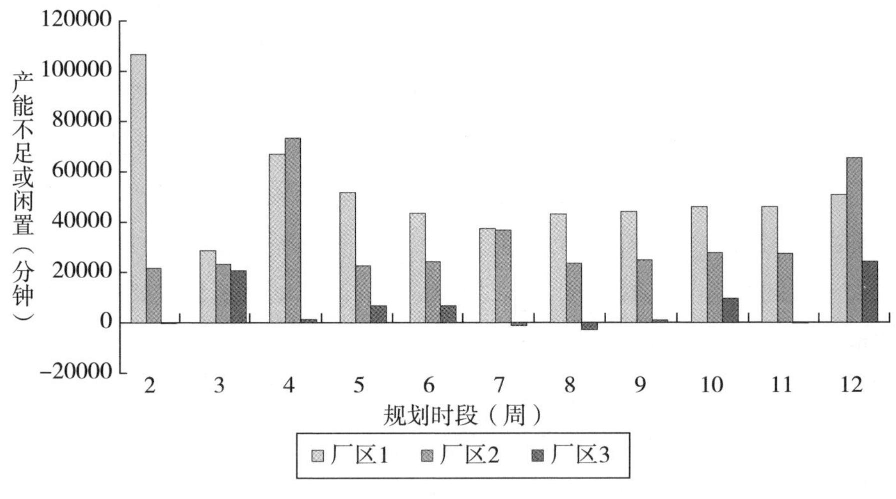

图 7－16　各厂区炉管区产能利用情况

由于订单分派模块主要针对瓶颈区域进行规划，因此黄光区没有产能不足情况发生，产能闲置程度也较低。厂区 1 平均每周会有 21622 分钟的产能闲置，相当于 2.1 台设备的加工能力；厂区 2 平均每周会有 7130 分钟的产能闲置，相当于 0.7 台设备的加工能力；厂区 3 平均每周会有 5302 分钟的产能

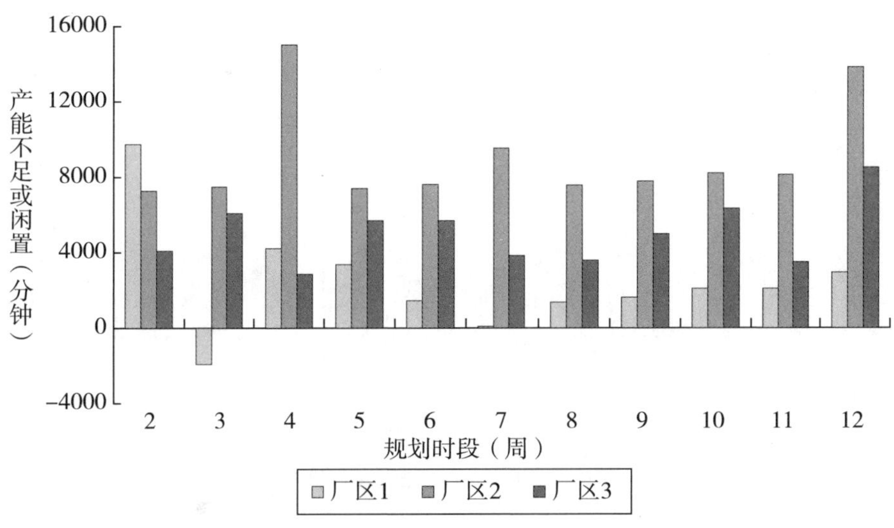

图 7-17 各厂区注入区产能利用情况

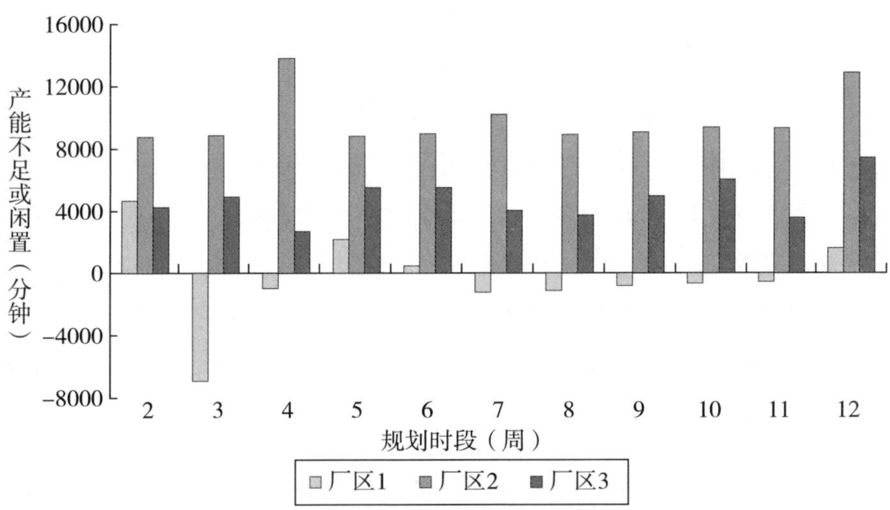

图 7-18 各厂区薄膜区产能利用情况

闲置，相当于 0.5 台设备的加工能力。

相对于其他加工区域，炉管区的产能闲置较多，厂区 1 和厂区 2 分别空出约 5 台和 3 台设备的加工能力，这主要是由该区域的加工特性决定。炉管区的设备通用性较差，不同设备组的可加工工艺不同，一些设备只能加工特定的工艺。当某台设备宕机时，可能会由于没有替代设备而导致严重堆料，

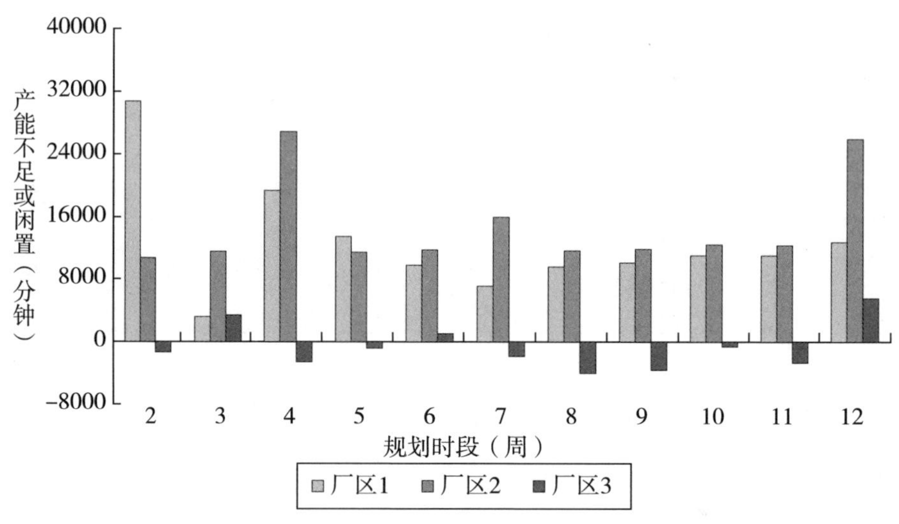

图 7－19　各厂区刻蚀区产能利用情况

因此需要较多的备用设备，特别是针对那些经常宕机的设备。厂区 3 在第 2、第 7、第 8 和第 11 周会有少量的产能短缺，但总体上能够保证正常生产。

注入区、薄膜区和刻蚀区的设备通用性较好，某些工艺可在不同设备组上交叉加工，总体的产能闲置较少，而产能不足情况较多。其中，厂区 1 的注入区在第 3 周出现 1899 分钟（约 32 小时）的设备缺口；厂区 1 的薄膜区在第 3 周出现 6896 分钟（约 115 小时）的设备缺口，其他时段的产能不足较少，分布也较平均；厂区 3 的刻蚀区的产能不足分布也比较平均。

产能支援前各加工区域的产能负荷如表 7－17 中所示，表中灰色部分说明存在产能不足情况。

表 7－17　　　　产能支援前各加工区域的产能负荷

时段	厂区 1					厂区 2				
	黄光区	炉管区	注入区	薄膜区	刻蚀区	黄光区	炉管区	注入区	薄膜区	刻蚀区
W2	54.4%	49.6%	61.6%	72.5%	54.6%	100%	90.8%	81.5%	70.4%	86.5%
W3	94.9%	86.5%	100%	100%	95.2%	98.7%	90.3%	81.0%	70.1%	85.4%
W4	72.3%	68.3%	83.4%	100%	71.4%	76.3%	69.0%	61.9%	53.5%	66.0%
W5	80.8%	75.5%	86.7%	87.2%	80.1%	98.8%	90.5%	81.2%	70.3%	85.5%

续 表

时段	厂区1					厂区2				
	黄光区	炉管区	注入区	薄膜区	刻蚀区	黄光区	炉管区	注入区	薄膜区	刻蚀区
W6	85.9%	79.5%	94.2%	97.3%	85.6%	98.4%	89.9%	80.7%	69.8%	85.2%
W7	89.5%	82.3%	99.6%	100%	89.5%	92.2%	84.5%	75.8%	65.6%	79.8%
W8	86.1%	79.7%	94.6%	100%	85.8%	98.6%	90.1%	80.9%	69.9%	85.3%
W9	85.5%	79.2%	93.6%	100%	85.2%	98.2%	89.5%	80.3%	69.4%	85.0%
W10	84.2%	78.2%	91.7%	100%	83.8%	97.4%	88.3%	79.3%	68.4%	84.3%
W11	84.2%	78.2%	91.7%	100%	83.8%	97.6%	88.5%	79.4%	68.6%	84.4%
W12	81.6%	76.0%	88.4%	90.4%	81.1%	77.6%	72.4%	65.1%	56.5%	67.2%

时段	厂区3					三厂区平均				
	黄光区	炉管区	注入区	薄膜区	刻蚀区	黄光区	炉管区	注入区	薄膜区	刻蚀区
W2	98.5%	100%	83.9%	75.1%	100%	84.3%	80.1%	75.7%	72.7%	80.4%
W3	86.4%	86.5%	76.1%	71.2%	93.2%	93.3%	87.7%	85.7%	80.4%	91.3%
W4	99.9%	99.3%	88.8%	84.2%	100%	82.8%	78.9%	78.1%	79.2%	79.1%
W5	93.1%	95.5%	77.6%	67.4%	100%	90.9%	87.2%	81.9%	75.0%	88.5%
W6	93.1%	95.5%	77.6%	67.4%	98.0%	92.5%	88.3%	84.2%	78.2%	89.6%
W7	99.4%	100%	84.9%	76.3%	100%	93.7%	88.9%	86.8%	80.6%	89.8%
W8	99.9%	100%	86.0%	78.0%	100%	94.9%	89.9%	87.1%	82.6%	90.4%
W9	95.5%	99.5%	80.5%	70.9%	100%	93.1%	89.4%	84.8%	80.1%	90.0%
W10	90.9%	93.7%	75.1%	64.4%	100%	90.8%	86.7%	82.0%	77.6%	89.4%
W11	99.4%	100%	86.2%	79.1%	100%	93.7%	88.9%	85.8%	82.6%	89.4%
W12	81.2%	84.2%	66.5%	56.2%	89.1%	80.1%	77.6%	73.3%	67.7%	79.1%

5. 第四阶段模型结果分析

产能支援后各加工区域的产能负荷如表 7－18 所示，灰色部分表示产能支援后提高了产能利用率。在芯片厂，产能利用率即使提高 1% 也是非常值得关注的。

表 7－18　　　　产能支援后各加工区域的产能负荷

时段	厂区 1					厂区 2				
	黄光区	炉管区	注入区	薄膜区	刻蚀区	黄光区	炉管区	注入区	薄膜区	刻蚀区
W2	54.4%	49.7%	61.6%	72.5%	56.6%	100%	90.8%	81.5%	70.4%	86.5%
W3	94.9%	86.5%	100%	100%	95.2%	98.7%	90.3%	85.9%	93.4%	85.4%
W4	72.3%	68.3%	83.4%	100%	75.1%	76.3%	69.0%	61.9%	56.7%	66.0%
W5	80.8%	75.5%	86.7%	87.2%	81.2%	98.8%	90.5%	81.2%	70.3%	85.5%
W6	85.9%	79.5%	94.2%	97.3%	85.6%	98.4%	89.9%	80.7%	69.8%	85.2%
W7	89.5%	82.9%	99.6%	100%	92.2%	92.2%	84.5%	75.8%	69.7%	79.8%
W8	86.1%	81.0%	94.6%	100%	91.7%	98.6%	90.1%	80.9%	73.7%	85.3%
W9	85.5%	79.2%	93.6%	100%	90.5%	98.2%	89.5%	80.3%	72.1%	85.0%
W10	84.2%	78.2%	91.7%	100%	84.7%	97.4%	88.3%	79.3%	70.7%	84.3%
W11	84.2%	78.3%	91.7%	100%	87.7%	97.6%	88.5%	79.4%	70.4%	84.4%
W12	81.6%	76.0%	88.4%	90.4%	81.1%	77.6%	72.4%	65.1%	56.5%	67.2%

时段	厂区 3					三厂区平均				
	黄光区	炉管区	注入区	薄膜区	刻蚀区	黄光区	炉管区	注入区	薄膜区	刻蚀区
W2	98.5%	100%	83.9%	75.1%	100%	84.3%	80.2%	75.7%	72.7%	81.0%
W3	86.4%	86.5%	76.1%	71.2%	93.2%	93.3%	87.7%	87.3%	88.2%	91.3%
W4	99.9%	99.3%	88.8%	84.2%	100%	82.8%	78.9%	78.1%	80.3%	80.4%
W5	93.1%	95.5%	77.6%	67.4%	100%	90.9%	87.2%	81.9%	75.0%	88.9%
W6	93.1%	95.5%	77.6%	67.4%	98.0%	92.5%	88.3%	84.2%	78.2%	89.6%
W7	99.4%	100%	84.9%	76.3%	100%	93.7%	89.1%	86.8%	82.0%	90.7%
W8	99.9%	100%	86.0%	78.0%	100%	94.9%	90.4%	87.1%	83.9%	92.3%
W9	95.5%	99.5%	80.5%	70.9%	100%	93.1%	89.4%	84.8%	81.0%	91.8%
W10	90.9%	93.7%	75.1%	64.4%	100%	90.8%	86.7%	82.0%	78.3%	89.7%
W11	99.4%	100%	86.2%	79.1%	100%	93.7%	88.9%	85.8%	83.2%	90.7%
W12	81.2%	84.2%	66.5%	56.2%	89.1%	80.1%	77.6%	73.3%	67.7%	79.1%

需要说明的是，产能支援模块的规划结果仅是为现场调度提供参考。从总体上看，加工区域的产能不足或闲置是必然的，但产能不足究竟发生在哪个规划时段则偶然性较大，晶圆片的返工或设备的意外宕机都会造成实际情况偏离规划结果。

8　企业生产物流均衡下的作业计划

8.1　企业生产物流均衡下的作业计划制订

8.1.1　传统 DBR 理论的修正

OPT 的计划与控制通过 DBR 系统，即鼓—缓冲器—绳系统来实现。首先，识别企业的瓶颈资源（Bottleneck），瓶颈约束控制着系统的生产节拍和产出率。其次，基于瓶颈资源，建立产品的产出计划。再次，为防止系统随机波动，设置一定的时间缓冲器（Time Buffer），使物料提前一段时间投入生产。最后，用绳子驱动系统的所有部分按节拍生产，使非瓶颈资源的工序与瓶颈工序同步，即通过投料安排来配合生产节拍。通过以上的四个步骤的循环，持续改善生产作业，适应动态环境的变化。

目前，DBR 理论的应用越来越广泛和深入，已从生产管理扩展到绩效评估、人力资源管理以及销售管理方面，DBR 理论应用于生产物流作业方面的相关研究较多。但是 DBR 理论运用于离散型企业方面存在较多困难。本章在对半导体制造特性分析的基础上，研究适用于“多重入”复杂制造系统生产物流系统的 DBR 理论。

DBR 理论强调瓶颈资源的充分利用，着重规划瓶颈资源，以得到最合适的生产节拍（Drum），再利用 Drum 推动整个生产系统的运行。同时，为避免系统随机波动造成瓶颈资源缺货现象，需要设置一定的缓冲区。缓冲区的时间长度包括设备加工、调整时间以及平稳系统波动的缓冲时间等。有关缓冲区的分类，本章将沿用 Schragenheim et al.（1990）的分类方法并重新整理，将缓冲区按其功能分为三类，如图 8－1 所示。

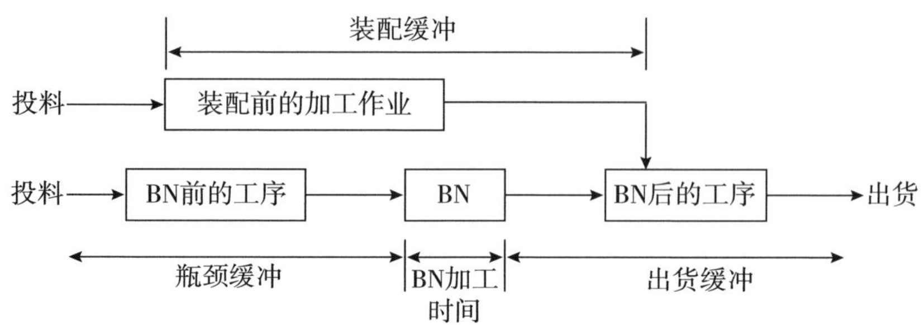

图 8－1　DBR 理论中一般生产物流系统的缓冲区分类

（1）瓶颈缓冲（Bottleneck Buffer，BB）：瓶颈资源之前工序的缓冲，用来保证瓶颈资源不致缺货。瓶颈缓冲的时间长度包括机器调整准备时间、非瓶颈作业加工时间和瓶颈作业松弛时间。

（2）出货缓冲（Shipping Buffer，SB）：瓶颈资源之后工序的缓冲，以保证订单准时交货。缓冲时间长度包括机器调整准备时间、非瓶颈作业加工时间和出货松弛时间。

（3）装配缓冲（Assembly Buffer，AB）：保证瓶颈资源加工后的工件能及时装配出货。

半导体制造系统的生产特性既不同于 Flow－shop 生产类型，又不同于 Job－shop 生产类型。半导体电路的布局是由多个不同层次的逻辑电路集合而成。半导体制造以晶圆做基片，采用逐层方式，即叠床架形式，重复在晶圆片上加工形成一层层的电路系统。加工完一层后，晶圆片会重复以前的某几个步骤，即返回到以前的设备继续加工下一层。假想把半导体制造流程拉长展开，它就成为一个具有多个瓶颈资源的 Job－shop 生产类型。因此，依据半导体制造系统的重入特性，设置重入缓冲（Re－entrant Buffer，RB），可以将半导体制造过程拉长展开。重入缓冲是指前后两次进入瓶颈资源的时间间隔。增设重入缓冲的目的是确保同一产品在瓶颈资源的前后两项作业有合适的时间间隔，它包括机器调整准备时间、非瓶颈作业加工时间和重入松弛时间。另外，晶圆加工完毕后，会送至专门的测试封装厂进行测试和封装。因此，半导体厂不存在装配过程，也就没有装配缓冲。DBR 理论中半导体制造过程的各类缓冲如图 8－2 所示，这里给出一个只重入两次的示意图。

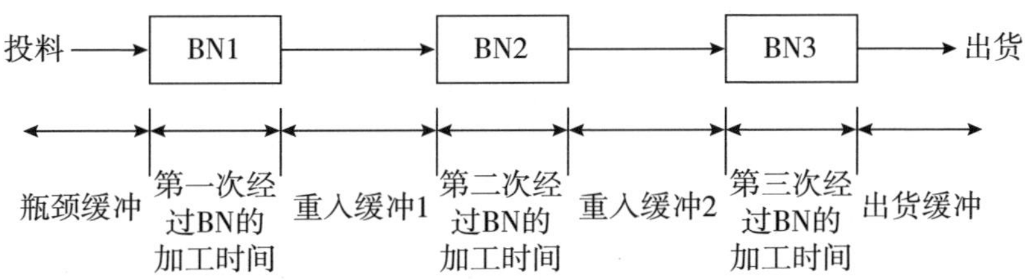

图 8－2　DBR 理论中半导体制造过程的各类缓冲

8.1.2　企业生产物流均衡下的作业计划方法

传统的 MRPⅡ系统没有针对系统的瓶颈资源进行规划，对于物料的投入时间也很少进行控制。当不同产品共用资源（设备）出现冲突时，无法在限定时间内完成所安排的作业，导致订单交期延误。另外，MRP 假设生产前置时间已知，实际上前置时间与产品组合有关。企业产品组合随订单不断变化，造成生产前置时间变化。由于上述局限的存在，MRP 无法制订适合于半导体厂的作业计划。

DBR 理论把企业看作一个系统，并着重于系统的瓶颈资源，用瓶颈资源的生产节拍（Drum）来推动整个系统的运行，实现协同生产。利用修正的 DBR 理论，本章首先对系统瓶颈资源为单台瓶颈设备的半导体制造系统展开研究，制订基于瓶颈资源的作业计划。

首先做出以下假设。

（1）研究对象为代工型半导体制造厂（Foundry）。

（2）市场需求大于企业所能提供的产能，即存在瓶颈资源。

（3）不存在产能扩充情况。

（4）忽略在制品搬运时间。

（5）不考虑客户撤单、插单情况。

（6）不考虑在制品报废（Scrap）与重加工（Rework）问题。

为方便陈述，符号说明如下所示。

m ——订单总数；

n ——订单 i 经过瓶颈资源的总次数，$i = 1,2,\cdots,m.\ j = 1,2,\cdots,n$；

$B(i)$ ——订单 i 在瓶颈缓冲中经过的非瓶颈资源集合；

$R_j(i)$ ——订单 i 在第 j 次重入缓冲中经过的非瓶颈资源集合；

$S(i)$ ——订单 i 在出货缓冲中经过的非瓶颈资源集合；

PT_{ik} ——订单 i 在非瓶颈资源 k 上的单位加工时间；

SU_{ik} ——订单 i 在非瓶颈资源 k 上的调整准备时间（Setup Time）；

BN_{ij} ——订单 i 第 j 次在瓶颈资源上的加工时间与调整准备时间的总和；

D_i ——订单 i 的交期（Due Date）；

S_{ij} ——订单 i 第 j 次进入瓶颈资源的时间；

F_{ij} ——订单 i 第 j 次离开瓶颈资源的时间；

ST_i ——订单 i 的投料时间；

FT_i ——订单 i 的出货时间；

O_{ij} ——订单 i 第 j 次经过瓶颈资源；

BB_i ——订单 i 的瓶颈缓冲；

RB_{ij} ——订单 i 的第 j 个重入缓冲；

MRB_{ij} ——订单 i 的第 j 个重入缓冲的最小值；

SB_i ——订单 i 的出货缓冲；

TP ——单位时间的系统产出（即产出速度）；

ICT_{ik} ——订单 i 在非瓶颈资源 k 的固有生产周期；

TCT_{ik} ——订单 i 在非瓶颈资源 k 的目标生产周期；

WIP_{ij} ——订单 i 在第 j 次进入瓶颈资源时的在制品库存；

PT_{ij} ——订单 i 第 j 次在瓶颈资源上加工单位在制品的加工时间。

1. 缓冲时间的确定

在 DBR 理论中，缓冲时间长度的确定是一个关键性问题。缓冲时间（缓冲区）长度不仅与生产系统特性有关，而且受到产品组合、设备宕机等不确定因素的影响。因此，多采用经验来估计缓冲时间长度。Ronen et al.（1990）根据经验，认为缓冲区大小为实际生产前置时间（Lead Time）的 1/4。Schragenheim et al.（1991）根据经验和实际生产前置时间的分配，认为缓冲区大小约为瓶颈资源前置时间的 3 倍。Wu et al.（1994）则建议缓冲区大小为生产前置时间的 1.5 倍。针对多重入生产物流系统，Goldratt（1990）提出间隔棍（Batch Rod）概念，并定义间隔棍的长度为瓶颈缓冲的 1/2，来保证生产的顺利进行。间隔棍方法也是依靠经验来获取缓冲区大小，且应用时很烦琐。

本章采用 Wu et al. 的建议，将各缓冲区大小设定为该区间的生产前置时间的1.5倍，即：

$$BB_i = 1.5[Q_i \cdot \sum_{k=1}^{B(i)} PT_{ik} + \sum_{k=1}^{B(i)} SU_{ik}] \tag{8-1}$$

$$RB_{ij} = 1.5[Q_i \cdot \sum_{k=1}^{R_j(i)} PT_{ik} + \sum_{k=1}^{R_j(i)} SU_{ik}] \tag{8-2}$$

$$SB_i = 1.5[Q_i \cdot \sum_{k=1}^{S(i)} PT_{ik} + \sum_{k=1}^{S(i)} SU_{ik}] \tag{8-3}$$

2. 瓶颈资源负荷堆积的推平原则

一般来说，半导体生产物流系统上会有几十种甚至上百种产品在同时生产。若计划不当，会出现多个产品争夺瓶颈资源现象，再加上多重入生产特性，瓶颈资源的负荷堆积会很严重。

DBR 理论中，在确定各缓冲区大小后，用每一个订单的交货期减掉总缓冲区长度得到各个客户订单的投料时间。用这种方法其实隐含着一个假设，即瓶颈资源产能无限制。因此，用该方法得到的各订单投料计划会造成大量负荷在瓶颈资源处严重堆积。

为确保订单按时交货，须将瓶颈资源的负荷推平。推平方法有前推法（Forward Scheduling）与后推法（Backward Scheduling）两种。若采用前推法，订单可能会因生产安排后移而影响订单交期，因此本章采用后推法。

在无重入环境下安排瓶颈资源生产时，经常采用 SPT（Short Processing Time）法则来对订单排序，缺点是加工时间长的订单在瓶颈资源前等待时间长，使生产周期延长，延误交期。为使制订的作业计划能满足订单交期，在安排瓶颈资源生产时，坚持 EDD（Earliest Due Date）原则，即在瓶颈资源上完工最晚的订单优先（因为采用的是后推法）。完工时间相同的订单，按 CR（Critical Ratio）原则来排序，即离交期剩余时间与剩余加工时间比值最大的订单优先。本章提出的推平原则（Leveling Rule）如下。

（1）从后往前推平。

（2）不同订单按交期（EDD 原则）排序，先排完工最晚的订单或产品。

（3）完工时间相同的订单，按 CR 原则排序。

（4）同类产品或订单尽可能排在一起，以减少调整准备时间，提高瓶颈资源的利用率。

（5）属同类产品且交期相同时，先排后续加工步骤最多的产品。

3. 瓶颈资源负荷安排的合理化调整

负荷推平后得到的生产安排没有考虑瓶颈资源的实际最早可用时间，需要根据瓶颈资源的实际可用时间调整瓶颈资源前的负荷安排。一方面，检查订单在瓶颈资源上的开始加工时间是早于还是晚于瓶颈资源最早可用时间。若早于最早可用时间，应将所安排订单依次后推到机器可用时间范围内，但会造成部分订单延迟，这也说明在该计划期间，瓶颈产能无法满足所接客户订单的需求，需要扩充产能或拒绝某些订单；若晚于瓶颈资源最早可用时间，应将安排的订单向前推至最早可用时间，以避免瓶颈资源因缺料而闲置，提高瓶颈资源的利用率。另一方面，要检查同一产品前后相邻作业间隔是否大于规定的重入缓冲。若大于相应的重入缓冲，就要适当调整。

4. DBR 理论下的半导体厂作业计划方法步骤

根据 DBR 理论，半导体厂作业计划的执行步骤如下。

Step1　识别半导体制造系统的瓶颈所在。本章以设备前的在制品加工时间总和最大的设备或加工中心作为瓶颈资源。

Step2　确定各订单的缓冲区大小。在无产能限制条件下，建立各订单在瓶颈资源上的生产安排，即开始加工时间和完工时间。

订单 i 最后一次离开瓶颈资源的时间 F_{in} = 订单 i 的交期 D_i − 订单 i 的出货缓冲 SB_i

订单 i 第 j 次离开瓶颈资源的时间 F_{ij} = 订单 i 第 $j+1$ 次进入瓶颈资源的时间 S_{ij+1} − 订单 i 的第 j 个重入缓冲 RB_{ij}

订单 i 第 j 次进入瓶颈资源的时间 S_{ij} = 订单 i 第 j 次离开瓶颈资源的时间 F_{ij} − 订单 i 第 j 次在瓶颈资源上的加工时间与调整准备时间之和 BN_{ij}

根据以上公式，计算出所有订单在瓶颈资源上的生产安排时间。

Step3　考虑瓶颈资源的产能限制，推平瓶颈资源上堆积的负荷，并进行合理化调整，同时要确保同一产品前后作业间隔。

Step4 计算订单 i 的投料时间及出货时间安排。

$$订单\ i\ 的投料时间\ ST_i = 订单\ i\ 第一次进入瓶颈资源的时间\ S_{i1} - 订单\ i\ 的瓶颈缓冲\ BB_i$$

$$订单\ i\ 的出货时间\ FT_i = 订单\ i\ 最后一次离开瓶颈资源的时间\ F_{1n} + 订单\ i\ 的出货缓冲\ SB_i$$

Step5 循环 Step2、Step3、Step4，直到确定所有订单的投料时间、瓶颈资源上的加工时间以及出货时间安排。

8.2 企业生产物流均衡作业计划改进

前面仅考虑了企业单瓶颈的情况，一般来说，企业的瓶颈加工中心会有多台功能相同的设备（不考虑各加工中心因设备规格不同造成的加工制程方面的差异）。为使所提出的基于 DBR 理论的研究方法更实用，本研究对上节中的研究内容进行补充。

1. 多台瓶颈设备的选择原则

在制订作业计划时，当有多台设备成为瓶颈设备（瓶颈资源）时，负荷推平过程除了要对订单进行选择外，还要选择瓶颈设备。由于瓶颈设备间的负荷水平可能不同，为使每一个瓶颈设备都能得到充分利用，在选择瓶颈设备时，首先选择负荷水平低，即剩余产能多的设备。

2. 算例应用

半导体制造的多重入工艺导致半导体每一次重入都会经过一次瓶颈设备；半导体制造厂多为接单生产型企业，实行代工生产，一条生产物流系统上往往有几个甚至十几个客户订单同时生产；同时，每个加工中心有多台设备。因此，将所研究的方法真正应用于实践中，需要有软件辅助实现，本书将在后面章节详述。

为说明本方法的可行性，本章对某半导体制造厂的实际数据进行简化，整理成一个小的算例。

半导体制造厂全天 24 小时生产。现有四个订单 O_1、O_2、O_3、O_4，产品数量分别为20片、24片、24片、24片，交货期限均为5月15日8：00。其中，订单O_1、O_2属于A产品，订单O_3属于B产品，订单O_4属于C产品。三种产品A、B、C的加工时间及调整准备时间如表8－1所示，忽略产品的搬运时间。其中，M_4加工中心有两台平行设备（identical machine），W_1与W_2。其余加工中心的设备数均为一台。M_4加工中心的两台瓶颈设备的最早可用时间为5月12日0：00。

表8－1　　　　产品A、B、C的加工数据　　　　单位：分钟

A产品	M_1	M_2	M_3	M_4	M_2	M_5	M_4	M_6
加工时间	18	30	10	22	25	42	36	15
调整准备时间	20	15	15	35	15	34	20	18
B产品	M_1	M_2	M_3	M_4	M_5	M_4	M_2	M_3
加工时间	26	35	8	30	36	20	18	20
调整准备时间	12	20	10	30	23	20	15	26
C产品	M_1	M_2	M_3	M_4	M_6	M_4	M_7	
加工时间	20	32	10	28	22	31	23	
调整准备时间	10	26	12	12	15	12	16	

首先，按上节提供的步骤，计算各加工中心的负荷，确认M_4为系统瓶颈。接下来确定各订单的缓冲区大小（见表8－2），这样就得到各订单在瓶颈资源上加工时间的初始安排。

表8－2　　　　各订单的缓冲区大小　　　　单位　小时：分钟

	BB_i	BN_{i1}	RB_{i1}	BN_{i2}	SB_i
O_1	30：15	7：55	34：44	12：20	7：57
O_2	36：03	9：23	41：26	14：44	9：27
O_3	42：27	12：30	22：11	8：20	23：50
O_4	38：24	17：06	13：35	18：54	14：12

然后，将图8－3中的负荷堆积进行推平。推平过程如下：本例中瓶颈资源的两台设备的剩余产能相同，生产作业可在设备W_1或W_2上加工，本例选

择首先在 W_1 上加工。根据 EDD 原则，作业 O_{12} 完工最晚，因此将作业 O_{12} 在设备 W_1 上加工。接下来排作业 O_{22}，因为作业 O_{22} 完工最晚。此时设备 W_2 的负荷低于 W_1，根据推平原则 1，将作业 O_{22} 在 W_2 上加工。此时，设备 W_1 的负荷低于 W_2。在剩余的作业中，作业 O_{42} 完工最晚，因此，将作业 O_{42} 在设备 W_1 上加工。调整作业 O_{42} 的开工时间与完工时间，作业 O_{12} 的开工时间5 月14 日 11：43 为作业 O_{42} 的完工时间，用 O_{42} 的完工时间减去 O_{42} 在瓶颈资源上的加工时间长度得到作业 O_{42} 的开工时间为 5 月 13 日 16：04。

依次类推，得到瓶颈资源负荷推平后的结果，如图 8 –4 所示。

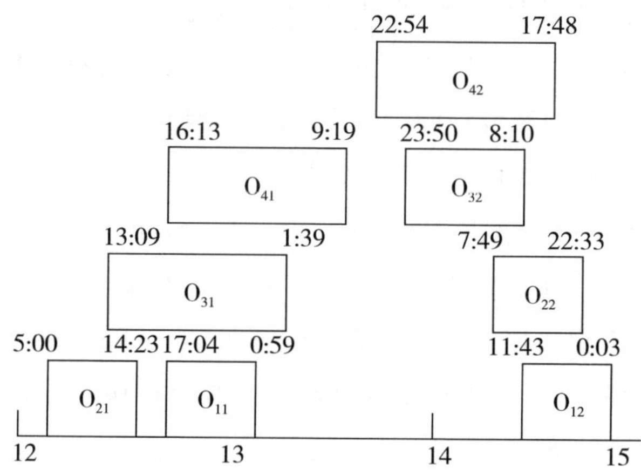

图 8 –3　瓶颈资源负荷堆积情况

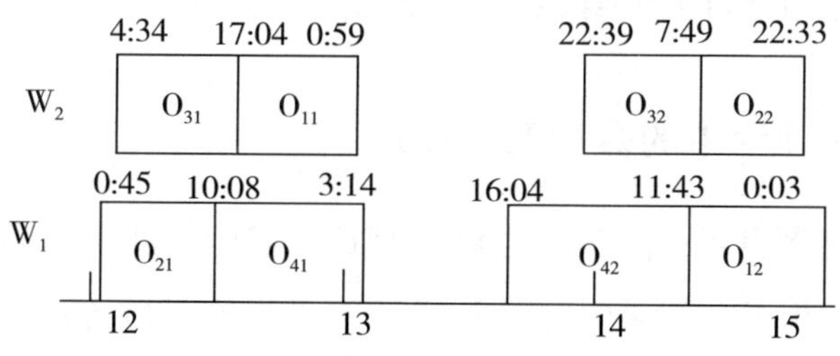

图 8 –4　瓶颈资源负荷推平后的结果

由于瓶颈资源上订单的最早加工时间晚于两台设备的最早可用时间，因此，将两台设备上安排的订单前排至 5 月 12 日 0：00，使生产安排合理化，负荷推平并调整后的结果如图 8 –5 所示。

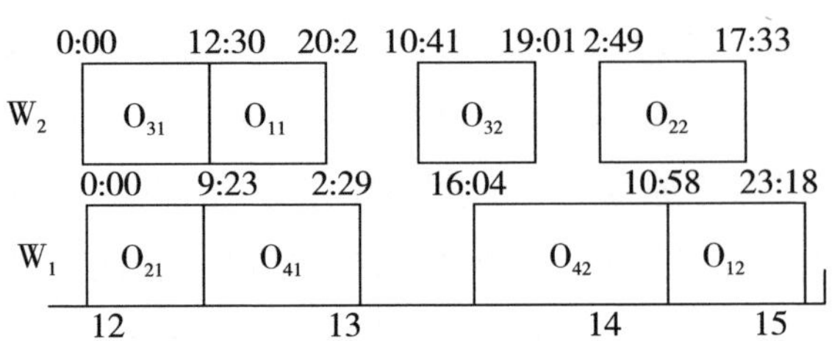

图 8－5　负荷推平并调整后的结果

最后计算四个订单的投料时间分别为 5 月 11 日 6：15、5 月 10 日11：57、5 月 10 日 5：33、5 月 10 日 18：59，出货计划分别为 5 月 15 日 3：26、5 月 15 日 3：00、5 月 14 日 18：51、5 月 15 日 1：10。

图 8－3 表示多个订单同时争夺瓶颈资源的情况，这种现象在企业中普遍存在。此时，若不考虑瓶颈资源的生产安排，会使整个生产系统混乱，在制品量增加，产出降低，并且无法满足交货期。

图 8－4 和图 8－5 是运用修正后的 DBR 理论将瓶颈资源负荷堆积推平并进行调整后的结果，在一定程度上保证了产品流的顺畅，使生产平稳运行。从出货计划的结果也可以看出，该方法保证了客户订单的按时交货。因此，采用修正后的 DBR 理论来进行半导体制造系统生产作业计划是可行的、有效的。

8.3　生产物流均衡下的缓冲时间长度确定

8.3.1　DBR 理论中的缓冲时间改进

上节中的算例表明，修正后的 DBR 理论能够较好适用于多重入的半导体复杂制造系统。但是，结果中的图 8－5 也显示出推平后的瓶颈资源仍存在较多的闲置时间，瓶颈资源没有得到最大化利用，说明不能简单采用 Wu et al 提供的缓冲区大小。由于缓冲区长度设置不合适，有待进一步改进。本章将结合 Little's Law 与约束理论，更精确地确定 DBR 理论中的缓冲时间长度。

1. 缓冲时间长度的改进

重入缓冲时间设置太长，在非瓶颈资源已加工完的在制品不能及时进入瓶颈资源加工，等待时间延长，导致生产周期长，存货增加，而且系统产出降低；重入缓冲时间设置太短，在规定的时间内，在制品无法完成在非瓶颈资源上的加工，导致瓶颈资源因缺货而等待，造成系统产出降低。

根据 Little's Law，系统的在制品库存（Work – in – Process，WIP）由产出（Throughput）和生产周期（Cycle time）共同决定。当系统产出固定时，在制品库存与生产周期成正比。为进一步说明问题，将生产周期分为固有周期（Intrinsic Cycle Time，ICT）和目标周期（Target Cycle Time，TCT）两种。固有周期是指当待加工的产品已知时，能够确定下来的所有时间之和，包括加工时间、调整准备时间和搬运时间。目标周期是指产品从投料进入工厂加工到加工完毕离开工厂的所有时间，它等于固有周期与在设备前的等待时间之和。当产出固定时，固有周期决定系统的安全库存，在制品等待时间决定系统的缓冲库存。

在传统的 MRPⅡ/ERP 中，为防止生产过程中的随机因素造成生产中断情况发生，通常在每道工序前设置一定量的缓冲库存。这种缓冲虽然可在某种程度上保证生产的连续性，但会延长生产周期（生产提前期）；在 JIT 系统中，系统在制品通过看板来控制，多余的在制品不允许出现在制造系统中，对每个设备前的在制品进行有效管理，缺点是大大降低了制造系统的弹性；而根据约束理论，只需在瓶颈资源前设置一定的缓冲，来保障瓶颈资源的连续生产，保证制造系统的物流顺畅，既减少了 MRPⅡ中缓冲设置的盲目性，缩短了生产周期，又能保证制造系统的弹性。

根据约束理论，非瓶颈资源产能富余，存在闲置时间，不需要分配缓冲库存。因此，非瓶颈资源的生产周期即为固有周期。对于瓶颈资源，要考虑在制品的等待时间，即设定一定的缓冲库存，使在制品比计划提前一段时间提交，以防止系统随机波动。因此，订单 i 在第 j 次进入瓶颈资源加工时的在制品库存为：

$$WIP_{ij} = TCT_{ij} \cdot TP \tag{8-4}$$

根据 Little's Law，对缓冲库存的分配，意味着对缓冲时间的分配。因此，将设备的在制品库存与单位在制品在设备上的加工时间相乘，即 $WIP_{ij} \cdot PT_{ij}$，可将缓冲库存转换为在瓶颈设备上需要加工时间的长度。

订单 i 的瓶颈缓冲为：

$$BB_i = \sum_{k=1}^{B(i)} ICT_{ik} + WIP_{i1} \cdot PT_{i1} \quad (8-5)$$

订单 i 的第 j 个重入缓冲为：

$$RB_{ij} = \sum_{k=1}^{R_j(i)} ICT_{ik} + WIP_{ij} \cdot PT_{ij} \quad (8-6)$$

订单 i 的出货缓冲为：

$$SB_i = \sum_{k=1}^{S(i)} ICT_{ik} \quad (8-7)$$

其中：

$$\sum_k ICT_{ik} = Q_i \cdot \sum_k PT_{ik} + \sum_k SU_{ik} \quad (8-8)$$

式（8－5）中第一项表示订单 i 的瓶颈缓冲区间内所有非瓶颈设备的固有周期总和，第二项表示订单 i 第一次进入瓶颈设备之前，瓶颈设备的在制品库存所需加工时间。式（8－6）中第一项表示订单 i 在第 j 个重入缓冲区间内所有非瓶颈设备的固有周期总和，第二项表示订单 i 第 j 次进入瓶颈设备之前，瓶颈设备的在制品库存所需加工时间。式（8－7）中第一项表示订单 i 的出货缓冲区间内所有非瓶颈设备的固有周期总和。

在重入缓冲中，当不考虑工件在瓶颈设备前的等待时间时，得到重入缓冲的最小值，即：

$$MRB_{ij} = \sum_{k=1}^{R_j(i)} ICT_{ik} + ICT_{ij} \cdot TP \cdot PT_{ij} \quad (8-9)$$

上述对三种缓冲大小的设置，充分考虑到当前系统产出以及各订单在瓶颈设备加工时间的差异。与 Wu 等对缓冲简单加倍的做法相比更严格、准确，能较合理地安排瓶颈设备生产，提高系统产出。

2. 瓶颈资源负荷堆积的推平

当瓶颈资源上的负荷形成堆积时，采用前面提出的推平原则。

3. 瓶颈资源闲置时间的改善

瓶颈资源决定着系统的产出，所以，瓶颈资源必须充分利用，尽可能增加产出。

尽管本章对各类缓冲的长度进行了准确定义，但重入缓冲的设置仍有可能过于宽裕，使瓶颈资源出现闲置，造成产能浪费。因此，本章在改进各类缓冲区长度（缓冲时间长度）的同时，还给出了重入缓冲的最小值。在瓶颈资源负荷推平后，将结合重入缓冲的最小值限制，观察瓶颈资源出现的闲置情况，以期减少甚至消除瓶颈资源的产能浪费。

负荷推平后，若瓶颈资源不存在闲置时间，则该瓶颈资源生产安排（生产节拍）为可行解；若存在闲置时间，需要进一步调整，来减少或消除瓶颈资源浪费。

图 8－6 表示负荷推平后瓶颈资源的闲置时间。与后推法一致，这时要从后往前搜索，找到第一个闲置时间 ΔT_1，判断闲置时间 ΔT_1 前的作业是否可以后移。首先考察靠近闲置时间 ΔT_1 的第一个作业 O_{31}，它是最后一次在瓶颈资源上加工，可直接后移 ΔT_1 个时间单位，见图 8－7。再考察作业 O_{12}，它不是最后一次在瓶颈资源上加工。因此，结合重入缓冲的最小值（MRB_{ij}）限制，判断其前后两个作业 O_{22} 和 O_{31} 的作业间隔（重入缓冲）减去闲置时间 ΔT_1 后，是否大于重入缓冲的最小值。若大于重入缓冲的最小值，则可以后移 ΔT_1 个时间单位。反之，只能后移（$S_{ij+1} - F_{ij} - MRB_{ij}$）个时间单位。按上述方法，依次考察所有在瓶颈资源前等待加工的作业。

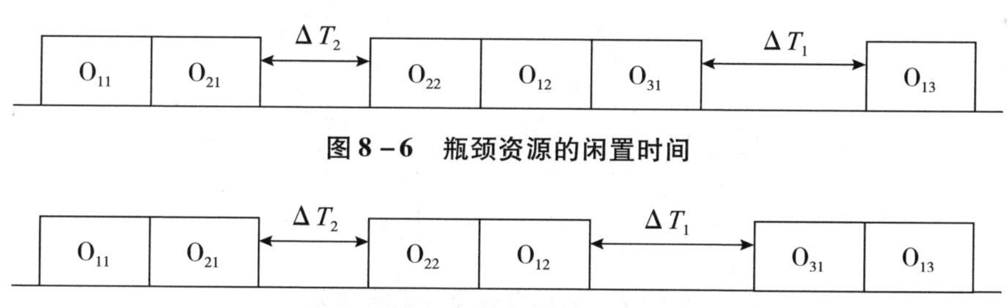

图 8－6　瓶颈资源的闲置时间

图 8－7　作业 O_{31} 后移 ΔT_1 个时间单位后的情况

4. 算例应用

为说明本研究的改进效果，以上节算例为基础，与 Wu 等提供的缓冲时间长度的实施结果进行比较。

半导体厂全天 24 小时生产，系统平均产出为 0.01 片/分钟。三种产品 A、B、C 的加工时间及调整准备时间如表 8－1 所示，忽略产品的搬运时间。三种产品平均每片在瓶颈设备处的等待时间分别为 12 分钟、20 分钟、15 分钟。

首先计算各加工中心负荷，确认加工中心 M_4 为系统瓶颈。根据给出的各缓冲区公式，计算四个订单的各个缓冲区长度，如表 8－3 所示。根据缓冲区长度，可以得到各订单在瓶颈资源上的初始安排。瓶颈资源负荷堆积情况如图 8－8 所示。然后对瓶颈资源的负荷堆积进行推平，并结合最小重入缓冲值来调整各订单的加工顺序，以减少闲置时间，最后得到各订单在瓶颈资源上的生产安排。负荷推平并调整后的结果如图 8－9 所示。

表 8－3　　四个订单的缓冲区长度　　单位　小时：分钟

	BB_i	BN_{i1}	RB_{i1}	MRB_{i1}	BN_{i2}	SB_i
O_1	25：29	7：55	32：56	31：30	12：20	5：18
O_2	30：23	9：23	39：18	37：34	14：44	6：18
O_3	39：12	12：30	19：21	17：45	8：20	15：53
O_4	34：27	17：06	13：43	11：52	18：54	9：28

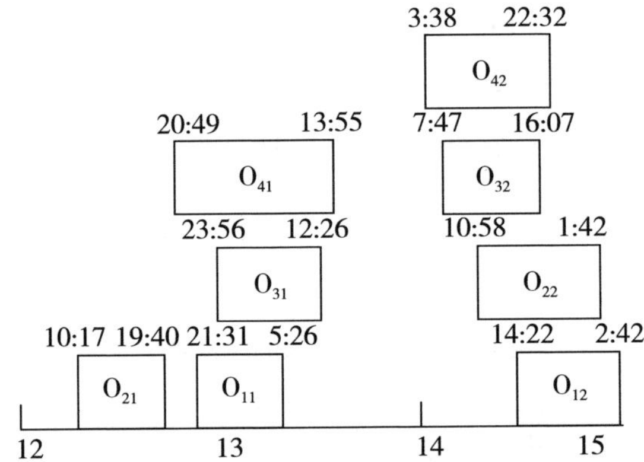

图 8－8　瓶颈资源负荷堆积情况

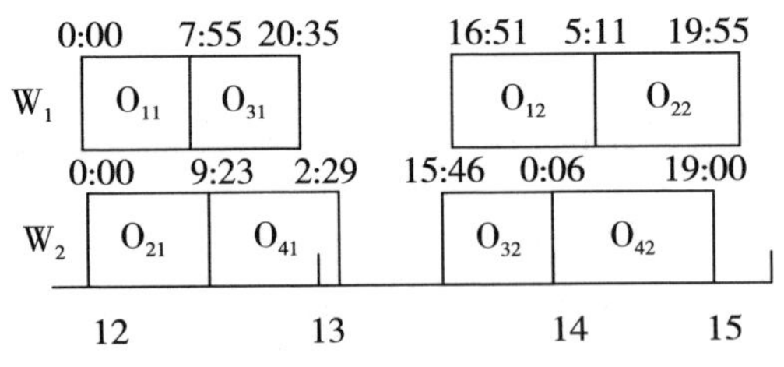

图 8－9　负荷推平并调整后的结果

根据各订单在瓶颈资源上的安排以及相应的瓶颈缓冲，得到各订单的投料安排：$O_1$5 月 10 日 22：31；$O_2$5 月 10 日 17：37；$O_3$5 月 10 日 16：43；O_4 5 月10 日 22：56。根据各订单在瓶颈资源上的安排以及相应的出货缓冲可得到各订单的出货计划：$O_1$5 月 14 日 10：29；$O_2$5 月 15 日 2：14；$O_3$5 月 14 日 15：59；$O_4$5 月 15 日 4：28。

与 Wu 等提出的方法比较，改进后的瓶颈资源安排可使瓶颈资源 M_4的利用率从原来的 73.69% 提高到 75.13%，提高 1.44%，这对于半导体制造厂来说是极大的利润空间。

8.3.2　基于仿真技术的缓冲时间长度动态确定

上节中对 DBR 理论的缓冲区大小（Buffer Size）进行了一些改进。从案例来看，效果也比较好。但是，瓶颈资源的闲置时间仍较多，存在较大的产能浪费，而且在缓冲区长度确定过程中，需要一些历史数据，如系统平均产出、产品平均等待时间等。由于多重入半导体制造系统的复杂性、动态多变性，采用上节中的方法仍无法及时反映系统当前状况。当生产环境发生重大异常变化时，容易造成瓶颈生产安排、订单投料安排与实际生产脱节，给生产控制带来困难，严重影响企业绩效。

随着计算机软、硬件的快速发展，仿真技术越来越多地被应用于生产制造方面，辅助企业做好生产管理工作。本节将借助仿真技术来确定缓冲时间长度，使其能够随着制造系统情况变化而动态调整。

1. 基于 DBR 理论采用仿真技术动态确定缓冲时间长度的基本流程

DBR 理论以生产系统的瓶颈为管理重心。当生产系统中的重大不确定性变异引起系统瓶颈漂移时，生产物流均衡会受到破坏，原来制订的作业计划就无法有效实施，生产调度也无法保证绩效目标的实现。此时，需要通过仿真重新确定缓冲区大小，进而修正作业计划。因此，只有在发生重大异常情况（如设备宕机、客户紧急插单等）并引起系统绩效下降时，才需要重新确定缓冲区大小。

基于 DBR 理论采用仿真技术动态确定缓冲时间长度的基本流程如图 8 -10所示。

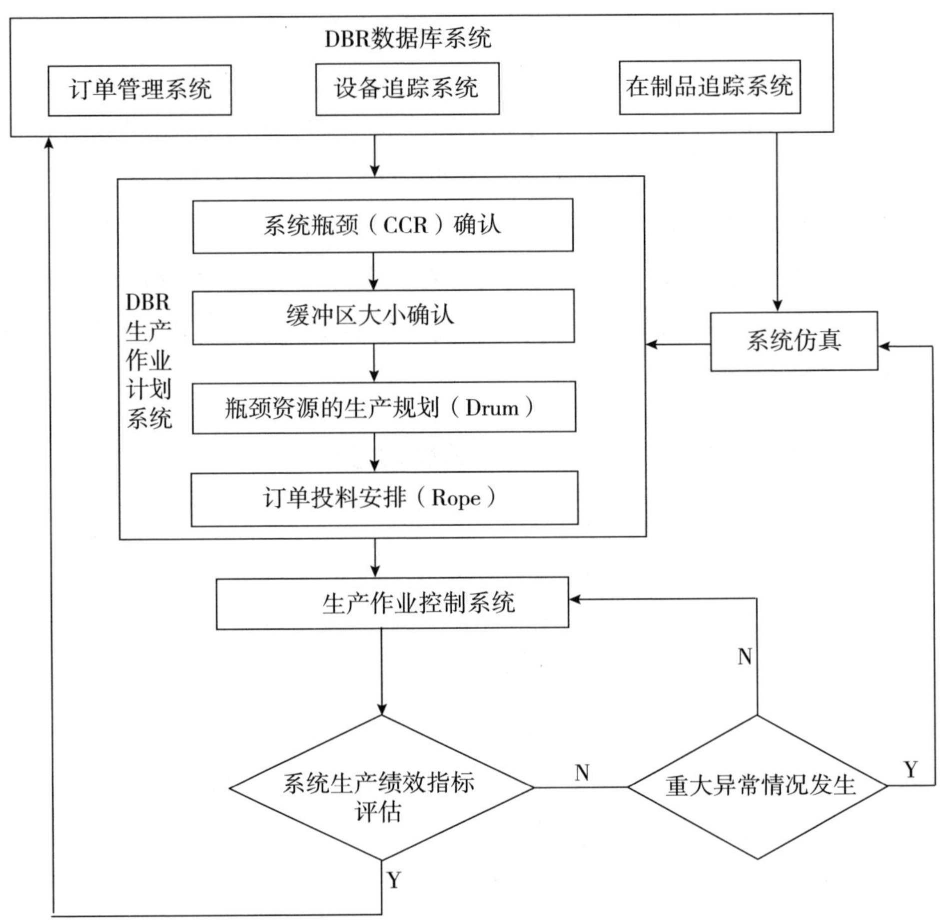

图 8－10　基于 DBR 理论采用仿真技术动态确定缓冲时间长度的基本流程

首先，根据客户订单、在制品库存以及设备剩余产能情况，确认系统瓶颈。由于设备故障、客户插单或撤单等异常情况，系统瓶颈有可能漂移，因此要对系统瓶颈进行动态确认。考虑到系统的当前情况以及对设备故障与维护等不确定因素的预期，采用仿真技术来确定缓冲区大小。这样可以根据系统情况及时调整缓冲区大小，减少生产控制的难度。

其次，根据各订单交期和缓冲区的大小，推导出瓶颈资源的生产规划和订单投料安排。

最后，通过生产控制得到系统的各项绩效数据。将系统当前绩效与制定的生产绩效指标相比较，如果在可接受的范围内，则继续当前的作业规划与调度。否则，判断系统是否有重大异常情况发生。若没有重大异常情况发生，则可能现场控制方面存在问题，需要加强现场控制；若有重大异常情况发生，需要对原有缓冲区大小进行调整，采用仿真技术校正缓冲区大小。

2. 缓冲时间长度的确定方法

在 DBR 理论中，缓冲区的设置可保证瓶颈设备连续生产，使物流顺畅，有效缓解生产系统受异常情况的影响。在实践中，需要对缓冲区的大小进行合理设置。否则，如前所述，缓冲区设置太大，在非瓶颈设备已加工完的工件不能及时进入瓶颈设备加工，等待时间延长，导致生产周期延长，存货增加；缓冲区设置太小，在预定时间内，工件无法完成在非瓶颈设备上的加工，导致瓶颈设备因缺货而等待，造成系统产出降低。

由于各类企业的生产特点以及系统实际情况的不断变化，缓冲区的大小是动态变化的。例如，同一企业生产情况不变时，不同产品类型的订单多寡会影响系统缓冲区的大小。订单增多时，系统缓冲区会变大；反之，系统缓冲区变小。因此，本章借助仿真实验来动态确定系统缓冲区大小，将系统当前生产状况及对未来设备故障等情况的预期进行仿真，得到系统当前最佳缓冲区的大小。

利用 Tu 和 Li 两位学者给出了生产周期、在制品库存及系统产出三者的关系图（见图 8－11），采用仿真技术得到系统达到最大产出值 M 时所对应的在制品库存 Q。同时，由于生产周期标准差（Deviation of Cycle Time，DCT）可表征系统异常的波动情况，我们采用生产周期标准差与平均生产周期（Mean

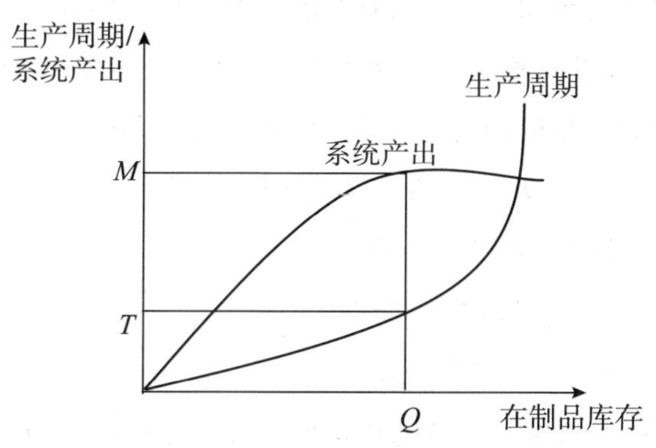

图 8－11　生产周期、在制品库存及系统产出的关系

Cycle Time，MCT）的比值来表示生产系统异常波动的比例。因此，生产系统合理的在制品库存（Inventory，IV）由下式得到：

$$IV = Q\left(1 + \frac{DCT}{MCT}\right) \tag{8-10}$$

与传统的生产控制方法不同，DBR 理论中的缓冲（Buffer）是以在制品在瓶颈上所耗费的总时间来表示，而不是以数量表示。因此，在制品库存与单位在制品在设备上的平均加工时间（ $\overline{PT}$ ）相乘，就可得到系统缓冲区的大小。因此，系统缓冲区（ TB ）大小为：

$$TB = IV \cdot \overline{PT} \tag{8-11}$$

3. 仿真验证

为验证以上所提出的基于 DBR 理论采用仿真技术动态确定缓冲时间长度的必要性，可以考察当生产环境因素变化时半导体制造系统的各主要绩效随着缓冲时间长度的不同而变化的情况。主要的生产绩效指标分别为系统在制品（WIP）、准时交货率（On - time Delivery，OTD）、平均生产周期（Mean Cycle Time，MCT）。本章以客户订单变化，即产品组合变化，作为生产过程中的不确定因素，暂时不考虑设备故障等不确定因素。首先，还是以 Mini - Fab 模型为研究对象，建立半导体制造系统仿真模型（该模型的具体描述见后面章节）。不同之处在于，各产品的投料量比传统的 Mini - Fab 模型要多，以体现产品组合变化时对生产绩效的影响。仿真模型中的缓冲区大小用缓冲倍数来表示，即缓冲区为理论生产周期的倍数。当产品总量相同而产品组合变化时，在不同产品组合情况下，通过改变缓冲倍数的大小来比较各生产绩效指标，以反映缓冲区长度对整个生产物流系统的影响。另外，现场的调度策略采用 FIFO 法则。假设订单的到达服从正态分布，订单 i 的交期由下式决定：

$$DD_i = R_i + CT_i \cdot U(30,35) \tag{8-12}$$

其中，R_i ——订单 i 的投料时间；

CT_i ——订单 i 的生产周期；

$U(30,35)$ ——正态分布。

整个仿真时间为两年。本章随机选取 1∶1∶1、4∶2∶1 和 2∶6∶1 三种产品组合，仿真结果如表 8 -4、表 8 -5、表 8 -6 所示。

表 8 –4　　产品组合为 1:1:1 时缓冲区长度对生产绩效指标的影响

缓冲倍数	WIP（lots）	OTD（%）	MCT（分钟）
1. 5	234	75. 58	61701
2. 0	244	71. 68	64368
2. 5	244	74. 83	63007
3. 0	255	73. 22	64925
3. 5	240	74. 59	61489

表 8 –5　　产品组合为 4:2:1 时缓冲区长度对生产绩效指标的影响

缓冲倍数	WIP（lots）	OTD（%）	MCT（分钟）
1. 5	287	74. 12	86886
2. 0	289	74. 13	87670
2. 5	276	75. 23	82346
3. 0	294	74. 38	86523
3. 5	278	69. 44	86587

表 8 –6　　产品组合为 2:6:1 时缓冲区长度对生产绩效指标的影响

缓冲倍数	WIP（lots）	OTD（%）	MCT（分钟）
1. 5	322	71. 3	87812
2. 0	310	72. 87	84145
2. 5	334	71. 70	86660
3. 0	325	71. 89	88111
3. 5	335	69. 30	88418

注：1 个 Lot 为 25 片晶圆。

由表 8 –4、表 8 –5 和表 8 –6 可以看出，当产品组合为 1:1:1 时，与其他缓冲区长度相比，当缓冲倍数为 1. 5 时，半导体制造系统的三个主要生产绩效指标均能达到较满意的效果；当产品组合为 4:2:1 时，在缓冲倍数为 2. 5 的情况下，三个主要生产绩效指标均能达到较满意的效果；当产品组合为 2:6:1 时，缓冲倍数为 2. 0 的情况下，三个主要生产绩效指标均能达到较满意的效果。因此，必须根据生产物流系统的实际生产的变化情况来动态确定缓冲区长度。只有这样，才能兼顾多个生产绩效指标，提高半导体厂的整体绩效。

8.3.3 生产物流均衡下的瓶颈资源优化方法

一般来说，一段时间内半导体厂可能会接十几个订单，这是很正常的情况。生产物流系统上经常存在多个订单同时争夺瓶颈资源，在瓶颈资源处形成堆积而无法有效生产。本章的前面章节提出采用 EDD 及 CR 法则安排瓶颈资源生产。但是简单的启发式算法无法保证瓶颈资源生产安排达到最优，而且当订单增多时，采用启发式算法排程，操作比较困难；另外，简单的启发式算法也无法满足多目标瓶颈资源生产的要求。本章采用禁忌搜索算法对瓶颈资源的生产安排进行优化，以解决上述方法存在的不足。

1. 基于禁忌搜索算法的生产物流系统瓶颈资源优化

禁忌搜索作为一种人工智能算法，是局部搜索算法的扩展。与模拟退火算法相比，通过禁忌列表记录最近已搜索过的解，能避免无谓的重复搜索，同时能接受比目前最优解差的解，以跳出局部最优。

在初始解方面，以采用 EDD 法则得到的订单在瓶颈资源上的加工顺序，作为禁忌搜索的初始解。将瓶颈作业的目标函数作为禁忌搜索的评价函数。采用两两交换法确定禁忌搜索的近邻解，由于涉及多重入问题，同一产品的加工顺序不能改变。对于禁忌列表的长度采用 Glover 的建议，定义为 7。当禁忌列表中的一个解优于目前搜索到的解时，为了能达到迅速求解的目的，要将该解特赦出来。当迭代次数达到 500 次时，结束运算。具体步骤如下所示。

Step1 根据前面提供的公式，结合式（8 - 6）、式（8 - 7）计算各订单在瓶颈资源上的作业安排。

Step2 采用禁忌搜索算法优化瓶颈作业安排。

Step2. 1 采用 EDD 法则将瓶颈负荷堆积推平，获得的瓶颈作业安排作为初始解，计算初始目标值。

Step2. 2 将不同订单的瓶颈作业两两交换，获得近邻解。交换后要保证同一订单的几个瓶颈作业的前后顺序保持不变。同时，同一订单相邻瓶颈作业的时间间隔要大于给定的回流缓冲最小值。

Step2. 3 瓶颈作业安排的合理化调整：若瓶颈资源不存在闲置时间，则该生产安排为可行解；若存在闲置时间，就要设法消除或减少。

Step2. 3. 1 从后往前搜索，找到第一个闲置时间 ΔT_1，判断闲置时间 ΔT_1 前的作业是否可以后移。首先判断该作业是否为最后一次在瓶颈资源上加工，若是则可直接后移 ΔT_1；若不是最后一次在瓶颈资源上加工，说明存在多次回流，需要结合回流缓冲的最小值限制，判断其前后两项作业的作业间隔（回流缓冲 RB_{ij}）是否大于回流缓冲的最小值。若大于回流缓冲的最小值（MRB_{ij}），则可以后移（$RB_{ij} - MRB_{ij}$）个时间单位。反之，不能后移。

Step2. 3. 2 按上述方法，依次考察瓶颈资源上的所有闲置时间。

Step2. 4 将经过合理化调整后得到的瓶颈作业安排结合瓶颈资源实际最早可用时间进一步调整，得到各订单的实际瓶颈作业安排，计算该近邻解（目标函数值）。

Step2. 5 判断近邻解是否在禁忌列表中，若在禁忌列表中，判断其是否符合特赦规则；若不在禁忌列表中，判断该解是否优于目前最优解。

Step2. 6 更新最优解与禁忌列表。

Step2. 7 若满足结束条件，停止运算；否则返回 Step2. 2 继续运算。

Step3 根据各订单在瓶颈资源上的最优作业安排，结合式（8－7），计算各订单的出货时间。

Step4 根据各订单在瓶颈资源上的最优作业安排，结合式（8－5），计算各订单的投料时间。

2. 优化结果比较

为说明研究的有效性，以前面的算例为基础进行比较。其中，三种产品 A、B、C 的加工顺序、加工时间及设备调整准备时间参见上节，忽略产品搬运时间。系统平均产出为 0. 01 片/分钟。三种产品平均每片在瓶颈资源处的等待时间分别为 12 分钟、20 分钟、15 分钟。

图 8－12 为负荷推平前的瓶颈资源负荷堆积状况，图 8－13 为上节的瓶颈作业安排结果。采用本章提出的缓冲区长度的计算方法，结合前面给出的 EDD 法则得到瓶颈作业的初始安排（见图 8－14）。进一步结合禁忌搜索算法进行瓶颈作业安排的优化求解，结果如图 8－15 所示。

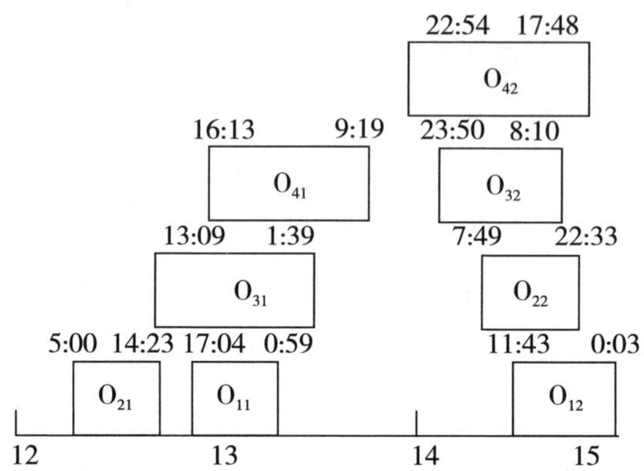

图 8－12　瓶颈资源负荷堆积情况

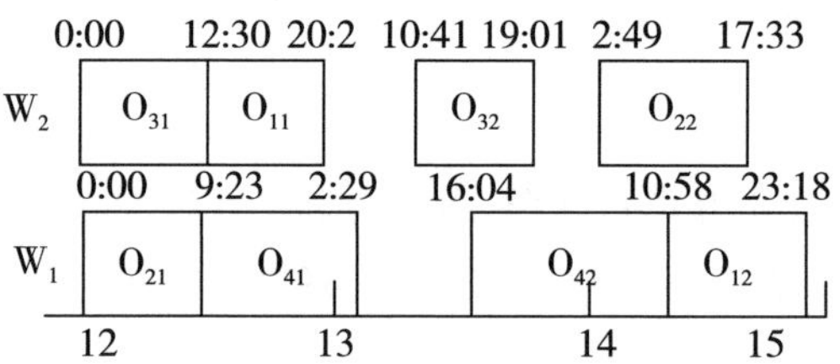

图 8－13　上节的瓶颈作业安排

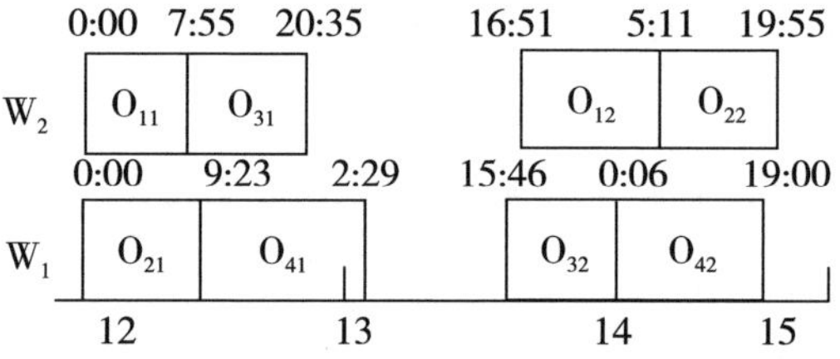

图 8－14　本研究瓶颈作业的初始安排

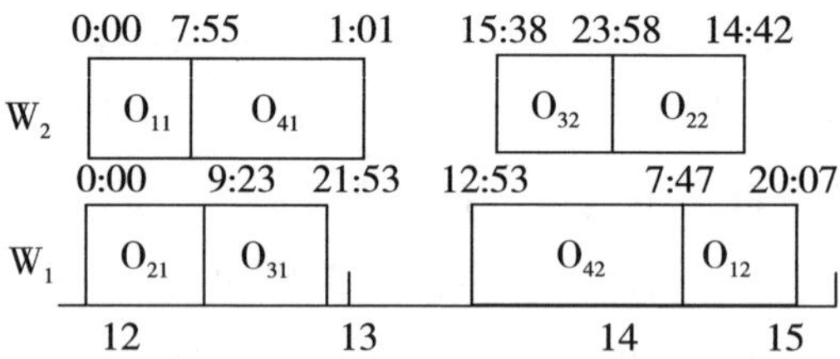

图 8－15　瓶颈作业最优安排

由图 8 – 13、图 8 – 14 和图 8 – 15 可以看出，4 个订单均没有发生延误；而通过计算瓶颈资源利用率可以发现，瓶颈资源利用率分别为 73.69%、75.13% 和 77.36%，说明提出的缓冲区长度改进方法是有效的，采用禁忌优化算法得到的瓶颈作业安排优于启发式算法得到的结果。瓶颈资源利用率的提高，对于设备成本占很大比例（约 70%）的半导体厂来说意义重大。

9 生产物流均衡下的投料策略优化

9.1 传统投料问题分析

9.1.1 传统投料策略

DBR 理论要求严格根据已制定的投料时间（Rope）进行投料。这种投料方式是静态的，可能会使实际库存过高，生产物流系统不均衡，在一定程度上不利于缩短生产周期。对于在生产现场出现的“空洞”（Hole），DBR 理论采用缓冲管理方法（Buffer Management Method，BMM）。但是，具有多重入特征的半导体生产物流系统由于存在众多品种的在制品，BMM 实施困难。因此，需要辅之以生产物流系统的生产变动决定投料时间的投料策略。

离散型企业的生产物流系统比较复杂，很容易造成设备前的在制品（或负荷）分布不均，导致堆/缺料现象。对于生产物流系统的负荷调整，作业计划（或静态投料计划）只能起到辅助调节作用，以便在决策阶段预先进行控制，而对负荷调整真正起主要作用的是投料控制与现场调度控制。

投料控制是企业进行有效生产控制的关键一环。通过合理安排投料时间、投料量以及产品类型的投料顺序，可以调整系统产能与加工负荷之间的关系，保持产能与负荷之间的相对均衡，减少现场调度的难度，有利于企业生产绩效指标的顺利实现。面对动态、复杂的离散型生产物流系统，简单地采用 Rope 方法投料无法及时根据现场状况调整负荷。因此，需要研究根据生产物流系统实际状况动态投料的控制方式，即动态投料策略，而上一章所研究的方法只能用来辅助控制各订单的投料时间。采用动态投料策略的优点之一是能够最小化生产过程中随机事件的影响，根据现场状况的变化及时调整投料量、投料时间以及投料品种。

已经有许多学者提出了一些投料策略，如避免饥饿法（SA）、固定在制品法（CONWIP）、负荷调节法（WR）等。这些投料策略的效果也早已为众多学者所研究（Wein，1988；Lou et al.，1989；Glassey et al.，1988），他们认为诸如避免瓶颈设备饥饿或保持固定的 WIP 等方法，在生产周期以及产出方面均比简单的调度策略效果要好。研究结果还表明，根据生产物流系统状况来动态决定投料时间和投料量的方式比静态投料方法要好得多（Russ et al.，2003）。

在以前的研究中，多数学者将能否缩短生产周期或提高产出水平作为评估控制策略有效性的关键指标。事实上，越来越多的企业在努力将均衡在制品物流（Work – In – Process flow）作为有效控制的指标。根据这一情况，Shen and Leachman（2003）提出了一个均衡在制品的概念，要求尽可能将实际在制品水平控制在设定的目标附近，将均衡在制品物流作为半导体厂有效的控制策略。在制品的数量能提供制造系统的生产弹性，来应付紧急订单或设备宕机等不确定因素。一定的在制品能够维持生产物流均衡，保证系统的整体产出。设备前的在制品分布不均匀时，即生产物流不均衡，会造成堆料或缺料现象，不仅增加调度难度，还影响企业绩效。同时，多余的在制品会使大量资金沉积，周转困难。因此，尽可能使在制品分布均匀，这样可以减少堆积料或缺料现象，有效避免瓶颈漂移。若瓶颈漂移现象频繁，会造成生产计划与生产绩效指标无法实现，使生产调度困难。本章着眼于生产物流均衡，将瓶颈资源作为控制重点，从在制品负荷角度研究动态投料策略，目标是保持生产物流系统负荷的动态均衡。

9.1.2 投料策略中的负荷问题

对于生产物流系统中的负荷问题，在工程界与理论界存在两种看法与用法。一种是以系统的在制品量来表示；另一种用在制品在设备上需要的总加工时间来衡量。第一种表示方法比较简单、直接，在实践中应用也较广泛。但是，它没有充分考虑不同产品间加工时间的差异，用来衡量生产物流系统负荷或设备负荷不够准确。例如，表 9 – 1 和表 9 – 2 分别表示三种产品在同一设备前的加工数量与加工时间。比较这两个表可以知道，由于不同产品的加工时间不同，当产品组合变化时，即使设备前的在制品量相同，设备的加工负荷也不会相等甚至相差会很大。这一点在半导体制造厂尤为明显，因为半导体制造厂的生产物流系统上同时加工的产品种类很多，而不同产品间的加工时间彼此相差较大。即使是同一类型产品，在同一设备上，由于所处的加工阶段不同，加工时间也存在较大差异。此时若简单地以在制品量来表示设备（或生产物流系统）的负荷就会很不准确，影响生产控制的效果。因此，本章在讨论生产物流系统（或设备）负荷时若不特别声明，一般采用第二种表达方法，即用加工时间（或时间 WIP）来表示。

表 9－1　　同一设备前各产品的加工信息之一

	产品 A	产品 B	产品 C	总计
加工数量（个）	20	20	20	60
加工时间（分钟）	10	20	15	900

表 9－2　　同一设备前各产品的加工信息之二

	产品 A	产品 B	产品 C	总计
加工数量（个）	10	40	10	60
加工时间（分钟）	10	20	15	1050

此外，不同时期、不同设备的宕机维修时间长短不同，对生产周期等制造特性的影响也不同。考虑到设备的宕机维修情况，在计算负荷时采用下式：

$$L_m = \begin{cases} \sum_{i=1}^{n} WIP_i \cdot PT_i & \text{设备 } m \text{ 没有发生宕机故障时} \\ \sum_{i=1}^{n} WIP_i \cdot PT_i + MTTR_m & \text{设备 } m \text{ 发生宕机故障时} \end{cases}$$

其中，L_m表示设备 m 的加工负荷，WIP_i表示产品 i 在设备 m 上的在制品量，PT_i表示单位产品 i 的加工时间，$MTTR_m$表示设备 m 的宕机维修时间。

9.1.3　传统的动态投料策略优缺点分析

动态投料策略是指根据生产物流系统状况实时决定具体的投料时间、投料量以及投料品种的控制方式，其控制思想是调整生产物流系统负荷，使动态变化的产能与负荷达到供需间的均衡。需要注意的是，本章涉及的投料量是指所投入的产品的总加工时间，其单位为时间单位。

本章仍以半导体制造厂生产物流为研究对象，半导体制造厂的生产绩效指标不同，动态投料策略考虑的因素也会不同，但在投料决策上均以现场在制品（数量或加工时间）的多少作为投料依据。经分析研究，本章将主要动态投料策略各自的优缺点进行归纳，如表 9－3 所示。

表 9－3　　动态投料策略优缺点分析

策略	WIP 特点	WIP 范围	优点	缺点
JIT	看板数	从投料到瓶颈设备间的第一层空看板数来衡量	采用先进的拉式生产方式来控制生产，有利于降低现场在制品量	由于半导体制造的多重入特性，重入次数不同，看板数也不同，仅控制第一层的空看板数无法对生产物流系统进行有效控制
TB	在制品量	根据处于第一、第二阶段间的 WIP 阈值以及第一加工步骤的需求剩余阈值，来综合决定是否投料	能兼顾产能与负荷两个方面，符合投料思想，有利于生产物流系统平稳	需要控制的阈值太多，可操作性不强
OS	在制品量	比较第一、第二阶段间的在制品量与设定的在制品	控制参数少，可操作性强	只考虑生产物流系统的负荷，无法兼顾产出，不利于生产计划的实现
FW	在制品量	系统总的在制品量	理论上既考虑了总负荷，又考虑了系统产出，投料量等于产出量	系统总负荷的稳定不能反映生产物流系统的负荷分布情况。不太适合复杂的多重入制造环境
SA	在制品量	瓶颈设备的在制品量	该投料原则是用来保证瓶颈设备的产出，避免饥饿现象发生。操作方式简捷、有效	只能直接用于单一产品的半导体制造厂

续 表

策略	WIP 特点	WIP 范围	优点	缺点
WR	在制品加工时间	瓶颈设备的在制品量	符合约束理论，将投料控制重点放在瓶颈设备上。用时间负荷计算瓶颈设备的负荷更准确	假定系统瓶颈是静态的、已知的，对整体生产物流系统状况考虑较少，不利于生产长期稳定发展

从表 9－3 的分析可以看出，以前对具有多重入制造特性的半导体生产动态投料策略的研究大多试图通过控制某个阶段或某一范围内的在制品（数量或时间），来进行投料与否的决策，并在一定程度上使某阶段或设备的负荷保持稳定。而且，多数投料策略仅考虑了系统的局部信息（如瓶颈设备负荷），无法有效地控制整个半导体生产物流系统的负荷水平。即使是以系统总负荷作为投料决策依据的 FW 策略，也无法对整个系统的负荷情况进行有效控制，如表 9－4 所示，两种情况下的系统总负荷相等，但负荷分配状况相差很大，前者实现了负荷均衡，后者的负荷分配则很不均匀。另外，对半导体制造系统投料策略的研究主要集中在 20 世纪 80 年代，随着工艺技术的发展，产品集成度大幅提高，重入次数不断增加，制造复杂性也大大提高，简单考虑系统局部信息的投料策略越来越无法满足实际生产的要求。因此，在前人研究成果的基础上，从整个生产物流系统角度出发，研究既能满足计划产出要求，又能使半导体生产物流系统保持相对负荷平稳的全局性动态投料策略，具有一定的理论创新和实用价值。

表 9－4　　两种系统负荷分配状况　　单位：小时

	M_1	M_2	M_3	总负荷
L_1	300	300	300	900
L_2	0	0	900	900

9.2 企业生产物流均衡的动态投料策略

9.2.1 企业制造系统全局信息的确定

全局信息是相对于局部信息而言的，它能相对涵盖整个生产物流系统的主要信息，具有较强的代表性。执行投料策略的主要依据是生产物流系统负荷状况的变化情况。完整地表达整个生产物流系统的负荷，既不现实，又不实用。本章将选取对生产物流系统负荷影响较大的几个部分（如瓶颈区域、次瓶颈区域）来控制整个生产物流系统的负荷。实际上，如果我们在某个时间点观察整个半导体生产物流系统，会发现在几百个加工步骤中仅有数十个步骤存在一定量的在制品。因此，这种控制方案是可行的、有效的。

在实际生产中，由于黄光区设备昂贵且工艺复杂，多数半导体厂将黄光区作为长期的静态瓶颈加以管理（Lee et al.，2002；Madhav R K，2001）。生产实践与理论研究结果都表明，黄光区工作站（Photolithography Workstation）的投料与调度策略都比其他工作站更重要（Kim et al.，1998）。在半导体厂，黄光区的在制品量占整个半导体厂的30%～40%，对于控制与调整生产物流系统负荷起到关键作用，对于整个生产物流的均衡也至关重要。因此，本章将黄光区作为瓶颈区域加以控制，在投料决策时重点加以考虑。

另外，在半导体厂，瓶颈现象突出，瓶颈漂移频繁，远远超出传统的Job－shop与Flow－shop生产类型。频繁的瓶颈漂移对半导体生产的负面影响很大，不仅使复杂的现场调度更加困难，而且使制订的生产计划难以实现，企业难以完成各项生产绩效指标。然而，仅仅控制系统瓶颈无法有效地控制瓶颈漂移，仅次于瓶颈设备的次瓶颈设备（Sub－bottleneck，SBN）对控制瓶颈漂移、稳定系统负荷也起到很重要的作用。例如，图9－1所示的各工作站的在制品水平，M_4代表瓶颈设备，M_2为次瓶颈设备，此时M_4的在制品水平偏低，有缺料危险，这种现象在半导体制造过程中经常出现。若根据SA或WR法则，会直接投料。但是，从图中可以看出，次瓶颈设备M_2的在制品库存很高，若直接投料，有可能进一步加重M_2的工作负荷，造成瓶颈漂移，M_2成为系统新的瓶颈。此时，需要对 M_2 上的作业加以有效控制，这样既可以避免瓶颈漂移，又能避免瓶颈设备缺料现象的发生。因此，次瓶颈区域也左右着系统绩效的发挥，在投料决策时需要着重加以考虑。在半导体厂，炉管区（Furnace Area）的加工时间与调整准备时间均较长，是长期制约半导体厂正常生产的重要因素之一。离子注入区（Ion Implantation Area）的加工时间虽然很短，但调整准备时间需要几分钟至数小时不等，也是半导体厂重点管理的区域之一。工程界与理论界有时也将这两个加工区作为重要区域甚至瓶颈区域加以研究（Akçali et al.，2000；Duwayri，2001）。因此，本章将炉管区与离子注入区作为次瓶颈区域，在投料决策时作为重点考虑的因素之一。

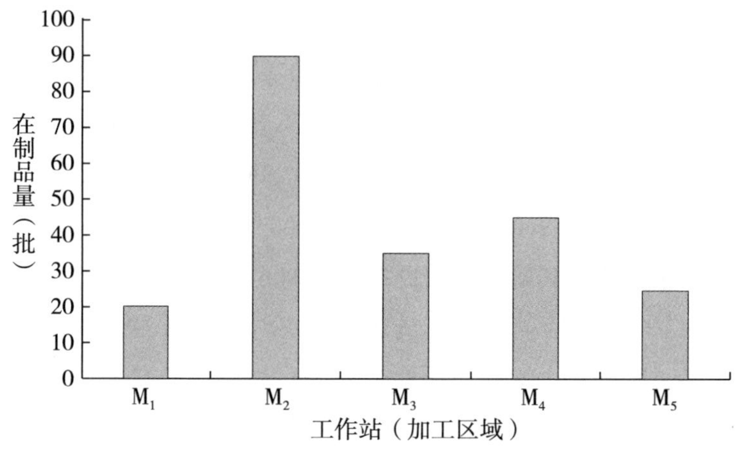

图 9－1　关键性设备的作用示意

综上所述，为有效控制整个半导体生产物流系统的负荷，本章将传统的约束理论进行扩展，在着眼于瓶颈区域的同时，重视次瓶颈区域对系统的影响，同时对系统的瓶颈区域和次瓶颈区域加以控制，即在半导体制造系统的研究中，将黄光区作为瓶颈区域，炉管区与离子注入区作为次瓶颈区域。其中，在每层的加工过程中，炉管区的加工步骤在黄光区之前，离子注入区的加工步骤在黄光区之后。利用瓶颈区域以及次瓶颈区域的产出与在制品信息来决定是否投料及投料量，以达到维持生产物流系统动态均衡的目的。

9.2.2 生产物流系统动态投料策略思想

1. 负荷均衡投料策略（RRLB）及思想

一般来说，投料的目的是为保持制造系统的产能与加工负荷之间的相对均衡，在充分利用产能的同时保证计划产出量。投料决策时，需要考虑两方面因素：产出计划（或目标）以及在制品水平。

理论上，如果实际在制品与理论在制品（目标在制品或标准在制品）的分布保持一致，则半导体制造系统会有一个稳定的产出率和最小的在制品水平，能实现较好的系统绩效（Pai et al.，2004）。如何通过投料决策实现生产系统的在制品（或负荷）均衡呢？Bechte（1988）提出的面向负荷的生产控制（Load Oriented Manufacturing Control，LOMC），采用设定各加工区域的负荷阈值来控制各加工区的负荷水平，这是一种有效的投料策略控制方法（Lu et al.，1994）。本章的投料策略也借鉴LOMC思想，但只对主要加工区域的负荷进行控制，使其简捷、实用。另外，本章还充分考虑加工区域的产出情况，将两方面结合来控制生产物流系统负荷（或在制品），实现生产物流的动态均衡。为叙述方便，将该策略简称为负荷均衡投料策略（Release Rule for Load Balancing，RRLB）。

RRLB的主要控制思想是：结合各主要控制区域的产出以及负荷水平，决定合理的投料量、投料时间以及各加工区域的产出量，目标是控制生产物流系统的负荷在限定的范围内波动，以维持整个生产物流系统的长期相对平稳。假设某加工厂有5个加工区域，加工顺序依次为1→2→3→4→5。在一段时期内，系统每日的目标产出是一个固定值，设为W；另设投料量为S。为维持在制品水平均衡，各加工区域每日的加工任务（产出量）m_i为变量。根据生产物流均衡的思想：系统投料量S由目标产出及第一加工区域的在制品情况决定，以便使投入系统的负荷在满足计划产出的同时不会引起第一加工区域的在制品有大的波动；对于加工区域M_i，其前一个加工区域的产出量m_{i-1}可看作它的投料量，同时为保证计划产出，并且不给后一加工区域的负荷造成负面影响，它的加工量与目标产出、本区域的在制品水平及后一加工区域的在制品水平有关。表达公式如下所示：

$$S = W - \frac{\Delta_1}{2} \tag{9-1}$$

$$m_1 = W + \frac{\Delta_1}{2} - \frac{\Delta_2}{2} \tag{9-2}$$

$$m_2 = W + \frac{\Delta_2}{2} - \frac{\Delta_3}{2} \tag{9-3}$$

$$m_3 = W + \frac{\Delta_3}{2} - \frac{\Delta_4}{2} \tag{9-4}$$

$$m_4 = W + \frac{\Delta_4}{2} - \frac{\Delta_5}{2} \tag{9-5}$$

$$m_5 = W + \frac{\Delta_5}{2} \tag{9-6}$$

$$\Delta_i = actualWIP_i - theoreticalWIP_i \tag{9-7}$$

其中，$actualWIP_i$表示加工区域 M_i 的实际在制品量；$theoreticalWIP_i$表示加工区域 M_i 的理论在制品量（或设定在制品量）。由式（9－1）可知，投料量与目标产出以及第一加工区域的在制品水平有关，如果第一加工区域的实际在制品量超出理论在制品量，则要相应地减少投料量；反之，则要增加投料量。各加工区域的加工量一方面保证系统计划产出，并使该区域的在制品维持在理论水平上；另一方面要避免对接下来的区域造成负面影响。若下一个区域的实际在制品量高于理论设定值，则该区域的加工量要相应地减少一部分，以避免进一步加重下一加工区域的负荷，使在制品量维持在较合理的水平，反之亦然。由此可见，本章设计的投料策略不再单一地控制系统投料量 S，为了能有效控制整个系统的负荷波动情况，还加强了对各个加工区域投料量（上一个加工区域的产出量）的控制，这样的投料策略既符合投料思想的定义，又能兼顾产出计划与系统在制品情况，在保证目标产出的同时维持负荷的相对平稳，有利于生产物流的均衡。

下面用一个算例来说明 RRLB 的控制思想。假设某加工厂有 5 个加工区域，每个区域各有一台设备，加工顺序依次为 1→2→3→4→5。系统产出目标为 20 批（Lots），理论在制品量以及当前各个设备前等待加工的实际在制品量如表 9－5 所示。为直观起见，同时给出曲线图，如图 9－2 所示。

表 9－5　　系统的实际在制品量与理论在制品量　　单位：批

	M_1	M_2	M_3	M_4	M_5
理论在制品量	10	30	50	30	20
实际在制品量	5	40	45	5	25

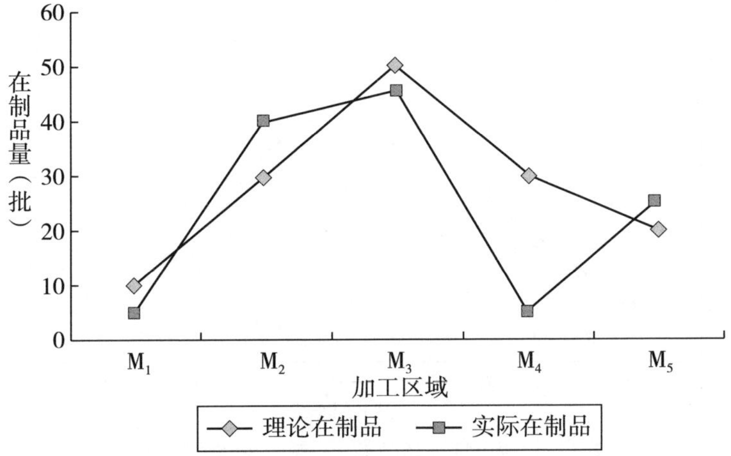

图 9－2　RRLB 投料控制前的生产物流均衡状况

整个生产物流系统的实际在制品量波动较大，最大的波动幅度达到 83%，最小的波动幅度也超过 25%，偏离所设定的理论在制品量较多，需要加以控制。根据本章所提出的动态投料策略，计算投料量以及各加工区域的产出量，如下所示。

$$S = W - \frac{\Delta_1}{2} = 20 - \frac{5-10}{2} = 22.5 \tag{9-8}$$

$$m_1 = W + \frac{\Delta_1}{2} - \frac{\Delta_2}{2} = 20 + \frac{5-10}{2} - \frac{40-30}{2} = 12.5 \tag{9-9}$$

$$m_2 = W + \frac{\Delta_2}{2} - \frac{\Delta_3}{2} = 20 + \frac{40-30}{2} - \frac{45-50}{2} = 27.5 \tag{9-10}$$

$$m_3 = W + \frac{\Delta_3}{2} - \frac{\Delta_4}{2} = 20 + \frac{45-50}{2} - \frac{5-30}{2} = 30 \tag{9-11}$$

$$m_4 = W + \frac{\Delta_4}{2} - \frac{\Delta_5}{2} = 20 + \frac{5-30}{2} - \frac{25-20}{2} = 5 \tag{9-12}$$

$$m_5 = W + \frac{\Delta_5}{2} = 20 + \frac{25 - 20}{2} = 22.5 \tag{9-13}$$

将 RRLB 投料控制后的各加工区域的实际在制品与理论在制品比较，可以看出整个生产物流系统的在制品水平基本在设定的区域波动，且波动幅度较小。RRLB 投料控制后的生产物流均衡状况如图 9－3 所示。

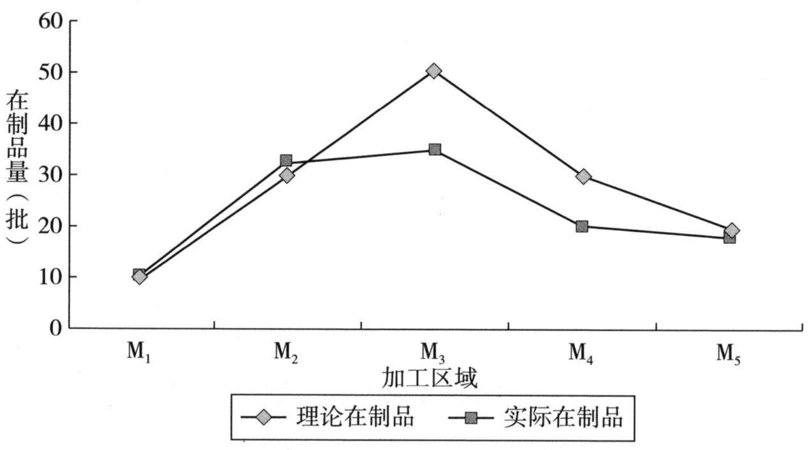

图 9－3　RRLB 投料控制后的生产物流均衡状况

对于半导体制造系统来说，由于瓶颈区域（黄光区）与次瓶颈区域（炉管区与离子注入区）的在制品量占系统在制品总量的绝大部分，因此本章投料控制对象选定为炉管区、黄光区及离子注入区，这样既简化了投料决策，又能实现预定的产出目标，同时还能有效控制生产物流系统的在制品量，维持了系统在制品的相对平稳，有效避免半导体厂频繁的瓶颈漂移现象。RRLB 投料控制示意如图 9－4 所示。

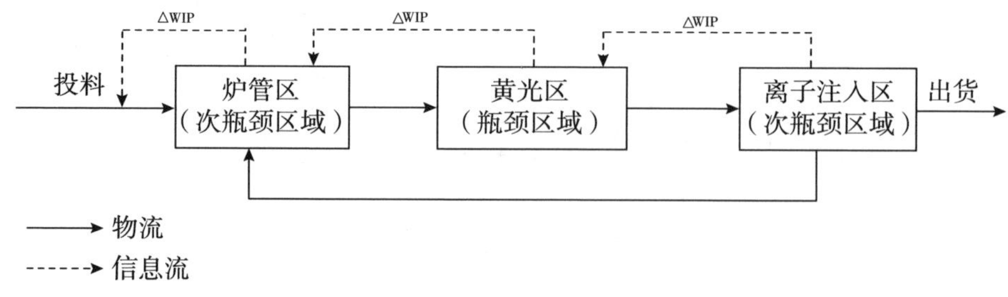

图 9－4　RRLB 投料控制示意

2. RRLB **投料策略分析**

RRLB 的投料思想与约束理论（TOC）下的 DBR 控制理论相同之处在于，均基于约束理论思想，并努力使各个生产环节协同一致，以整个系统的生产物流均衡作为控制目标。不同之处在于，其一，RRLB 综合了约束理论、生产物流均衡理论和投料控制三种思想；其二，在投料时间上不再简单地以瓶颈设备的在制品（或负荷）状况来驱动，而是由瓶颈设备前的次瓶颈设备的在制品状况和目标产出来共同决定投料时间及投料量；其三，瓶颈设备所需的在制品量由瓶颈设备前的次瓶颈设备来保证供应，这样既有利于避免瓶颈设备缺料情况的发生，又能从系统的角度维持生产物流系统负荷的相对稳定。RRLB 不仅考虑本加工区域的产出要求以及 WIP 水平，还充分考虑了下一加工区域的 WIP 情况，以减少对下一加工区域的负面影响。因此，RRLB 策略不仅符合投料控制的思想，还有利于稳定整个生产物流系统在制品的分布，保持生产相对均衡。

另外，RRLB 的具体投料策略与 WR 法则和 SA 法则不同，是将瓶颈区域（黄光区）前的次瓶颈区域（炉管区）的在制品情况和系统目标产出作为投料依据，投料量大小根据系统的目标产出与炉管区的在制品波动情况给定，即：

$$S = W - \frac{\Delta F}{2} \tag{9-14}$$

$$\Delta F = F - F_0 \tag{9-15}$$

其中，S 代表系统投料量，W 代表系统目标产出（计划产出），ΔF 代表炉管区的实际在制品量偏离理论在制品量的情况，F 代表炉管区的实际在制品量（这里为在制品的加工时间，注意本章涉及的在制品量均指在制品所需总加工时间），F_0 代表理论设定的炉管区在制品量。

具体到各订单产品的投料量可以根据下式来确定：

$$S_i = S \times \frac{PM_i \times CT_i}{\sum_{i=1}^{n}(PM_i \times CT_i)} \tag{9-16}$$

其中，S_i 代表产品 i 的投料量，PM_i 代表产品 i 所占的产品组合比例，CT_i 表示产品 i 的平均加工时间，n 为总的产品种类。一般来说，产品 i 的平均加

工时间 CT_i 为已知量，可由统计资料获得，所以产品 i 的投料量可以很容易计算得到。

在半导体厂，实际投料量的最小单位为一批（25 片），需要将要加工的半导体片数除以 25，四舍五入后取整。

3. 瓶颈区域与次瓶颈区域的加工负荷

瓶颈区域（黄光区）的加工负荷通过控制炉管区的产出量来保证。对于黄光区的缺料或在制品堆积现象，可以通过炉管区的加工量 m_F 来加以控制，即：

$$m_F = W + \frac{\Delta F}{2} - \frac{\Delta P}{2} \tag{9-17}$$

$$\Delta P = P - P_0 \tag{9-18}$$

其中，ΔP 代表黄光区的在制品波动情况，P 代表黄光区的实际在制品量，P_0 代表理论设定的黄光区的在制品量。这样，炉管区加工 m_F 的在制品既能满足系统产出要求，平稳炉管区的在制品水平，避免大的波动，同时又能给黄光区提供合适的在制品量，避免黄光区出现缺料或堆积现象。

同理，黄光区的产出量除满足产出要求、平稳在制品水平，还可以向后面的次瓶颈区域（离子注入区）提供合适的在制品，此时要求其加工量 m_P 为：

$$m_P = W + \frac{\Delta P}{2} - \frac{\Delta I}{2} \tag{9-19}$$

$$\Delta I = I - I_0 \tag{9-20}$$

其中，ΔI 代表离子注入区的在制品波动情况，I 代表离子注入区的实际在制品量，I_0 代表理论设定的离子注入区的在制品量。对于离子注入区，其加工量 m_I 主要用来满足系统规定的产出要求，并平稳本区域的在制品波动，即：

$$m_I = W + \frac{\Delta I}{2} \tag{9-21}$$

4. 投料决策依据

（1）生产物流均衡率 B（Balance）。

由于 RRLB 策略的主要作用是保持生产物流系统负荷的相对平稳，因此本章将生产物流均衡率作为投料决策依据之一，即用三个重要加工区域的在制品水平的波动情况来衡量，可用下式表达：

$$B = \frac{\sqrt{(\Delta F)^2 + (\Delta P)^2 + (\Delta I)^2}}{F_0 + P_0 + I_0} \tag{9-22}$$

生产物流均衡率的实际大小可根据企业的不同偏好自行设定，如果制造系统生产物流均衡率超出系统规定的允许值（比如10%），说明生产物流系统的在制品波动较大，可能出现短缺等现象，需要进行投料决策。

（2）系统总负荷 WL（Work Load）。

考虑到有时系统总的在制品量并不少，系统总负荷较大，但由于系统突然异常波动，此时经过计算的生产物流均衡率有可能超出规定的允许值，这种情况下贸然投料，会进一步加重系统负荷，使波动加剧，不利于现场生产控制。本章借鉴 WR 法则思想，将系统总负荷也作为投料决策的依据之一。这里的系统总负荷主要是指瓶颈区域与两个次瓶颈区域的在制品量之和，即：

$$WL = F_0 + P_0 + I_0 \tag{9-23}$$

因此，具体的投料时间由系统生产物流的均衡状况以及负荷状况共同决定，当生产物流均衡率与系统总负荷同时不满足设定值 B_0、WL_0时，安排投料；反之，若生产物流均衡率超过设定值，而实际负荷高于设定的总负荷时，不宜投料，应加强现场调度来均衡生产物流系统负荷。

当生产系统相对稳定时，各个加工区域的在制品也相对保持稳定，这时进出每个加工区域的产品流基本相等，即流量相等，整个系统基本上按着瓶颈区域所允许的最大产出量在生产，此时也不易发生堆积料或缺料现象，在一定程度上实现了协同生产。当系统的某个部分出现波动时，其生产能力与加工负荷会产生一定量的变化，此时借助 RRLB 策略进行投料控制以及对每个加工区域的产出控制，使其尽快克服随机因素所造成的影响，重新实现协同生产，达到控制整个生产物流系统负荷的目的。

从以上分析可以看出，RRLB 策略尽管在避免瓶颈饥饿的控制手段上与 SA 法则不同，但是通过控制瓶颈区域前的次瓶颈区域的产出量，也能够达到避免瓶颈饥饿的目的。与 WR 法则相比，不再单纯地将系统负荷低于某个设定值作为投料决策的依据，而是考虑到整个系统负荷的波动情况，将其作为投料决策的依据更有利于生产物流均衡的实现。因此，本章所提出的 RRLB 策略兼收了 SA 法则与 WR 法则的主要控制思想，能够在避免瓶颈饥饿的同时，实现预定的产出目标，还维持了半导体制造系统的相对平稳。

9.2.3 负荷均衡投料策略（RRLB）算法步骤

在半导体制造系统中，一些诸如设备意外故障等重大不确定因素是无法避免的，而且往往无法预测，在 RRLB 算法中需要充分加以考虑。一旦有重大异常情况发生在炉管区、黄光区或离子注入区，会直接影响设备产能的发挥，从而影响整个生产物流系统的负荷分布。此时，有必要立即启动 RRLB 策略，重新确定投料量及各加工区域的产出量。

在实际应用中，由于系统在制品负荷及产出水平始终处于不断变化中，完全实时地监控 B 与 WL 尚不现实。因此，可根据生产需要确定某个时间间隔 X 小时，即每隔 X 小时更新在线数据（WIP 与产出情况），计算并评估两大控制指标，据此做出是否投料的决策。

为提高 RRLB 策略的可操作性，现给出该算法的控制步骤。

Step1　在线更新 WIP、产出等数据。

Step2　计算并比较系统实际负荷 WL 与设定负荷 WL_0。

若 $WL < WL_0$，则转到 Step3；否则跳出 RRLB 算法。

Step3　计算并比较生产物流均衡率 B 与设定值 B_0 大小。

若 $B > B_0$，则转到 Step4；否则，跳出 RRLB 算法。

Step4　根据式（9－14）和式（9－16），计算总的投料量及各订单产品的投料量，然后进行投料。

Step5　根据式（9－17）、式（9－19）和式（9－21）分别计算炉管区、黄光区及离子注入区的产出量，以协助 RRLB 算法保持生产物流系统的负荷均衡。

Step6　判断系统是否发生重大异常情况，如设备宕机等，若有，立即启动 RRLB 算法，重新计算投料量及控制区的产出量；若没有，在间隔 X 小时后返回到 Step1。

9.3 目标在制品量的确定

在本章提出的动态投料策略中，涉及三个控制区的目标在制品量的设定。

通常，制造系统需要设定与控制的目标在制品量（理论在制品量），可以通过以下三种方法得到。

（1）仿真实验。通过仿真得到满足生产周期、交货期等绩效时的理论在制品量。

（2）经验统计给出。根据长期的生产经验，大致给出一个可接受的在制品量作为生产控制的目标。

（3）根据 Little's Law 理论推导得出。

采用仿真实验得到的理论在制品量往往依赖于投料策略与调度策略等生产控制手段，无法适应复杂多变的半导体生产，普适性差。单一地利用经验统计方法显得过分粗糙，不够精确。本章将理论推导与经验统计相结合，首先经过理论推导得到理论在制品量，然后利用生产经验加以校正。

由于瓶颈区域与次瓶颈区域在生产物流系统负荷均衡的控制过程中所起的作用不同，目标在制品量设定方面的依据也不同。

9.3.1 瓶颈前的次瓶颈区域（Sub – bottleneck Before Bottleneck，SBB）的在制品量

瓶颈前的次瓶颈区域设置一定在制品量的主要作用有三个：其一，为该区域提供必要的加工负荷，保证目标产出；其二，控制该区域的加工负荷，避免在制品量过高引起瓶颈漂移；其三，有效支援瓶颈设备，避免瓶颈设备缺料现象发生。因此，对于瓶颈前的次瓶颈区域的在制品负荷既要保持一定数量，又要控制其上限，这样可以减少系统在制品量，从而减少资金沉积等问题。根据面向负荷的生产控制理论（Load – oriented Manufacturing Control，LOMC），某个加工区域的负荷限额为目标产出（计划产出）和平均库存之和（见图 9 – 5）。所以，次瓶颈区域的在制品量包括两个部分，一部分是满足调度周期内的目标产出，另一部分是稳定系统生产的次瓶颈区域平均库存，即：

$$I_{SBB} = W_{SBB} + \overline{I_{SBB}} \tag{9-24}$$

其中，I_{SBB}表示 SBB 的目标在制品量；W_{SBB}表示 SBB 的目标产出，用以保

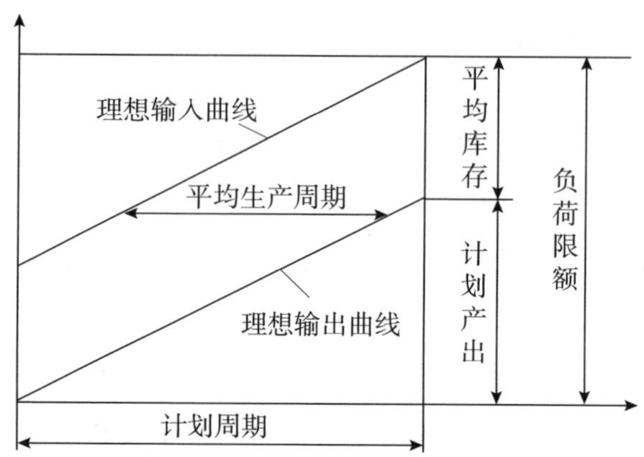

图 9-5　面向负荷的某加工区域的负荷限额模型

证产出，满足对瓶颈区域的在制品供应；$\overline{I_{SBB}}$ 表示为减少随机干扰，保证 SBB 正常生产需要保有的平均库存。

半导体制造过程受多种因素影响，比如杂质污染、等待时间等，其产品合格率（俗称良率，Yield）较传统制造业要低。另外，在半导体厂受加工工艺等方面的限制，设备的平均利用率（Utilization，U）往往较低。为使数据更加准确，考虑产品良率与设备平均利用率。同时，为适当简化计算，假设各加工区域的产品良率相等。当系统稳定时，根据 Little's Law 理论，$\overline{I_{SBB}}$ 可由下式得到：

$$\overline{I_{SBB}} = CT_{SBB} \cdot TP_{SBB} \cdot Y \cdot U_{SBB} \qquad (9-25)$$

其中，CT_{SBB}表示 SBB 的平均加工时间，TP_{SBB}表示 SBB 的平均产出速度，U_{SBB}表示 SBB 的设备平均利用率。

$$W_{SBB} = TP_{SBB} \cdot PP \cdot Y \cdot U_{SBB} \qquad (9-26)$$

其中，PP（Production control period）表示生产调度周期或幅度，一般可将其设定为 12 小时或 1 天。

将式（9-25）、式（9-26）代入式（9-24），得到：

$$I_{SBB} = (CT_{SBB} + PP) \cdot TP_{SBB} \cdot Y \cdot U_{SBB} \qquad (9-27)$$

将式（9-27）得到的在制品量乘以平均加工时间可折算为时间负荷。

9.3.2　瓶颈区域（Bottleneck）的在制品量

系统产出水平是由瓶颈资源决定的。当瓶颈区域的在制品量低于避免瓶颈饥饿所需的数量时，系统产出就会降低。此时，瓶颈设备容易因缺料而闲置。为保证瓶颈产出，要求瓶颈区域的在制品水平必须保持一个避免其饥饿的数量。因此，瓶颈区域的理论在制品量需要设定一个下限值，以期在保证瓶颈设备有效加工负荷（用于实现目标产出）的同时，给予瓶颈区域一定的安全库存（Safety Inventory，SI），用以预防系统不确定性因素的影响。瓶颈区域的在制品量可用下式表示：

$$I_B = SI_B \tag{9-28}$$

其中，I_B 表示瓶颈区域的在制品量，SI_B 表示瓶颈区域的安全库存。安全库存用来预防因生产波动给瓶颈设备造成的不良影响，因此，其大小表示能够满足瓶颈设备一次加工的总负荷，公式表达为：

$$SI_B = PT_B \cdot TP_B \cdot Y \cdot U_B \tag{9-29}$$

其中，PT_B表示在瓶颈区域 B 的单位在制品的平均加工时间，TP_B表示瓶颈区域的平均产出速度，U_B表示瓶颈区域的设备平均利用率。

则式（9－28）可写为：

$$I_B = PT_B \cdot TP_B \cdot Y \cdot U_B \tag{9-30}$$

将式（9－30）得到的在制品量乘以平均加工时间可折算为时间负荷。

需要说明的是，瓶颈区域因产出所需的在制品量由瓶颈前的次瓶颈区域的产出供应。

9.3.3 瓶颈后的次瓶颈区域（Sub－bottleneck After Bottleneck，SAB）的在制品量

为避免因在制品量过高引起瓶颈漂移现象，稳定整个系统瓶颈，对于 SAB 的在制品量只要能维持一个平均库存就可以了。这个平均库存主要用来减少系统随机波动对 SAB 造成的不良影响。SAB 产出所必需的在制品量由瓶颈区域的产出供应。因此，与 SBB 类似，SAB 的在制品量也要控制其上限，以减少系统在制品量。

$$I_{SAB} = \overline{I_{SAB}} \tag{9-31}$$

其中，I_{SAB}表示 SAB 的在制品量，$\overline{I_{SAB}}$ 表示生产稳定时 SAB 的缓冲库存

(平均库存)。其中，

$$\overline{I_{SAB}} = CT_{B-SAB} \cdot TP_{SAB} \cdot Y \cdot U_{SAB} \quad (9-32)$$

式中，CT_{B-SAB}表示从瓶颈区域到 SAB 的平均加工时间，TP_{SAB}表示 SAB 的平均产出速度，U_{SAB}表示 SAB 的设备平均利用率。

因此，SAB 的在制品量为：

$$I_{SAB} = CT_{B-SAB} \cdot TP_{SAB} \cdot Y \cdot U_{SAB} \quad (9-33)$$

然后，将式（9－33）得到的在制品量乘以平均加工时间可折算为时间负荷。

由以上对不同加工区域的理论在制品量的求解过程可以看到，式（9－27）、式（9－30）、式（9－33）都用到设备平均利用率 U_i，它可由以下公式来得到：

$$U_i = \frac{MTBF_i}{MTBF_i + MTTR_i} \quad (9-34)$$

其中，$MTBF_i$（Mean Time Between Failure）表示设备 i 的宕机间隔时间，$MTTR_i$（Mean Time To Repair）表示设备 i 的宕机维修时间。

9.4 生产物流系统仿真验证

随着计算机技术的不断发展以及仿真软件的不断完善，系统仿真成为一种实用而有效的系统分析与研究方法，它具有以下特点。

（1）能够建立精确的系统模型，详尽描述系统内各部分之间的关系，能够满足复杂生产过程的调度需要。

（2）可以反映系统状态及其行为的动态变化情况，有助于研究、分析系统性能。

（3）能较容易实现半导体制造系统的重入特征以及动态随机特性。

（4）可以方便地对系统性能及生产控制策略进行分析、评价。

（5）计算复杂度低，运行速度快等。

鉴于以上特点，仿真技术在半导体制造系统的研究、分析中有着极广泛的应用。本章的研究工作也要借助仿真技术来验证所提出的投料策略的有效性。

9.4.1 Mini - Fab 模型

Mini - Fab 模型是由 Intel 公司首席科学家 Karl Kempf 博士提出的试验仿真模型。借助此模型，美国亚利桑那州立大学（ASU）半导体仿真实验室对半导体厂的投料及调度策略进行了大量研究。Mini - Fab 模型是包括 5 台设备、6 个加工步骤的一个带重入的半导体芯片微型制造模型（见图 9 - 6），俗称微型 Fab。Mini - Fab 模型具有带重入半导体制造系统的所有重要特征，比如多重入、不同的加工时间、批加工等。它是半导体仿真模型的一个典型范例，众多学者用该模型对多重入半导体制造系统进行了大量研究。

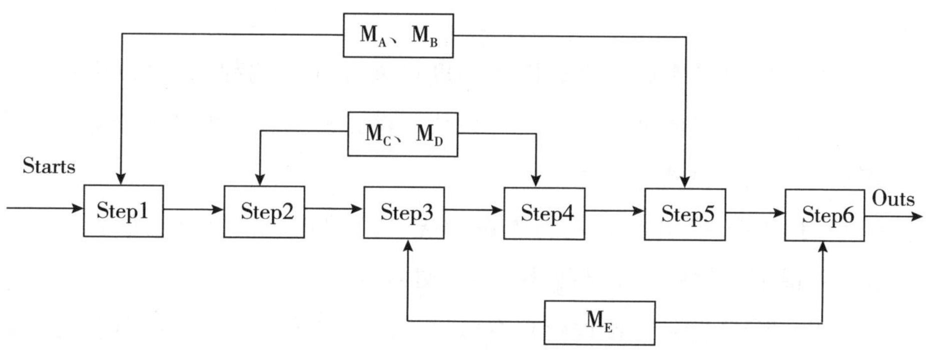

图 9 - 6 5 台设备 6 个加工步骤的 Mini - Fab 工艺流程

在 Mini - Fab 模型中，主要考虑了半导体厂的炉管区（Diffusion）、黄光区（Lithography）、离子注入区（Ion Implantation）三个重要加工区域。其中，炉管区有两台炉管设备 M_A、M_B，负责加工 Step1 与 Step5，Step5 为重入加工步骤；黄光区有一台曝光设备 M_E，负责加工 Step3 与 Step6，Step6 为重入加工步骤，也是产品的最后一个加工步骤；离子注入区有两台离子注入设备 M_C、M_D，负责加工 Step2 与 Step4，其中，Step4 为重入加工步骤。为直观起见，将图 9 - 6 整理为图 9 - 7，以体现半导体加工过程的重入特征。

9.4.2 EXTEND 仿真工具简介

EXTEND 是由美国 Imagine That 公司开发的可对离散和连续系统仿真的高灵活性、高可扩展性、高性能价格比的优秀仿真平台。在半导体制造领域，

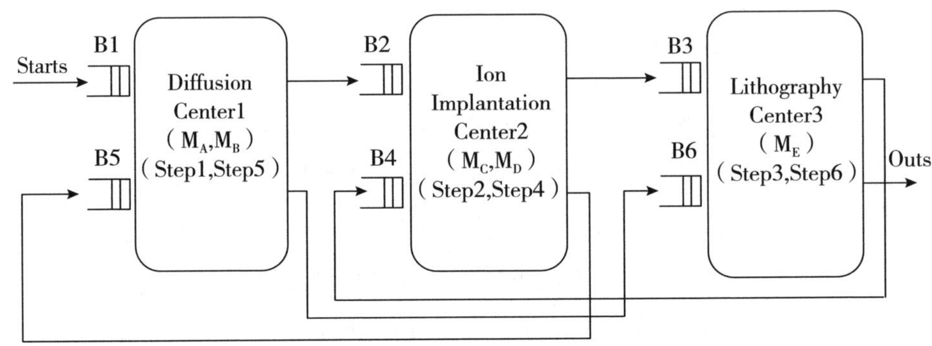

图 9－7　整理后的 Mini－Fab 工艺流程示意

EXTEND 同样得到了较广泛的应用。它在半导体行业的适用性体现在以下方面。

（1）EXTEND 具有高度柔韧性和高度扩展性（可编程），可以根据任何流程和运营特点"量体裁衣"式设计模块，搭建模型。对半导体制造行业中的"多重入"制造模式非常适用。

（2）用 EXTEND 开放的代码体系和强大的编程工具，可以仿真各种决策，包括产品混合比例、工艺排序、返工处理等。

由于 EXTEND 能较方便地建立离散过程的仿真模型，本章将其作为仿真工具建立 Mini－Fab 模型，仿真半导体制造过程，并验证 RRLB 策略的有效性。

9.4.3　Mini－Fab 模型的建立

1. 模型假设

（1）产品良率为 100%，即不存在重加工（Rework）问题。

（2）相邻的加工中心共用一台运输设备。

（3）半导体厂 24 小时生产，实行两班制（Two Shifts），即 12 小时轮班一次。

（4）操作员的数量能够满足生产要求。

2. 输入参数确定

（1）产品加工时间与加工属性。

在 Mini－Fab 模型中，共有三种产品 P_a、P_b、P_c。其中，P_c为工程试验片

（Test Wafers）。这三种产品的加工流程相同，均为 6 个加工步骤，即：

Starts→Step1→Step2→Step3→Step4→Step5→Step6→Out。

M_A与 M_B设备作为炉管区设备，属于批处理设备，一次最多可加工 3lots，并且规定 Step1 的产品不能与 Step5 的产品混批（并批，Batch）。对于 Step1，只能一个试验片与正常产品并批，例如，$P_a/P_a/P_a$，$P_a/P_a/P_b$，$P_a/P_a/P_c$，$P_a/P_b/P_c$，$P_b/P_b/P_c$，$P_b/P_b/P_a$，$P_b/P_b/P_b$；对于 Step5，除了试验片可以与正常产品 P_a、P_b混批外，正常产品 P_a、P_b间不能混批，例如，$P_a/P_a/P_a$，$P_a/P_a/P_c$，$P_b/P_b/P_c$，$P_b/P_b/P_b$等。

M_C、M_D与 M_E为序列加工设备（Serial Equipment），每次的加工单位为一个半导体批（lot）。

三种产品在同一加工区域的加工时间（Processing Time）相等。

在晶圆批的加工过程中，不允许发生设备抢占（Preemptive），即当一个设备开始某一加工过程时，它必须完成该加工过程后才能进行下一步操作。

（2）运输与装、卸载时间。

运输通道为 S < >C1 < >C2 < >C3 < >O，一次只能运输一个晶圆批。各运输区间的运输时间如下。

S < >C1：4 分钟

C1 < >C2：4 分钟

C2 < >C3：4 分钟

C3 < >C2：4 分钟

C3 < >C1：10 分钟

C3 < >O：4 分钟

从缓冲区到运输设备的装载时间：1 分钟

从运输设备到缓冲区的卸载时间：1 分钟。

（3）设备调整准备时间。

在 Mini－Fab 模型中，只考虑加工中心 3（黄光区）的设备调整准备时间。加工中心 3 的设备主要用于对晶圆片进行曝光，其中，调整准备时间不仅与加工步骤有关，还与加工前后的产品类型有关，具体的调整准备时间如表 9－6 所示。

表 9－6　　设备 M_E 的调整准备时间　　单位：分钟

当前加工步骤	前一加工步骤	调整前后产品类型	调整准备时间
Step3	Step3	相同	0
Step3	Step3	不同	5
Step3	Step6	相同	10
Step3	Step6	不同	12
Step6	Step3	相同	10
Step6	Step3	不同	12
Step6	Step6	相同	0
Step6	Step6	不同	5

（4）设备的装/卸载时间。(见表 9－7)

表 9－7　　设备的装/卸载时间　　单位：分钟

加工设备	加工步骤	装载时间	卸载时间
M_A、M_B	Step1、Step5	20	40
M_C、M_D	Step2、Step4	15	15
M_E	Step3、Step6	10	10

（5）设备预维护（Preventive Maintenance，PM）与宕机（Downtime，Breakdown）。

半导体产品的质量要求极其严格，对其加工设备的精度也有极高的要求。因此，为减少不合格品，提高产品良率，同时也为了减少设备非预料性宕机（Unscheduled Downtime）的发生频率，需要定期对设备进行预维护。在 Mini－Fab模型中，充分考虑了设备的预维护情况，具体如表 9－8 所示。

表 9－8　　半导体制造设备的预维护

Center1	M_A、M_B	75mins PM every day
Center2	M_C、M_D	120mins PM every shift
Center3	M_E	30mins PM every shift

生产率损失或产能损失的一个主要原因是设备宕机，尤其是由于设备故障发生的非预料性宕机，它严重扰乱了生产正常活动。对于非预料性宕机，Mini－Fab模型中只考虑加工中心2（离子注入区）的设备。由于设备故障的时间不确定，紧急维修的时间也不确定。这里规定宕机的概率为每半周（84小时）发生一次，且前后两次宕机的时间间隔不低于两个班次，即24小时。因此，设备宕机在（54－30）～（54＋30）小时的范围内随机发生。一旦发生宕机，需要6～8小时的维修时间，即420±60分钟。

（6）投料量。

考虑到设备产能情况，每周的投料量控制在一定的范围内（见表9－9）。

表9－9　各产品的投料控制范围

P_a starts	56 lots per week
P_b starts	28 lots per week
P_c starts	7 lots per week
Total starts	91 lots per week（or roughly 7 lots/shift）

（7）订单交货期。

为考察所提出的动态策略对交货期的影响，在Mini－Fab模型中增加了订单交货期参数，假定它服从如下分布：

$$d_k = a_k + P_k \cdot U(6,9) \qquad (9-35)$$

其中，d_k为订单k的交货时间，a_k为产品k的到达时间，P_k为产品k的理论加工时间，$U(6,9)$表示在区间（6，9）范围内的均匀分布。

3. 输出参数的确定

建立仿真模型的主要目的是验证所提出的RRLB的使用效果，研究其能否在维持生产物流均衡状态的同时，兼顾半导体厂的多个生产绩效指标。本章选取半导体厂常用的几个指标，即系统在制品量（WIP）、准时交货率（OTD）、平均生产周期（MCT）、生产周期标准差（SCT）及系统瓶颈设备利用率（UOB）。

4. 用于比较的控制策略的确定

在投料策略的选取方面，主要选取固定时间投料（Constant Release,

CNR)、固定在制品投料（Fixed WIP，FW）以及负荷调节投料（Workload Regulation，WR）。由于SA法则只能直接用于单一产品的半导体厂，而且SA法则与WR法则的控制思想相同，所以本研究不再选取SA法则。

一般来说，投料策略需要与现场的调度策略或派工策略（Dispatching Rule）配合使用。本章分别选用FIFO、EDD及CR调度策略与上述投料策略组合使用。理由是尽管FIFO法则不能使产出最优，但在仿真环境和实际生产中经常使用，所以本章将FIFO作为比较的法则之一。EDD法则作为标准法则，当加工负荷低于系统产能时，该法则对于重入生产物流系统是稳定的（Lu and Kumar，1991）。与EDD法则不同，CR（Critical Ratio）在考虑产品交货期松弛值的同时，还考虑了产品剩余加工时间的长短，也是常用的派工策略。对于RRLB策略，只要能有效控制各主要加工区域的产出水平就可以做到与RRLB策略的有效配合，因此，采用的调度策略以满足产出为目的。

5. 初始状态确定

仿真模型从开始运行直到处于稳定状态，其运行情况依赖于初始值的设定。目前，有三种方法被广泛采用，包括以下几种。

（1）丢弃仿真的前一阶段中产生的数据。

（2）根据使系统非稳定时间最短的原则选择初始状态。

（3）根据偏离程度最小的原则选择初始状态。

为研究各决策策略对生产物流均衡的影响，本章选取第二种方法来确定系统的初始状态。根据CNR－FIFO组合策略的运行结果，系统达到稳定的时间约为219000分钟（约152天）。

6. 运行时间长度

本章将仿真运行时间长度定为2年，以求在足够长的时间内观察其状态的变化情况。

7. 仿真模型框架图

EXTEND仿真工具按制造系统的特征进行分类，形成各个类型的库，如行为库、属性库、信息库等。这些库是由用来描述事件或属性的单元块（Block）组成的，通过这些单元块的有机组合，可以方便建立连续或离散事件模型。

基于 EXTEND 仿真工具的 Mini－Fab 模型框架如图 9－8 所示。

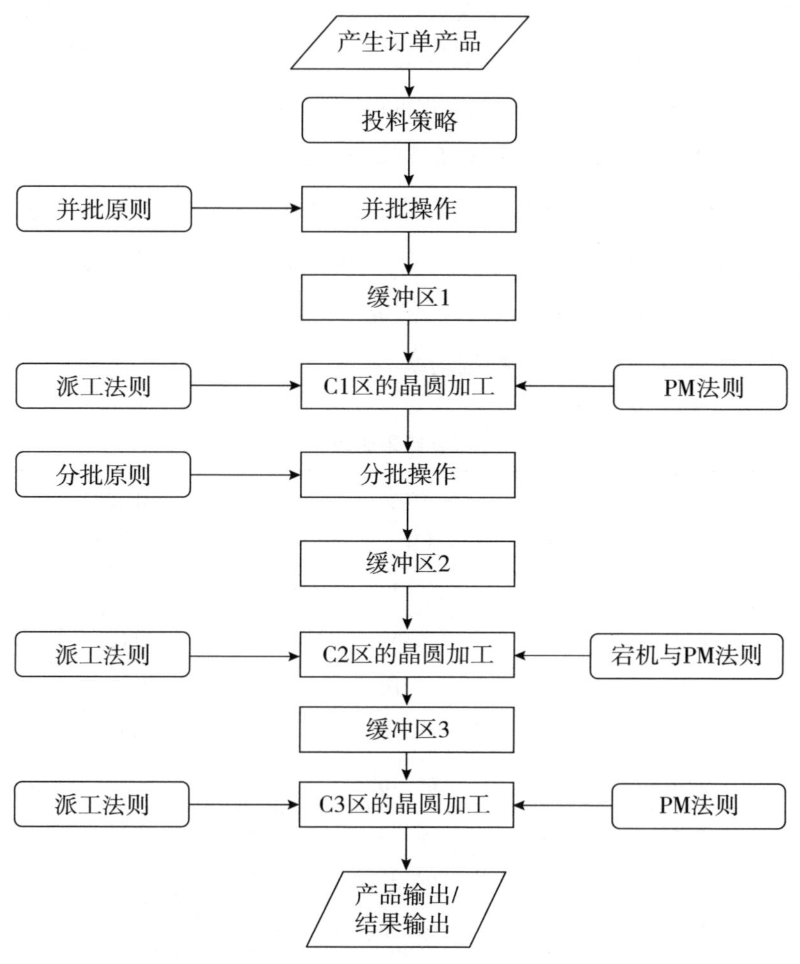

图 9－8　Mini－Fab 模型框架

8. 仿真结果讨论

采用 RRLB 策略时，系统在 87600 分钟（约 61 天）时即可达到稳定，从这一角度也反映出该策略有利于生产物流系统的稳定。

由于曝光设备（瓶颈设备）的加工能力相对于等待加工的晶圆批要小得多，所以设备利用率比较高，几种控制策略在曝光设备利用率指标上的效果差别不明显。

下面分析投料策略对半导体生产的影响。由表 9 – 10 可看出，采用固定时间投料（CNR）法则时，与不同派工策略配合得到的绩效结果，在一定程度上不如考虑生产物流系统负荷状况的投料策略（FW、WR）。半导体厂的生产周期标准差可反映出系统负荷的波动情况，标准差越小，生产物流系统负荷波动越小，同时对各晶圆批完工时间的预测越可靠，系统产出也越平稳(Loo et al.，2001)。通过比较生产周期标准差，可以看出 WR 策略比 FW 策略更能稳定生产物流系统负荷，说明简单控制整条生产物流系统的负荷无法真正达到负荷平稳的目的。本章所设计的 RRLB 策略能够得到较小的生产周期标准差，这也反映出 RRLB 策略在稳定生产物流系统负荷方面较其他策略要好得多，能较好地维持生产物流均衡。

表 9 – 10　　仿真结果比较

投料策略	派工策略	WIP（lots）	OTD（%）	UOB（%）	MCT（分钟）	SCT（分钟）
CNR	FIFO	56	60.39	94.40	6279	61.7
	EDD	55	70.59	94.48	6118	82.1
	CR	73	57.10	94.47	8148	95.1
FW	FIFO	53	68.83	94.40	5882	60.8
	EDD	56	69.10	94.45	6227	82.2
	CR	62	62.86	94.50	6913	81.4
WR	FIFO	52	64.35	94.46	6098	57.9
	EDD	54	69.36	94.40	6045	59.7
	CR	59	59.07	94.45	6514	66.5
RRLB		46	76.76	94.40	5114	56.2

关于调度策略对半导体生产的影响，通过比较系统在制品量（WIP）、准时交货率（OTD）、平均生产时间（MCT）和生产周期标准差（SCT）四个主要指标，可以看出三个调度策略（FIFO、EDD、CR）在四个指标上均无法同时获得一个满意解。而 RRLB 策略在这四个指标方面要明显优于其他控制策略，这也反映出以三个重要加工区域的在制品波动情况来控制系统投料以及

各加工区域的产出量，能够减少随机因素对生产物流均衡造成的干扰，使各生产环节能较好地协调一致。

另外，在应用 RRLB 策略进行仿真过程中，对三个区的设备平均利用率情况进行了监控，发现黄光区的设备平均利用率始终高于其他两个区的利用率，说明没有发生瓶颈漂移现象，这也反映出 RRLB 策略在控制系统瓶颈上的有效性。

综合以上考核的几个生产绩效指标，与传统的几组组合策略相比，所设计的 RRLB 策略能够获得更好的绩效结果，即能较好地折中优化多个生产绩效指标。

10　企业生产物流系统调度优化

10.1　基于瓶颈思想的企业生产物流系统调度方法

有效的投料策略（Release Policy）控制手段能够改善生产状况，提高企业绩效。然而，由于生产过程中大量不确定性因素的存在，单纯依靠投料策略往往无法有效控制半导体厂的整个制造过程，需要相应的生产调度来进一步控制。Kumar（1994）认为，调度策略（Scheduling Policy）的优劣超过了投料策略对生产的影响，他认为通过调度策略缩短生产周期在经济上绝对很重要，因为较短的生产周期会使生产更具弹性，及时对市场需求进行调整。另外，短的生产周期可以提高产品良率，大大降低生产不确定性因素。实际上，许多投料策略也已与调度策略相配合（如 TB 策略、SA 策略），以达到较好的效果。Lu et al.（1994）采用仿真模型研究了不同的投料策略与调度策略，结果表明除了投料策略能明显缩短生产周期，正确地选择调度策略也能缩短生产周期。Lee et al.（2002）建立了一个半导体模型，比较了不同的调度策略，结果表明瓶颈区域的调度策略与投料策略相结合可以有效缩短生产周期。

调度策略主要是依据企业绩效目标而产生的现场管理策略，如产出最大化、生产周期最小化或订单延迟最小化。目前，多数调度策略都是基于单指标进行优化，不能满足企业多个生产绩效指标的要求。而维持生产物流系统的动态均衡能够有效保证生产计划的实现，降低生产控制的难度，兼顾企业制定的多个生产目标。因此，以生产物流均衡为目标的调度优化方法能够兼顾企业的多个生产绩效指标，有更强的实用价值。研究与上一章的投料策略相适应的调度优化方法是本章的重要内容。

10.1.1 一般生产调度优化方法

一般的调度问题都是对于具体生产环境中复杂的、动态的、多目标的调度问题的一种抽象和简化。在对调度问题进行研究的方法上，最初集中在整数规划、仿真和简单的规则上，这些方法不是调度结果不理想，就是难以解决复杂问题。随着各种新的相关学科与优化技术的建立与发展，在调度领域也出现了许多新的优化方法，如神经网络算法、模拟退火法（Simulated Annealing）、遗传算法（Genetic Algorithms）、禁忌搜索法和蚁群算法等，使调度问题的研究向多元化方向发展。在生产调度研究方面，通常有以下几种方法。

（1）基于运筹学的方法。

该方法将生产调度优化方法转化为数学规划模型，采用基于枚举思想的分支定界法或动态规划算法求解调度问题的最优解，属于精确算法。对于复杂的多重入半导体制造系统，这种纯数学方法具有模型抽取困难、运算量大、算法难以实现等弱点，难以实现动态实时调度，也无法解决动态、快速响应的问题。

（2）基于仿真的方法。

仿真通常定义为所建模型系统的动态行为的再现。基于仿真的方法不单纯追求系统的数学模型，侧重于对系统逻辑关系的描述，能够对生产调度方案进行比较与评价。由于半导体制造系统的复杂性，很难用一个精确的解析模型来描述与分析，而通过运行仿真模型来收集数据，则能够对实时系统跟踪进行性能、状态等方面的分析，从而为采用合适的调度方法提供依据。仿真方法被证明是分析多重入半导体制造系统调度策略的一种很有效的方法。

（3）基于离散事件动态系统的解析模型方法。

由于半导体复杂制造系统是一个典型的离散事件动态系统（Discrete Event Dynamic System，DEDS），可用于研究 DEDS 的解析模型与方法有排队论、极大/极小代数模型、Petri 网模型等。对于复杂的多重入半导体制造系统，排队网络模型易产生“维数灾难”，现有的结果只是理论上的，无法针对实际的半导体厂建立模型来求解一些现实问题。因此，排队网络模型只能用于评价一些调度策略的稳定性，无法解决实际生产问题（Shenal，2001）。目前，Petri 网模型以其对 DEDS 的强大描述能力以及完备的数学基础成为学者进行半导体复杂制造系统性能分析及调度优化的热点工具。但是，Petri 网模型也存在语义不够丰富、重用性差、不能对高级的调度策略加以建模、节点的指数倍增等诸多问题，有待进一步改进。

（4）基于启发式算法的方法。

该类方法属于智能算法，它先确定可行的工件加工顺序，然后确定每个操作的加工时间，能够在较短时间内得到一个近似解或满意解。它包括局部搜索法（Local Search）、模拟退火法、遗传算法和蚁群算法等，这些算法存在各自优缺点，很多学者采取混合算法来弥补单一方法的不足。近年来，对该类近似算法的研究越来越多，发展也较成熟，尤其是计算机硬件的快速发展，使启发式算法应用于多重入半导体复杂制造系统的实时动态调度环境也正在成为可能。

（5）基于知识的方法。

随着计算机与信息技术的发展，基于知识的智能调度系统与方法得到广泛研究和应用。它是用专家系统自动产生调度或辅助人去调度，将传统的调度方法与基于知识的调度评价相结合的方法，主要包括智能调度专家系统、基于约束的方法及一些基于智能搜索的算法。其中，智能调度专家系统是典型代表，但仍存在训练速度慢、搜索能力弱等缺点。

由于调度领域的大部分问题都具有 NP - hard 问题，至今尚未形成一套系统的方法和理论，理论研究与实际应用间存在很大差距。许多学者经研究已证明半导体制造系统的生产调度问题属于 NP - Hard 问题（Mehta and Uzsoy，1998；Shenai，2001），该类问题的求解时间无法用多项式函数来表达。对于规模较大的半导体厂，对晶圆批的调度优化更加无法控制在合理时间内。尤其是对于具有多重入特性的半导体制造系统，由 4 英寸、6 英寸发展到 12 英寸，将来还要达到 18 英寸甚至更大，电子元器件的集成度也越来越高，线宽不断减小，“重入”次数也大幅增加，相应的工艺技术越来越复杂，使现场调度更加困难；半导体制造过程中存在大量不确定性因素，如宕机、重加工等，增加了生产调度的难度；下游最终产品的生命周期不断缩短，客户对交货期要求越来越严格，订单的品种与数量也不断处于变动中；市场竞争加大了持续降低成本、提高设备利用率的压力。这样，半导体厂往往需要兼顾多个相互存在冲突的生产绩效指标。因此，对于复杂、动态、多目标的多重入半导体复杂制造系统，简单采用数学规划、仿真技术及解析模型等方法很难给出一个好的解，本章将综合利用前面提及的一些研究方法来求解问题，即首先建立数学规划模型，然后借助较成熟的智能算法来求解该类复杂调度问题，并借助仿真模型对结果加以比较验证。

10.1.2　半导体制造系统传统的调度优化方法

在半导体制造系统的研究中，鉴于半导体制造的复杂特性，只有极少数的学者采用整数规划来求解调度问题，如 Connors 和 Yao（1996）、Bai et al.（1990）及 Kim（2001）等，更多地集中在调度规则方面的研究，这也反映出多重入复杂制造系统生产调度问题的求解难度。实际上，调度规则（或调度策略）是半导体厂车间层应用最为广泛的控制手段，主要原因是它的调度思想比较直观，计算量小，且易于实施。

早在 20 世纪 70 年代，Panwalker（1977）等已经统计出了 100 多个调度策略，不同的策略对应的生产绩效指标不同。在半导体制造系统中，调度策略一般是基于晶圆批（Lot）的不同属性（Attribute）或基于设备（Machine）的不同属性，或是两者的组合。晶圆批的属性有加工优先级、交期、加工时间等，设备属性有产出率、等待队列长度。根据所依据属性的多寡，调度策略可以分为标准调度策略与组合调度策略两种。标准调度策略基于一个晶圆批或设备的单个属性。组合调度策略是多个标准调度策略的组合，比如一个组合调度策略先按优先级对晶圆批排列等级（Rank），再用交期排列，接下来是按队列中的各晶圆批的数量排列。不同的调度策略侧重优化的系统绩效指标不同，如 EDD 追求订单交期的准时性，而 SPT 法则侧重产出最大化。单一的调度策略往往只在某个生产绩效指标上表现良好，而在其他指标上效果较差。在众多的调度策略中，并没有一种调度策略能在各项指标上完全优于其他的调度策略。

目前，半导体制造系统中较常用的调度策略有以下五种。

（1）先进先出法（First In First Out，FIFO）：根据在制品到达的先后顺序依序加工。

（2）最早交期法（Earliest Due Date，EDD）：根据交期的顺序来给予优先值，交期较近者，优先值较高。

（3）最短加工时间法（Shortest Processing Time，SPT）：需要的加工时间较短者，具有较高的优先值。

（4）松弛法（Slack Time，ST）：松弛时间为交期截止前的可用时间减去所需的总加工时间，松弛时间较小者具有较高的优先权。

（5）关键比值法（Critical Ratio，CR）：交期截止前的可用时间除以所需的总加工时间，比值较小者具有较高的优先权。

根据决策时采用的信息状况，调度策略又可分为局部性与全局性两种不同的策略。以上提到的五种调度策略均为局部性调度策略，它没有全面考虑半导体厂的诸如晶圆批、在制品等属性，因此不能有效应对多重入半导体制造系统的变化来均衡产出（Russ and John，2003）。全局性调度策略则较多地考虑了生产物流系统内外部信息，如 MIVS 策略（Minimum Inventory Variability Scheduler）。目前，已经证明全局性调度策略比局部性调度策略更能均衡产出，达到一定的生产绩效指标。但是，与局部性调度策略相比，全局性调度策略在实施之前往往需要许多用户化的工作，实施困难。

采用调度策略的另一个大的缺点是它的绩效依赖于仿真模型类型。一个能在某个初始状态（Initial State）的模型中有良好绩效的调度策略，在另一个模型中或同一模型的另一个初始状态的绩效有可能很差。造成这一现象的原因是不同的调度策略基于设备或晶圆批的片面信息。另外，在实际制造环境中，需要同时满足多个生产目标，而这些目标之间可能存在一定的消长关系，因此仅依靠单一调度策略来安排工件的加工顺序不可能得到一个好的结果。组合调度策略（Composite Dispatching Rule）效果比单一调度策略要好（Madhav，2001），但仍缺乏系统化的解决思路，对生产物流系统的整体信息考虑较少。基于以上考虑，本章不再简单地借助调度策略来优化半导体生产物流系统，试图寻求更能反映整体生产物流系统状况的调度优化方法，即以生产物流均衡为目标的调度优化方法。

10.1.3 基于瓶颈思想的半导体制造系统新型调度优化方法

在半导体生产中，半导体厂总希望能掌握每个晶圆批的加工状态，如晶圆批所处的位置、加工状态、晶圆批所含的晶圆数量等，这对于投料计划与调度至关重要，因此，掌握半导体厂的在制品信息很重要。由于工艺复杂、产品众多，操作员面对众多等待加工的在制品时，无法即时获取所需的晶圆批资料作为调度策略的依据，往往只能借助经验来安排生产。

在生产指标方面，在保证产出量的情况下，最小化生产周期、保证订单准时交货也是重要的生产目标。如前面所述，这几项指标间存在冲突，在给定投料策略时，通常有两种调度策略来应对这种生产绩效指标的变化。一是给瓶颈设备以适量在制品，以避免其饥饿；二是利用设备来加工可用的在制品，从而减少由于不确定性因素导致的总等待时间。相应地，在生产调度方面也要充分重视现场的在制品水平情况。

一般来说，由于在制品水平在不断波动，半导体厂的产品流也呈现非线性的趋势。造成在制品分布状况变化的原因是系统存在各种不同的影响因素，例如，无法预料的设备故障、批量加工、产品扣留（Hold）、紧急插单、工程试产等。当多种产品同时生产时，在制品分布不均衡的现象会严重影响诸如交期、生产周期及系统产出等生产绩效指标（Russ and John，2003）。在半导体复杂制造系统研究中，多位学者曾将均衡在制品库存作为一种有效的工厂级调度手段（Srivarsan and Kempf，1995；Payman，2002）。现将其原因归结为以下几点。

（1）在制品可以反映半导体厂的当前与历史状况。

（2）在制品可以整合进集成制造系统（CIMS），进行实时监控。

（3）无论是追求高产出还是短的生产周期，都可以通过设定合适的在制品目标来实现。

（4）在制品的均衡提高了生产的线性化，使生产调度与物料供应变得简单。

因此，在制品信息糅合了生产物流系统的主要信息，能反映生产的主要目标（CT、交期等）。Wein（1988）在研究中发现，制造系统的负荷会影响调度效果，负荷越重，调度效果越差，企业绩效也越差。Lu（1991）指出调度策略能够降低生产周期的均值与方差，在制品量会影响生产周期，而生产周期的变化（方差）会影响订单交期。Mittler et al.（1999）以两个较大的半导体厂为仿真模型，研究了 5 个降低生产周期均值与方差的调度策略，表明从全厂整体出发，依赖于全厂负荷及产品的调度策略能够达到最好的效果。

基于以上考虑，在生产调度的研究上，本章将着眼于对在制品的控制（加工负荷的控制），以期减少生产物流系统的波动，维持生产物流系统负荷的相对平稳。与投料策略相适应，通常对瓶颈设备及次瓶颈设备给予适量在制品，以减小或避免生产过程中的不确定性因素影响，减少生产物流系统的波动。为纠正在制品量波动较大的现象，Russ and John（2003）提出 LB（Line Balance）法则，使实际 WIP 值偏离所设定的理论 WIP 值最小化。尽管 LB 法则是一个全局性策略，但它作为简单的派工法则无法考虑诸如产能限制等许多现场的实际因素。本章吸取 LB 法则的调度思想，采用数学规划方法来建立半导体厂的生产调度模型。采用数学规划方法建模的优点：①能够比较容易将制造系统的多种变化因素考虑进去；②能够得到一个近优解甚至最优解，有利于提高系统绩效；③目标函数可以为单个生产绩效指标或多个生产绩效指标的组合形式。主要缺点是半导体生产调度问题作为 NP－hard 问题，难以在较短时间内得到一个满意解。针对其存在的缺点，本章将利用蚁群算法（Ant Colony Optimization，ACO）加以解决。

10.2 生产物流系统调度优化模型

调度问题决定所有在制品在设备上的加工起始时间及加工顺序。生产调度的目的是通过分配工作负荷，充分利用系统有限资源（包括设备、人员、物料、工具等），克服由于现场不确定性因素造成的困难，实现企业制定的生产目标。因此，调度问题是同时考虑资源限制与加工限制的最优化问题。

以半导体厂为例，企业存在多种类型的加工设备，不仅有序列设备

(Serial Machines)，还有大量的成批设备（Batch Machines）。序列设备一次只能加工一个晶圆批，如曝光设备、离子注入设备；成批设备可同时加工多个晶圆批，如炉管设备。由于加工类型存在的较大差异，与投料策略相对应，本小节将分别对炉管区、黄光区及离子注入区建立模型。

在建模之前，本小节首先做出以下假设。

（1）三个加工区域均属于平行机问题，即加工区域都有一台以上功能相同的相似设备。

（2）加工类型均为独占式（Preemptive），一旦工件开始加工就不能被中断。

（3）人员、物料、运输工具等供应充足。

（4）产品合格率100%，即不存在重加工现象。

10.2.1 炉管区调度优化模型

1. 炉管设备的加工特性

批量加工是多品种、小批量、高附加值产品的生产厂商常用的一种重要加工模式。Potts and Kovalyov（2000）根据加工方式的不同，将批量调度问题(Batch Scheduling Problem）分为机群调度模式（Family Scheduling Model）与批量设备模式（Batch Machine Model）。前者是将同一批量中的每个工件依序加工（Processing Sequentially），后者则将同一批量中的每个工件同时加工(Processing Simultaneously)，炉管设备的批量加工属于后者。

在半导体厂，炉管设备主要用于氧化（Oxidation）、扩散（Diffusion）以及沉积（Deposition）等热处理阶段，如关键性栅极的热氧化成长是使用炉管的一个主要方面；还应用于包括离子注入后晶圆片表面的热退火（Annealing）、各种薄膜沉积（如掺杂和未掺杂的多晶硅和氧化硅、硅化金属薄膜的形成）。炉管工艺质量的好坏直接影响着整个半导体的生产过程。炉管设备属于典型的批加工设备，一般一次加工120～150片晶圆片，采取批量加工的原因是避免过多的调整准备时间（Setup Time），方便物料运输。它的加工特性是将多个Lots组成一批货后同时加工，这些Lots属于同一种产品或具有相同的加工工艺的不同产品，在加工期间不允许进行插件或换件等操作。

炉管设备中的每一晶圆批的加工时间等于该批次中加工时间最大的晶圆批的加工时间。当设备加工完毕闲置以后，必须决定是否加工正在等候的 Lots。因为，若设备没有满载就直接加工正在等候的在制品，就会造成设备产能的浪费。本小节采用 MBS（Minimum Batch Size）法则，即根据经验预先设定一个最小加工批量，当晶圆批小于该值时，选择等待，当晶圆批等于或大于设定值时，开始加工。

炉管设备的加工时间很长，选择的批量对交期和后续加工有很大影响，因此，炉管加工是半导体制造过程中重要的一道程序，恰当地选择炉管非常重要。经过实际工厂调研发现：在半导体制造车间中，炉管区的炉管虽然很多，但是炉管的批加工还是将具有相似或相同的加工工艺（Recipe）的晶圆批进行并批（Batch）后加工。尽管不同炉管设备都可对任意加工工艺的晶圆批进行加工，但是同一加工工艺的晶圆批在不同设备加工时的加工时间不同且没有固定比例关系，即属于非等效平行机（Non - identical Parallel Machine）的批调度问题。

2. 炉管设备调度优化模型架构

（1）问题描述。

具体问题描述如下。

①设备的最早可用时间已知。

②调度期间不发生设备宕机及维修状况。

③调度期间不会发生缺料现象，即有大量晶圆批等待加工。

④炉管按照加工工艺进行并批加工，一批只能选择一种加工工艺。

⑤等待加工的晶圆批不再以产品类型分类，而是根据其在炉管区的加工工艺分类或并批，即同一加工工艺中既有不同产品类型的晶圆批，又有同一产品类型但加工阶段不同的晶圆批。

⑥炉管的加工时间只与所选加工工艺有关，而与一批货中的晶圆批数量无关，一旦开始加工就不能被打断。

⑦同一加工工艺在不同炉管的加工时间可能会不相同。

⑧产品加工时间已知，设备调整准备时间包括在加工时间内。

⑨产品到达储存区的时间已知，忽略等待时间及搬运时间。

⑩为均衡等待时间与产能浪费，规定炉管设备加工时的晶圆批数量不低于最低加工量 L；另外，一批货中加工的晶圆批数量不能超过炉管的最大加工容量 U。

⑪在储存区等待加工的晶圆批所属的订单等级相同，均为正常订单。

为方便叙述，符号说明如下。

T ——调度间隔或调度周期；

E ——炉管设备总量；

e ——炉管设备代码，$e = 1,2,3,\cdots,E$；

J ——加工工艺总数；

j ——加工工艺代码，$j = 1,2,3,\cdots,J$；

N_j ——加工工艺 j 中的晶圆批数量；

i ——加工工艺 j 中的晶圆批代码，$i = 1,2,3,\cdots,N_j$；

$Q(j)$ ——在所有加工工艺中，加工工艺 j 的晶圆批所占百分比；

L_e ——每次加工时，设备 e 的最小加工批量；

U_e ——每次加工时，设备 e 的最大加工批量，即炉管设备的最大加工容量；

p_{je} ——加工工艺 j 在设备 e 上的加工时间；

$TW(j)$ ——加工工艺 j 的目标在制品量；

$AW(j,0)$ ——调度开始时，加工工艺 j 的实际在制品量；

$AW(j,T)$ ——调度周期 T 结束时，加工工艺 j 的实际在制品量；

$BI(j)$ ——加工工艺 j 的在制品波动百分比；

BI ——炉管区的在制品波动百分比；

$$X_{jiet} = \begin{cases} 1 & t\text{ 时刻菜单 } j \text{ 中的晶圆批 } i \text{ 在设备 } e \text{ 上加工} \\ 0 & \text{其他} \end{cases};$$

$\overline{V_{jiet}}$ ——由（$T+1$）个元素组成的列向量，除位置 t 到（$t+p_{je}-1$）为 1 外，其余均为 0。

（2）目标函数的选择。

鉴于半导体厂生产绩效指标的多样性，且相互之间存在一定冲突，简单地优化一个或几个指标不一定能获得一个满意解。本小节与传统的研究不同，试图从生产物流均衡角度出发，将各个加工区域的在制品量维持在一个较稳定的范围，借此稳定系统瓶颈，吸收系统的一些随机波动，得到一个令管理者较满意的解。因此，炉管区的调度目标函数是最小化在制品量波动，这样也可以有效配合 RRLB 投料策略。这里给出一个均衡指标 BI 来表征在制品量的波动，

$$BI = \frac{ActualWIP - TargetWIP}{TargetWIP}$$

所以，目标函数是最小化 BI，即：

$$\text{Min}Z = \sum_{j=1}^{J} Q(j) \mid BI(j) \mid \tag{10-1}$$

其中，$BI(j) = \dfrac{AW(j,T) - TW(j)}{TW(j)} = \dfrac{AW(j,0) - \sum_{i=1}^{N_j}\sum_{e=1}^{E}\sum_{t=0}^{T} X_{jiet} - TW(j)}{TW(j)}$

（3）约束条件。

①加工次数约束。

任何一个晶圆批最多只能加工一次。

$$\sum_{e=1}^{E}\sum_{t=0}^{T} X_{jiet} \leqslant 1 \tag{10-2}$$

②加工时间约束。

调度周期内，每台设备的有效加工时间小于调度周期 T。

$$\sum_{j\in J}\sum_{i=1}^{N_j}\sum_{t=0}^{T} p_{je} \cdot X_{jiet} \leqslant T \tag{10-3}$$

③炉管产能下限约束。

设备每次加工时，在炉管 e 上加工的晶圆批数量不能低于规定的下限 L_e，

$$\sum_{j\in J}\sum_{i=1}^{N_j} \overline{V_{jiet}} \cdot X_{jiet} \geqslant \overline{L_e} \tag{10-4}$$

其中，$\overline{L_e}$ 为由（$T+1$）个元素组成的列向量，除位置 t 到（$t + p_{je} - 1$）为 L_e 外，其余均为 0。

④炉管产能上限约束。

设备每次加工时，在炉管 e 上加工的晶圆批数量不能高于规定的上限 U_e。

$$\sum_{j\in J}\sum_{i=1}^{N_j} \overline{V_{jiet}} \cdot X_{jiet} \leqslant \overline{U_e} \tag{10-5}$$

其中，$\overline{U_e}$为由（$T+1$）个元素组成的列向量，除位置t到（$t+p_{je}-1$）为U_e外，其余均为0。

⑤二元变量约束。

$$X_{jiet} \in \{0,1\} \tag{10-6}$$

10.2.2 黄光区调度优化模型

1. 黄光区加工特性

随着半导体器件集成度的提高，半导体上电子元器件的密度、数量及加工精度也与日俱增，给黄光区的工艺技术带来很大挑战。黄光区的主要作用是在晶圆片上定义出每一层的电路图。其加工步骤主要包括涂光刻胶、掩膜版（Mask，Reticle）对准曝光、显影等操作。黄光区加工流程如图10－1所示。为保证图案（Pattern）转移的精确性与可靠性，加工过程还包括烘烤（Bake），以去除晶圆表面水分。经过这一连串操作，将掩膜版上的图案经曝光转移到晶圆表面。其中，曝光工艺技术要求最高，为达到精细化的要求，在曝光（Exposure）时必须尽可能使用极短的波长光源（如紫外线或激光）、精密的透镜等，因此设备造价很昂贵；另外，在整个半导体制造流程中，以曝光工艺的重入次数最多，这两方面使曝光机经常成为半导体厂的瓶颈资源。

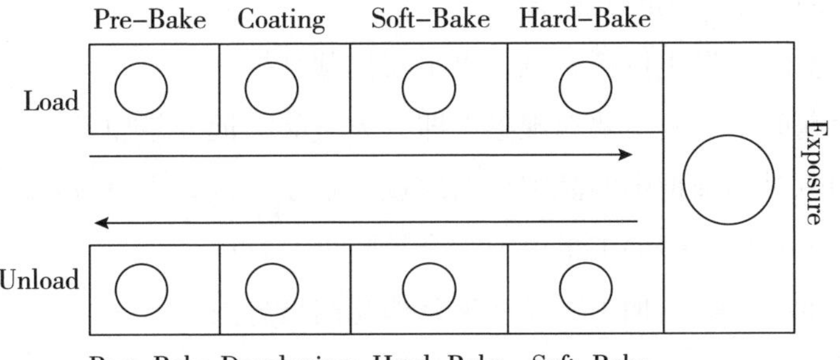

图10－1 黄光区加工流程

曝光设备对温度、湿度、震动及大气压力等环境条件的变化极为敏感，而光刻机（Stepper）的温度、压力及透镜的老化程度等微小变化，都会给产品良率造成较大影响。由于曝光机对外界环境变化极为敏感，其参数变化时间与变化量无法准确预测，造成曝光质量波动较大。即使是同一型号的曝光机，其对准误差也不同。若同一批次的产品在不同设备上加工会使产品良率波动变大。在产品各层中，有些层次的线宽较小，对曝光机对准度要求高。一些半导体厂为了稳定产品良率，规定对一些对误差容忍度要求较低的关键层（Critical Layer），必须在同一设备上加工，即使该设备进行预维护或宕机。这样，某产品的第一层关键层在某台曝光机加工时，后续各个关键层都要在该台设备上加工。这种加工方式称为绑机限制（Lot Dedication）。采取绑机限制加工策略虽在一定程度上提高了产品良率，但是大大降低了生产弹性，造成不必要的产能浪费。鉴于此方面的考虑，本小节在优化黄光区调度时不考虑绑机限制，以最大限度地利用设备产能。

在半导体厂的黄光区，尽管晶圆批在理论上可在任意一个光刻机上加工，但由于光刻机加工能力存在一定差异，即加工速度存在区别，这一点也是不可能做到的。从这个意义上说，黄光区调度问题也是非等效平行机多机台调度问题。需要说明的是，绑机限制并不意味着其他的光刻机的加工功能无法满足该晶圆批的生产要求，多是生产管理者为了减少加工误差，提高产品良率采取的一种控制手段。因此，忽略绑机限制不会改变调度问题的性质。

2. 光刻设备调度优化模型架构

（1）问题描述。

①设备的最早可用时间已知。

②调度期间不发生设备宕机，也不安排预维护。

③调度期间不会发生缺料现象，即有大量晶圆批等待加工。

④光刻机对晶圆批中的晶圆片采取逐个加工方式，但其加载/卸载时是以一个晶圆批为单位，即加工单位为一个晶圆批（Lot）。

⑤晶圆批一旦开始加工不允许被其他晶圆批打断。

⑥对某一类型的产品，其掩膜版数量是有限的，即存在竞争掩膜版现象。

⑦使用同一掩膜版的产品属于相同产品类型，但可能不属于同一订单，即交货期不同。

⑧光刻机一次只使用一个掩膜版。

⑨不同光刻机对晶圆的处理速度不同。

⑩在调度队列中，产品加工时间已知，设备的调整准备时间包括在加工时间内。

⑪产品到达储存区的时间已知，忽略等待时间及搬运时间。

⑫由于半导体加工周期较长，一般需要 2 ~ 3 天/层，而调度周期一般为 1 天或更短时间，所以不考虑同一晶圆批的不同层之间对设备资源的竞争情况。

⑬晶圆批的产品订单等级相同，均为正常订单。

符号说明：

T ——调度周期；

E ——光刻设备总量；

e ——光刻设备代码，$e = 1,2,3,\cdots,E$ ；

M ——掩膜版类型总量；

r ——光掩膜版类型代码，$r = 1,2,3,\cdots,M$ ；

$R(r)$ ——光掩膜版类型 r 中的光掩膜版总量；

k ——光掩膜版类型 r 中的光掩膜版代码，$r = 1,2,3,\cdots,R(r)$ ；

J ——产品类型总数；

j ——产品类型代码，$j = 1,2,3,\cdots,J$；

$Q(j)$ ——在所有产品类型中，产品类型 j 的晶圆批所占百分比；

N_j ——产品类型 j 的晶圆批数量；

i ——产品类型 j 中的晶圆批代码，$i = 1,2,3,\cdots,N_j$ ；

p_{je} ——产品类型 j 的晶圆批在设备 e 上的加工时间；

$TW(j)$ ——产品类型 j 的目标在制品量；

$AW(j,0)$ ——调度开始时，产品类型 j 的实际在制品量；

$AW(j,T)$ ——调度周期 T 结束时，产品类型 j 的实际在制品量；

$BI(j)$ ——产品类型 j 的在制品波动百分比；

BI ——黄光区的在制品波动百分比；

$\overline{U_{ijket}}$ ——由（ $T+1$ ）个元素组成的列向量，除位置 t 到（ $t+p_{je}-1$ ）为 1 外，其余均为 0；

$$Y_{ket}=\begin{cases}1 & \text{如果 } t \text{ 时刻光罩 } k \text{ 在设备 } e \text{ 上使用；}\\ 0 & \text{其他}\end{cases}$$

$$X_{ijket}=\begin{cases}1, & \text{如果 } t \text{ 时刻产品类型 } j \text{ 的晶圆批 } i \text{ 使用光罩 } k \text{ 在设备 } e \text{ 上加工}\\ 0, & \text{其他。}\end{cases}$$

（2）目标函数选择。

与炉管区相同，将最小化黄光区的在制品波动作为优化目标，即最小化 BI。

$$\text{Min}Z=\sum_{j=1}^{J}Q(j)\left|BI(j)\right| \tag{10-7}$$

其中，$BI(j)=\dfrac{AW(j,T)-TW(j)}{TW(j)}=\dfrac{AW(j,0)-\sum\limits_{i=1}^{N_j}\sum\limits_{r\in M}\sum\limits_{k\in R(r)}\sum\limits_{e=1}^{E}\sum\limits_{t=0}^{T}X_{ijket}-TW(j)}{TW(j)}$

（3）约束条件。

①掩膜版的设备选择。

t 时刻最多只有一台光刻机使用掩膜版 k。

$$\sum_{e=1}^{E}Y_{ket}\leqslant 1 \tag{10-8}$$

②掩膜版的使用。

t 时刻最多只有一个掩膜版在指定设备 e 上使用。

$$\sum_{r\in M}\sum_{k\in R(r)}Y_{ket}\leqslant 1 \tag{10-9}$$

③掩膜版－设备组合的使用。

t 时刻，一个掩膜版－设备组合（k，e）最多只能加工一个晶圆批。

$$\sum_{j\in J}\sum_{i=1}^{N_j}X_{ijket}\leqslant Y_{ket} \tag{10-10}$$

④掩膜版的使用约束。

设备每次加工时，一个掩膜版只能用于产品类型 j 的一个晶圆批 i 上。

$$\sum_{j\in J}\sum_{i=1}^{N_j}\sum_{e=1}^{E}\overline{U_{ijket}}\cdot X_{ijket}\leqslant\bar{1} \tag{10-11}$$

其中，$\bar{1}$ 为由（$T+1$）个 1 元素组成的列向量。

⑤掩膜版的分配约束。

设备每次加工时，一个掩膜版最多占用一台设备。

$$\sum_{j \in J} \sum_{i=1}^{N_j} \sum_{e=1}^{E} \overline{U_{ijket}} \cdot Y_{ket} \leqslant \bar{1} \tag{10-12}$$

⑥设备产能约束。

每次加工时，加工量不能超过光刻机 e 的加工容量，即一个晶圆批。

$$\sum_{j \in J} \sum_{i=1}^{N_j} \sum_{r \in M} \sum_{k \in R(r)} \overline{U_{ijket}} \cdot X_{ijket} \leqslant \bar{1} \tag{10-13}$$

⑦设备有效加工时间约束。

每个调度周期内，设备 e 的总加工时间不能大于调度周期。

$$\sum_{j \in J} \sum_{i=1}^{N_j} \sum_{r \in M} \sum_{k \in R(r)} \sum_{t=0}^{T} p_{je} \cdot X_{ijket} \leqslant T \tag{10-14}$$

⑧二元变量约束。

$$X_{ijket} \in \{0,1\} \tag{10-15}$$

$$Y_{ket} \in \{0,1\} \tag{10-16}$$

10.2.3 离子注入区调度优化模型

1. 离子注入工艺

离子注入技术（Ion Implantation）是将杂质源以离子形态注入晶圆上的特定区域，以获得精确的电性能。这些离子必须先被加速到具有足够的能量与速度，才可穿透晶圆表面薄膜，到达预定的注入深度。离子注入工艺的目的在于精密控制注入区内的杂质浓度与深度。基本上，该杂质浓度由离子束与扫描率（晶圆通过离子束的次数）来控制。注入深度由离子束的能量大小来决定。

2. 离子注入设备调度优化模型架构

（1）问题描述。

具体问题描述如下。

①设备的最早可用时间已知。

②调度期间不发生设备宕机及维修状况。

③调度期间不会发生缺料现象，即有大量晶圆批等待加工。

④离子注入设备一次加工一个晶圆批，即加工单位为 1Lot。

⑤晶圆批一旦开始加工就不能被打断。

⑥同一产品类型的不同层在离子注入设备上的加工时间已知。

⑦设备调整准备时间包括在晶圆加工时间内。

⑧产品到达储存区的时间已知，忽略等待时间及搬运时间。

⑨在缓冲区等待加工的晶圆批所属的订单等级相同，均为正常订单。

为方便叙述，符号说明如下。

T ——调度间隔或调度周期；

E ——离子注入设备总量；

e ——离子注入设备代码，$e = 1,2,3,\cdots,E$ ；

J ——产品类型总数；

j ——产品类型代码；

$Q(j)$ ——在所有产品类型中，产品类型 j 的晶圆批所占百分比；

N_j ——产品类型 j 的晶圆批数量；

i ——产品类型 j 中的晶圆批代码，$i = 1,2,3,\cdots,N_j$ ；

p_{je} ——产品类型 j 的晶圆批在设备 e 上的加工时间；

$TW(j)$ ——产品类型 j 的目标在制品量；

$AW(j,0)$ ——调度开始时，产品类型 j 的实际在制品量；

$AW(j,T)$ ——调度周期结束时，产品类型 j 的实际在制品量；

$BI(j)$ ——产品类型 j 的在制品波动百分比；

BI ——离子注入区的在制品波动百分比；

$$X_{jiet} = \begin{cases} 1, & \text{如果 } t \text{ 时刻产品类型 } j \text{ 的晶圆批 } i \text{ 在设备 } e \text{ 上加工} \\ 0, & \text{其他} \end{cases};$$

$\overline{V_{jiet}}$ ——由（ $T+1$ ）个元素组成的列向量，除位置 t 到（ $t+p_{je}-1$ ）为 1 外，其余均为 0。

（2）目标函数的选择。

与前两个加工区域的优化目标相同，离子注入区的调度目标函数也是最小化在制品波动，即目标函数是最小化 BI 。

$$\text{Min}Z = \sum_{j=1}^{J} Q(j)\,|BI(j)| \tag{10-17}$$

其中，$BI(j) = \dfrac{AW(j,T) - TW(j)}{TW(j)} = \dfrac{AW(j,0) - \sum_{i=1}^{N_j}\sum_{e=1}^{E}\sum_{t=0}^{T} X_{jiet} - TW(j)}{TW(j)}$

（3）约束条件。

①加工次数约束。

在整个调度周期内，任何一个晶圆批最多只能加工一次。

$$\sum_{e=1}^{E}\sum_{t=0}^{T} X_{jiet} \leqslant 1 \tag{10-18}$$

②设备有效加工时间约束。

在整个调度周期内，设备的有效加工时间不能超过总的调度周期。

$$\sum_{j \in J}\sum_{i=1}^{N_j}\sum_{t=0}^{T} p_{je} \cdot X_{jiet} \leqslant T \tag{10-19}$$

③设备产能约束。

设备每次加工时，在离子注入设备 e 上加工的晶圆批数量不能超过加工容量。

$$\sum_{j \in J}\sum_{i=1}^{N_j} \overline{V_{jiet}} \cdot X_{jiet} \leqslant \bar{1} \tag{10-20}$$

$\bar{1}$ 为由（$T+1$）个 1 组成的列向量。

④二元变量约束。

$$X_{jiet} \in \{0,1\} \tag{10-21}$$

10.2.4 半导体制造系统调度优化方法研究

鉴于半导体制造系统的调度优化属于 NP－Hard 问题，发展一套适用于求解该类复杂问题的算法是理论界研究的热点之一。

目前，对 NP－Hard 问题的解决呈现出两种趋势。一类是对给定的具有 NP－Hard 性质的调度问题给出各种形式的数学规划模型，采用分支定界算法或拉格朗日松弛算法（Lagrange Relaxation）以获得精确解，其不足之处在于计算量很大，均受到求解问题规模的限制，一般来说能够求解的问题规模都很小，在可以承受的时间内无法解决中、大规模的实际问题。一些学者也看到了该方法的弊端，尝试先将复杂的大规模制造问题分解为几个小问题，分别求解后再综合处理得到问题的解。这种方法仍有不足之处，即它容易改变问题的性质，求得的解存在较大误差，而且将问题分解本身也存在一定难度。另一类是降低原来的目标，不去寻找求解此问题的多项式时间的精确算法，而考虑寻找在大多数情况下能快速求解的近似算法等。

近年来，基于生物学、物理学和人工智能，发展了一些具有全局优化性能且通用性强的启发式算法（Heuristic Algorithm），用于求解 NP－Hard 组合优化问题的全局最优解，其算法思想主要吸收了许多看似无关的其他学科中的概念和方法，因其高效的优化性能、无须特殊信息等优点，受到各领域的广泛关注和应用。研究较多的有遗传算法、模拟退火算法、禁忌搜索、蚁群算法等。它们是求解 NP－Hard 问题的通用、有效的近似算法。与以往近似算法相比，具有描述简单、使用灵活、运用广泛、运行效率高、较少受初始条件限制和应用领域非常广泛等优点，因此广泛用于求解一些复杂的实际问题。

本小节尝试运用蚁群算法（ACO）来求解半导体制造系统生产调度优化问题，以期在较短时间内得到一个可行解或满意解。主要原因是该算法具有以下特性。①信息素（Pheromone）的正反馈（Positive Feedback），即蚂蚁在行进过程中，会根据行走路线的特点释放信息素，信息素的增加会提高该路线被选中的概率，加速最优解的寻找过程。②信息素的负反馈（Negative Feedback），即随着时间的推移，信息素会挥发，这样可避免结果落入局部最优解之中。③逐步构建（Constructive）的启发式算法，即与其他以先持有一组解再做改善的方法不同，ACO 是逐步构建解的，在求解过程中可协助发现其他可行解（Dorigo and Gambardella，1997）。

10.2.5　蚁群算法的基本原理与流程

1. 基本原理

蚁群算法是意大利学者 Colorni 等在 1991 年提出的，并由 Dorigo 在其博士论文中提出完整框架，应用于旅行商问题（Traveling Salesman Problem，TSP）。与其他启发式算法相同，如基因算法、模拟退火算法，蚁群算法也是借鉴自然界的某些机制或现象，并将其运用于组合优化问题。Colorni 等研究了蚂蚁在寻找食物时寻求最短路径的行为，通过模拟蚂蚁在食物与巢穴间寻找最短路径的行为，发展了一套求解问题的方法。

自然界中的蚂蚁能够不依赖视觉的辅助，只需依靠一种称为“信息素”的化学物质，再通过蚂蚁间相互合作，便能找出食物与巢穴间的最短路径。蚂蚁在路径的选择上大多是随机的，但若其他同伴已经走过，则会根据其遗留在路径上的信息进行决策。蚂蚁在搜寻过程中会沿途释放一种挥发性物质，即信息素，它是动物用来传递信息而向外界分泌的物质。这种物质会像香水一般散发在空气中。其他蚂蚁会根据信息素的浓度来决定是否要沿着前面蚂蚁的路走下去，浓度越浓则越有可能沿着前面的蚂蚁所走过的路径走。由于信息素具有挥发性，随着时间的推移，同一个地方若再无其他的蚂蚁走过，信息素的浓度会慢慢减少。在地面上，每个地方的信息素的挥发是一致的，所以在较长的路径上，搜寻时间越长，信息素挥发得越多，浓度越低。最终大部分蚂蚁都会选择较短的路径，使问题得到收敛。整个过程也反映了蚁群之间的协作精神。

Dorigo and Gambardella 提到用人工蚂蚁模拟自然界蚂蚁行为的三个关键特性。

第一，蚂蚁倾向于选择具有较高信息素的路径，即路径概率选择机制。

第二，对于较短的路径，其信息素的积累速度较快，即信息素更新机制。

第三，蚂蚁通过信息素能够达到间接沟通的效果，即协同工作机制。

当然，人工蚂蚁并非全部模拟自然界蚂蚁的生活模式，至少与自然界蚂蚁会有以下差异。

第一，人工蚂蚁会有自己的记忆空间。

第二，人工蚂蚁不会是“全盲”，即存在除信息素以外的引导因素。

第三，人工蚂蚁所生存的环境在时间上是非连续的。

因此，设计人工蚂蚁需完成以下三项工作。

(1) 确定状态转移规则 (State Transition Rule)。

状态转移规则是当蚂蚁由一个状态进入另一个状态时的依据，需要考虑信息素的浓度及合适的启发式函数 (Heuristic Function) 所占的比重。启发式函数用来引导蚂蚁朝着较短路径移动。过高的信息素权重，容易使蚂蚁在取得最佳解之前，因为大都选择相同的路径而使解的改进停滞不前（Stagnation）。相对过低的信息素则易导致过度依赖于启发式函数的效果，陷入函数所引导的局部最优解。

（2）建立问题约束。

许多问题本身有着严格的约束，若违反这些约束，无法得到一个可行解。因此，必须制定某种机制，使人工蚂蚁在求解过程中能够符合问题本身的限制。以旅行商问题为例：同一个城市只能访问一次，不能重复，这就要求每个蚂蚁都要记忆自己的行走路径。Dorigo 提出以禁忌列表来处理该类问题。

（3）设计信息素更新规划（Pheromone Update Rule）。

人工蚂蚁也需要借助信息素来完成相互间的信息沟通，信息素的更新策略主要有三种。

①局部更新（Local Updating）。

只要有蚂蚁走过的路径，就要改变路径上的信息素。局部更新的主要作用在于避免产生一个过于强劲的路径吸引所有蚂蚁走上该路径，这样无法搜索新的路径，从而影响解的质量。

②全局更新（Global Updating）。

每次所有蚂蚁走完整个路径后，更新信息素。对于人工蚂蚁，在每次迭代后，根据当前最优解更改信息素。全局更新的作用是对于好的可行解给予较高的奖励。

③信息素挥发（Pheromone Evaporation）。

与自然界的蚂蚁相同，人工蚂蚁留存的信息素也会随着时间的推移而挥发。信息素挥发的目的是，避免某些路径上的信息素无限量累积，使蚂蚁有机会搜索其他路径；另外，对曾经取得的可行解，在一段时间后，若无其他蚂蚁经过，会逐渐被遗忘。合适的信息素有助于改善解的质量与求解效率。

2. 基本流程

蚂蚁特有的觅食机制为解决许多实践难题提供了思路。目前，人们已总结出蚂蚁在觅食过程中遵循的一些简单规则。路径（i,j）的轨迹强度 τ_{ij}、路径（i,j）的能见度 η_{ij}、蚂蚁 k 在路径（i,j）上留下的单位轨迹信息素

增量 $\Delta\tau_{ij}^{k}$ 、蚂蚁 k 的转移概率 p_{ij}^{k} 以及轨迹的相对重要性 α（$\alpha \geqslant 0$）、路径可见度的相对重要性 β（$\beta \geqslant 0$）、轨迹的挥发率 ρ（$0 \leqslant \rho < 1$），这几个参数是算法能否实现以及决定算法效率的关键性因素。

τ_{ij} 、$\Delta\tau_{ij}^{k}$ 及 p_{ij}^{k} 的表达形式可以不同，要根据具体问题而定。一般来说，蚂蚁 k 的转移概率为：

$$p_{ij}^{k} = \begin{cases} \dfrac{[\tau_{ij}]^{\alpha}[\eta_{ij}]^{\beta}}{\sum\limits_{u \in allowed_k}[\tau_{ij}]^{\alpha}[\eta_{iu}]^{\beta}} & \text{if } j \in allowed_k \\ 0 & \text{其他} \end{cases} \tag{10-22}$$

其中，$allowed_k = \{0, 1, \cdots, n-1\} - tabu_k$，表示第 k 只蚂蚁下一步可以选择的集合。α 、β 分别表示蚂蚁在运动过程中所积累的信息素及启发式因子对蚂蚁决策的影响程度。

轨迹强度的更新方程为：

$$\tau_{ij}^{\text{new}} = (1-\rho) \cdot \tau_{ij}^{\text{old}} + \rho\Delta\tau_{ij} \tag{10-23}$$

$$\Delta\tau_{ij} = \sum_{k=1}^{m}\Delta\tau_{ij}^{k} \tag{10-24}$$

关于蚂蚁 k 的单位轨迹信息素增量 $\Delta\tau_{ij}^{k}$，Dorigo 曾给出了三种不同的取法。

（1）Ant－Quality 模型。

$$\Delta\tau_{ij}^{k} = \begin{cases} \dfrac{Q}{d_{ij}} & \text{若}(i,j)\text{ 在最优路径上}(d_{ij}\text{ 为两城市间距离}) \\ 0 & \text{其他} \end{cases}$$

（2）Ant－Density 模型。

$$\Delta\tau_{ij}^{k} = \begin{cases} Q & \text{若}(i,j)\text{ 在最优路径上} \\ 0 & \text{其他} \end{cases}$$

（3）Ant－Cycle 模型。

$$\Delta\tau_{ij}^{k} = \begin{cases} \dfrac{Q}{L_k} & \text{若}(i,j)\text{ 在最优路径上}(L_k\text{ 为目标函数}) \\ 0 & \text{其他} \end{cases}$$

其中，Q 为一常数。前两种表达式适合于信息素局部更新时使用。第三种适合于全局更新时使用。

蚁群算法基本控制流程如图 10－2 所示，其遵循的统一算法步骤如下。

```
参数设置，初始化信息素；
        While（不满足终止条件时）do
        For 蚁群中的每个蚂蚁；
            For 每个解构造步骤（直到构造出完整解）；
                蚂蚁按信息素及启发式信息的指引构造每一步的问题的解；
                信息素局部更新（可选）
            End
          End
    近邻搜索（可选）；
    信息素全局更新；
    End
```

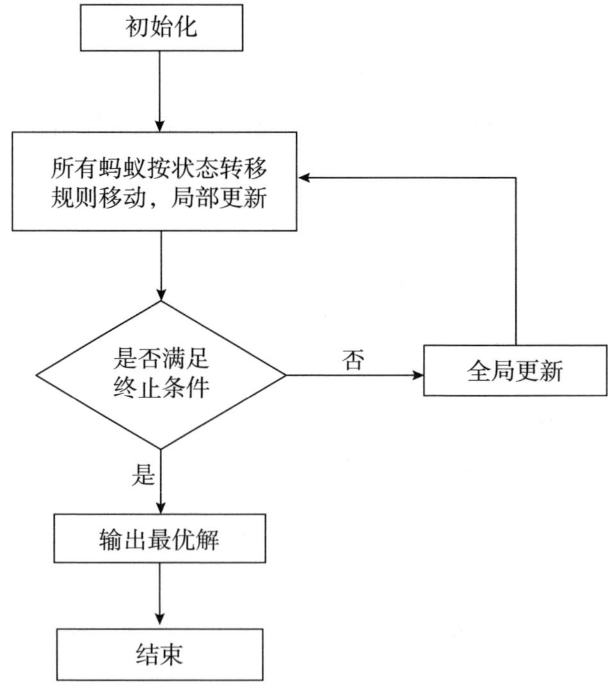

图 10－2　蚁群算法基本控制流程

3. 蚁群算法的特点

自蚁群算法提出以来，人们通过若干典型的对称型和非对称型 TSP 的求解，用蚁群算法与其他一些常用启发式算法作了一系列比较，除了 Lin Kernighan 的局部改进法之外，蚁群算法在算法效率与寻优能力方面均优于模拟退火算法、遗传算法、禁忌搜索等算法。蚁群算法在二次分配问题、工件排序问题、图着色问题、调度问题、大规模集成电路、通信网负载均衡、序列订货问题等相继得到测试、求解和应用。近年来，蚁群算法又被应用于一些约束型问题和多目标问题的求解上。

众多研究已经证明蚁群算法具有很强的发现较好解的能力，这是因为该算法不仅利用了正反馈原理，在一定程度上可以加快进化过程，而且是一种本质并行的算法，不同个体之间不断进行信息交流和传递，从而能够相互协作，有利于发现较优解。

蚁群算法具有如下优点。

（1）较好的鲁棒性，对蚁群算法模型稍加修改，便可以应用于其他问题。

（2）分布式计算，蚁群算法是一种基于种群的进化算法，具有本质并行性，易于并行实现。

（3）与其他算法相比，能方便地处理约束条件，有效利用问题的启发式信息等特点。

（4）容易与多种启发式算法结合，以改善算法的性能。

10.2.6 改进的蚁群算法求解半导体制造系统调度优化问题

由于三个加工区的问题性质相同，均为非等效平行机调度问题，只是黄光区的调度问题更为复杂。因此，本小节主要针对黄光区的调度问题，对蚁群算法进行改进，以期在较短时间获得一个较满意的可行解。

对于平行机调度问题，可以从作业调度和设备调度两个角度考虑。从作业调度角度，在整个调度期间对所有的作业进行安排，其结构如图 10－3 所示。节点 O 表示调度虚拟起始点，节点 O_1、O_2分别表示产品类型 1、产品类型 2，两种产品均有属于 n 个客户订单的晶圆批。节点 O_{11}表示产品类型 1 的订单为 1 的晶圆批，依此类推。虚线节点表示加工中心的某个平行机，一共

m 台曝光设备。从虚拟起始点 O 出发，依次为每个订单作业选择合适的设备，从而构造出完整的作业处理顺序。

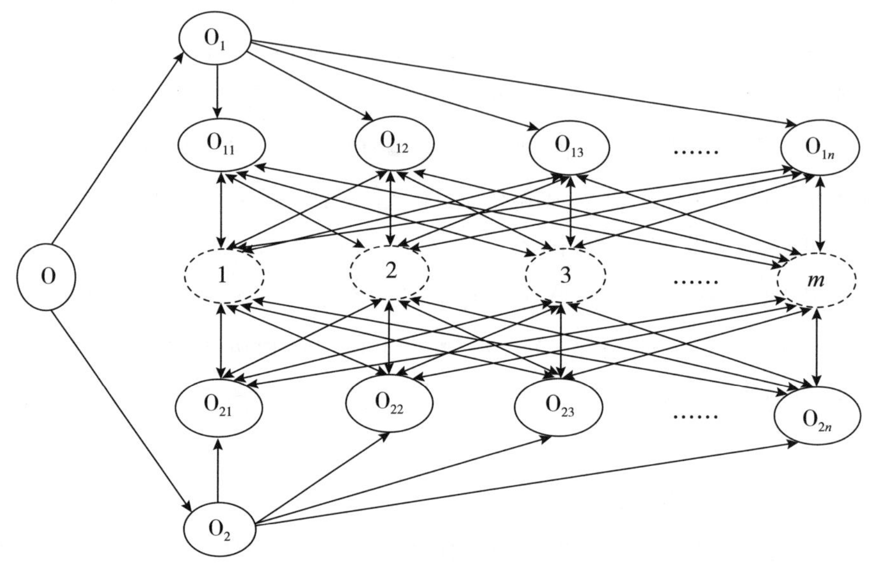

图 10－3　平行机问题作业调度结构

从设备调度角度，在整个调度期间对所有设备进行作业安排，其结构如图 10－4 所示。从虚拟起始点 O 开始，选择最早可用的设备，然后从储存区中选择合适的晶圆批作业，以此类推完成对所有设备的安排。

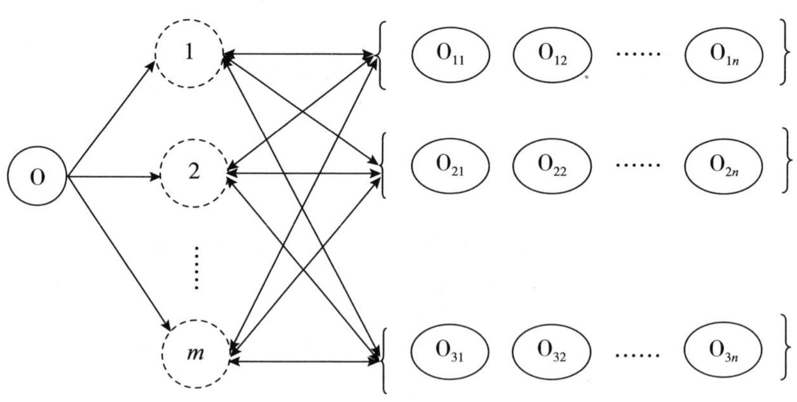

图 10－4　平行机问题设备调度结构

从长期来看，在对全部作业的安排上，以上两种调度结果是相同的。但是，考虑到半导体厂的实际情况，某时刻在黄光区的储存区可能存在着大量待加工的晶圆批，其数量会远大于设备的加工能力。在这种情况下，若从作业调度角度出发，就要对所有的作业进行安排。然而，实际上，在每个调度期间内，是无法按这一安排完成对所有晶圆批的加工，并在下一个调度周期开始之前，又需要对储存区的晶圆批信息进行更新，重新考虑作业安排。这样，就会存在一些已经安排但尚未来得及加工的作业，从而造成调度上的浪费。因此，本小节倾向于从设备调度角度去安排作业加工顺序，即搜索最早可用的曝光设备，然后选择合适的晶圆批，分配给该设备，依次循环完成调度周期内所有设备的生产安排。

1. **算法设计**

（1）初始化。

在信息素（轨迹强度）的表示方面，将 τ_{ij} 表示为产品 j 分配到第 i 台曝光设备的期望程度。对于轨迹强度的初始值，蚁群算法一般赋予一个近乎为零的值。

（2）状态转移规则。

蚂蚁在为曝光设备 i 选择产品 j 时，采用组合策略，即设定一个阈值 q_0，当 $q < q_0$ 时，采取策略 S_1；当 $q \geqslant q_0$ 时，采取策略 S_2。因此，产品 j 的选择，由下式决定：

$$j = \begin{cases} s_1, \text{ if } \quad q < q_0 \\ s_2, \text{其他} \end{cases} \tag{10-25}$$

S_1 的含义是随机从可选择的产品集合 $M(j)$ 中选取，q 为在区间［0，1］均匀产生的随机数，q_0 为参数（$0 < q_0 \leqslant 1$），它是决定蚂蚁选择产品的方法，是实现变异的参数。变异的目的是避免运算陷于局部极小的陷阱。

S_2 的含义是按照转移概率 p_{ij}^k 选择产品。在信息素的构建方面，传统蚁群算法只使用一种信息素。实际上，在自然界，蚂蚁至少使用五种信息素进行信息交换，其目的包括觅食、警示、发现合适筑巢位置等。就调度问题而言，单用一种信息素来解释作业间的加工顺序也有些不足。因此，本小节又设计一类信息素 ε_{ij}，它表示产品 j 在曝光设备 i 上加工时的在制品均衡率

[$BI(i)$]，以此作为是否选用产品 j 的一个评估值。

$$p_{ij}^{k}=\begin{cases}\dfrac{[\tau_{ij}]^{\alpha}[\eta_{ij}]^{\beta}[\varepsilon_{ij}]^{\gamma}}{\sum_{i=1}^{n}[\tau_{ij}]^{\alpha}[\eta_{ij}]^{\beta}[\varepsilon_{ij}]^{\gamma}} & \text{if } j\notin tabu_{k}\\ 0 & 其他\end{cases} \tag{10-26}$$

$\eta_{ij}=1/p_{ij}$，p_{ij} 是产品 j 在曝光设备 i 上的单位加工时间；$tabu_k$ 代表蚂蚁 k 已经选择过的产品，不能再次选用；α、β、γ 是参数（$\alpha\geqslant 0, \beta\geqslant 0, \gamma\geqslant 0$），由信息素与启发式信息的相对重要性确定。

（3）局部更新策略。

针对每一只蚂蚁 k 完成全部遍历后，进行局部更新。如果产品 j 是蚂蚁为曝光设备 i 选择的节点，则：

$$\tau_{ij}^{\text{new}}=(1-\rho)\tau_{ij}^{\text{old}}+\rho\Delta\tau_{ij} \tag{10-27}$$

其中：ρ 为信息素的挥发率，$0<\rho<1$。$\Delta\tau_{ij}$ 为蚂蚁在节点（i,j）处留下的信息素，$\Delta\tau_{ij}=BI(i)$。

为避免部分路径的信息素过大或过小，使所求得的解落入局部最优解中，将信息素给予上下限的限制（$\tau_{\max},\tau_{\min}$）。

（4）近邻搜索。

近邻搜索的目的是发现有潜力的路径，通过信息素的全局更新，使有潜力路径上的信息素得以增加，从而增加蚂蚁选择该路径的机会。本小节采用 2 - opt 交换方法进行近邻搜索。但是，执行近邻搜索需花费较长时间，为兼顾效率，本小节只在达到终止条件的 80% 以上时才执行两两交换法。

（5）全局更新策略。

一旦所有 m 只的蚂蚁都遍历全部的作业（找到一个可行解），必须对各边上的信息素进行一次全局更新。传统的信息素更新策略如下：

$$\tau_{ij}(I+1)=(1-\rho)\tau_{ij}(I)+\rho\sum_{k=1}^{m}\Delta\tau_{ij}^{k}(I) \tag{10-28}$$

其中，$\Delta\tau_{ij}^{k}(I)$ 是第 k 只蚂蚁在第 I 次迭代时在路径（i, j）上所留下的信息素的增量。

本小节中，采用精英策略（Elitist Strategy），只有最好的蚂蚁才在路径上增加信息素，以期将表现最好的路径保留下来，增加该路径被选择的机会，即：

$$\tau_{ij}(I+1) = (1-\rho)\tau_{ij}(I) + \rho\Delta\tau_{ij}^{e}(I) \tag{10-29}$$

其中，$\Delta\tau_{ij}^{e}(I)$ 为第 I 次迭代中最好的蚂蚁在路径（i, j）上所留下的信息素的增量。

$$\Delta\tau_{ij}^{e}(I) = \begin{cases} Q/Z_e & \text{if 蚂蚁经过路径}(i,j) \\ 0 & \text{其他} \end{cases} \tag{10-30}$$

其中，Q 是体现蚂蚁所留信息素数量的一个常数；Z_e 是第 I 次迭代时最好的目标函数值。

2. 算法步骤

黄光区生产调度与传统的多机台平行机调度存在一定差别，加工晶圆批的每一层需要特定的掩膜版来配合，即存在一个掩膜版在曝光设备上的分配问题。

针对黄光区的调度特点，本小节提出一个两段式蚁群优化调度算法。第一阶段，掩膜版在曝光设备上的分配，即确定变量 Y_{ket} ；第二阶段，晶圆批在曝光设备上的分配，即对能够使用同一掩膜版但属于不同客户订单的晶圆批做出选择，确定变量 X_{ijket} 。首先，结合状态转移规则与相关的掩膜版约束条件，确定变量 Y_{ket} 。其次，结合相关的晶圆批约束条件，对使用特定掩膜版的晶圆批进行分配，这样就完成了一个晶圆批在曝光设备上的分配或曝光设备对晶圆批的选择，如此循环完成一只蚂蚁的整个路径，即完成所有曝光设备的安排。在所有蚂蚁都遍历后，更新信息素，进行下一次搜索，如此循环直到满足终止条件，记录最优解。这样就完成了 t 时刻的调度，依次类推，得到整个调度周期 T 的设备调度安排。

黄光区的蚁群算法控制流程如图 10－5 所示，算法步骤如下。

Step1　定义晶圆批的属性，如加工类型、加工时间以及交货期等。

Step2　初始化调度参数，如调度周期 T。

Step3　初始化蚁群算法参数，如迭代次数，信息素初值 $\tau_{ij}(0)$ 等。

Step4　$C=0$（迭代次数）。

Step5　将 m 只蚂蚁置于初始点上，即将初始点置于当前解集中。

Step6　$I=1$（第 I 只蚂蚁）。

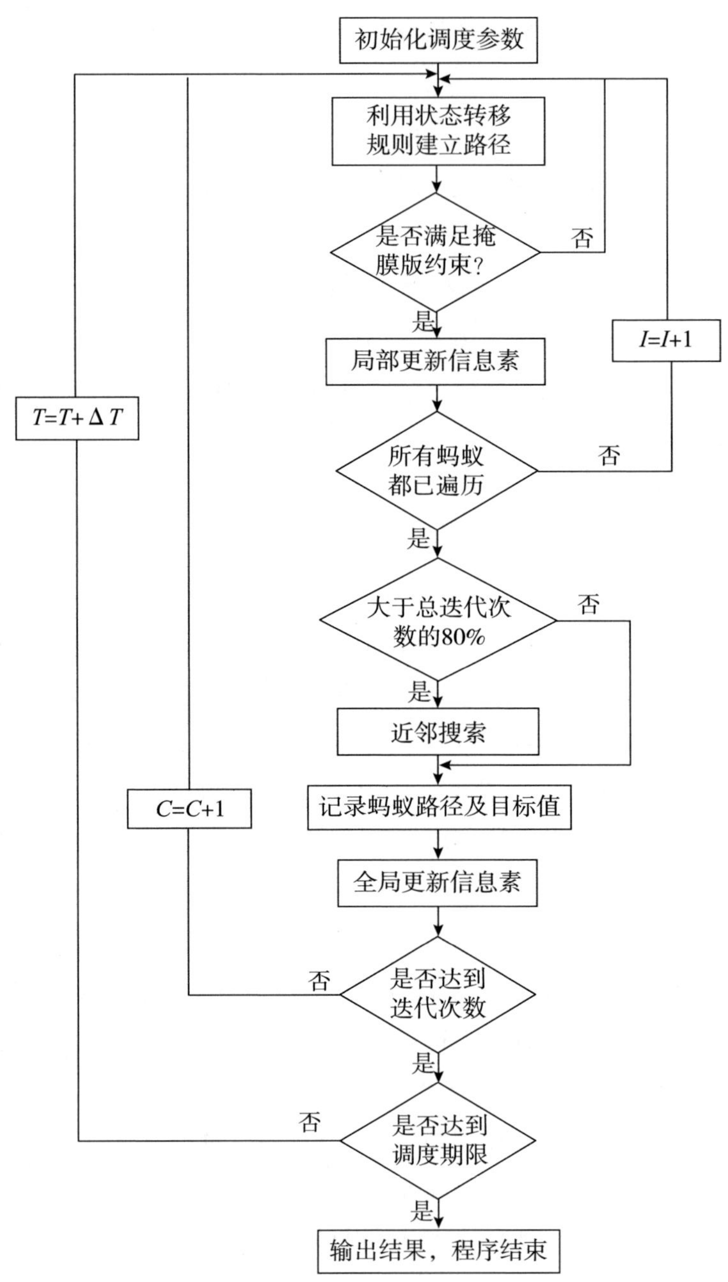

图 10－5　黄光区的蚁群算法控制流程

Step7　$k=1$（第 k 个搜索步骤）。

Step8　对蚂蚁 I，按照状态转移规则为曝光设备 i 选择晶圆批 j。

Step9 判断是否满足掩膜版的相关约束条件；

是，执行 Step10；

否，返回 Step8。

Step10 移动蚂蚁 I，将节点（i，j）放置于当前解集中。

Step11 局部更新，修改轨迹强度。

Step12 判断蚂蚁 I 是否已经遍历；

是，返回 Step13；

否，$k=k+1$，返回 Step8。

Step13 判断是否所有 m 只蚂蚁都已遍历；

是，返回 Step14；

否，$I=I+1$，返回 Step7。

Step14 判断是否大于总迭代次数的 80%；

是，近邻搜索；

否，返回 Step15。

Step15 记录蚂蚁路径及目标值，对目标值排序。

Step16 信息素全局更新。

Step17 判断是否达到总的迭代次数；

是，返回 Step18；

否，$C=C+1$，返回 Step5。

Step18 判断是否达到终止条件；

是，返回 Step19；

否，$T=T+\Delta T$，返回 Step4。

Step19 输出最优调度结果，程序结束。

3. 算法实现

本小节拟采用 Matlab6.5 编程语言，实现黄光区生产调度的蚁群算法。为验证蚁群算法的有效性，本小节还采用数学规划软件 Lingo8.0，对黄光区生产调度问题进行编程、求解，以期进行对比。

对于整数规划问题，Lingo8.0 采用的是分支定界方法。该调度问题为 NP - Hard 难题：当曝光设备达到 3 台、产品类型超过 3 个、在制品超出 5 个、调度周期大于45分钟时，短时间内已经无法得到最优解。这也从另一个侧面说明了采用蚁群算法的必要性。

用于比较的算例是一个包括2台设备，2个产品类型，各产品类型的在制品量为5的小型模型。其中，两种产品在两台设备上的加工时间分别为［11，13；15，12］。两种产品的目标在制品量分别为2与3，产品组合比例为1:2。在赛扬2.0GHz，256M内存的台式机上运行Lingo8.0，耗时22分28秒，求解结果见表10－1。与此同时，用基于Matlab的蚁群算法（简称ACO－Matlab）计算该模型，耗时0.14秒，结果见表10－1。

表10－1　　蚁群算法结果验证

算法	优化结果	X值				
		设备代码	产品类型代码	晶圆批标识	掩膜版代码	开始加工时间（分钟）
Lingo8.0	0.1667	1	2	2	1	0
		1	1	3	1	16
		2	2	1	2	0
		2	1	1	2	12
ACO－Matlab	0.1667	1	1	2	1	0
		1	2	2	1	16
		2	2	5	2	0
		2	1	5	2	12

从表10－1中可以看出，两种计算工具得到的优化结果相同，这表明基于Matlab所设计的蚁群算法能够满足问题求解。需要说明的是，由于所设计的蚁群算法中考虑到不同晶圆批完工时间（Due Date）上的差异，从而给予不同的调度优先权。而在Lingo算法中假设各晶圆批的优先权相同。因此，在使用相同掩膜版的晶圆批的选择上与Lingo算法中的晶圆批的选择存在差异，但这不会给目标值带来不良影响。

4. 蚁群算法参数设计

在蚁群算法中，蚂蚁数量、信息素初值、挥发率以及α、β、γ、q_0等参数均对问题结果有一定影响，需要对这些参数进行设计。本小节将问题规模假定为曝光设备 10 台、15 种产品、调度周期 180 分钟。初始参数设计为 15 只蚂蚁，信息素初值 $\tau_{ij}(0) = 10^{-5}$，$(\alpha, \beta, \gamma) = (0.5, 1, 1)$，转移概率阈值 $q_0 = 0.5$，挥发率 $\rho = 0.1$，此时算法运行时间为 48.7350 秒。

在进行参数设计时，每次只变动一个参数，其余参数固定，来比较不同参数对求解质量的影响。求解质量考虑综合目标值，即加权均衡率（MBI）、单位时间的系统产出（TP）、准时交货率（OTD）、平均加工时间（MPT）。

（1）蚂蚁数量。

在确定蚂蚁数量方面，Bullnheimer 等（1999）研究车辆路线问题（Vehicle Routing Problem，VRP）时，将顾客数量作为蚂蚁数量，但本小节研究发现，较少的蚂蚁数量同样可以达到相同效果，并分别测试 E、$E/2$，$E/3$ 只蚂蚁（E 为设备数量），结果见表 10－2。造成 MBI 增加的原因是当前实际在制品量低于设定的目标在制品水平，因此产出越大，加权均衡率越大，即偏离目标库存越大。综合考虑以下各结果，蚂蚁数量选用 $E/2$，即 5 只蚂蚁。

表 10－2　　　　蚂蚁数量对调度结果的影响

蚂蚁数量	MBI（%）	TP（Lots）	OTD（%）	MPT（分钟）
E	45.59	184	89.13	9.35
$E/2$	52.78	199	91.46	7.63
$E/3$	51.33	194	94.33	9.74

（2）信息素初值。

考虑到实际情况，在蚂蚁没有经过的路径上，信息素的浓度初始值应该为 0。本小节分别测试了 $\tau_{ij}(0) = 10^{-3}$、10^{-4}，10^{-5}时的结果值（见表 10－3），因此信息素初值选用 10^{-5}。

表 10－3　　　　信息素初值对调度结果的影响

$\tau_{ij}(0)$	MBI（%）	TP（Lots）	OTD（%）	MPT（分钟）
10^{-3}	52.85	188	90.96	7.95
10^{-4}	51.27	208	90.38	8.55
10^{-5}	60	204	92	7.57

（3）参数（α，β，γ）。

（α，β，γ）三个参数的不同组合反映了蚂蚁在选择路径时考虑因素的偏好不同。本小节设计了 5 种不同组合，考察信息素、加工时间及在制品均衡率对调度结果的影响，结果见表 10－4。

表 10－4　　参数值（α，β，γ）对调度结果的影响

（α，β，γ）	MBI（%）	TP（Lots）	OTD（%）	MPT（分钟）
（0.5，0.5，0.5）	45.31	192	88.54	7.94
（0.5，1，1）	50.82	192	91.15	7.84
（0.8，1，1）	51.96	190	88.42	8.16
（1，0.5，0.5）	52.33	179	86.03	8.45
（1，0.5，1.5）	52.52	187	85.56	9.08

从表 10－4 中可以看出，选择参数组合（0.5，1，1）时，调度结果更好一些。由于信息素、加工时间及在制品均衡率三方面的值均介于（0，1），说明蚂蚁选择路径过程中，若较多考虑信息素的影响时，得到的结果会更理想。

（4）参数 q_0。

参数 q_0 的选择，决定着蚂蚁在建构路径过程中确定性与随机性的比重，q_0 介于 0 与 1 之间。本小节测试了 0 与 1 之间的 9 个参数，结果见表 10－5。结果表明，更多地按设计的转移概率选择路径时，调度结果较好，本小节的 q_0 选用 0.2。

表 10－5　　参数 q_0 对调度结果的影响

q_0	MBI（%）	TP（Lots）	OTD（%）	MPT（分钟）
0.1	62.17	202	90.1	7.53
0.2	54.1	201	93.53	7.37
0.3	52.09	196	92.86	9.74
0.4	53.48	206	89.81	9.34
0.5	52.7	190	89.47	8.08
0.6	56.43	188	84.57	8.3

续 表

q_0	MBI（%）	TP（Lots）	OTD（%）	MPT（分钟）
0.7	52.49	184	86.41	8.29
0.8	43.82	197	88.32	7.88
0.9	43.12	188	82.45	8.16

（5）挥发率 ρ。

ρ 影响着信息素浓度的衰减程度，本小节测试了 ρ 为 0.1、0.2、0.3、0.4 时的四组参数，如表 10－6 所示，挥发率选择 0.2 时效果更好一些。

表 10－6　　挥发率 ρ 对调度结果的影响

ρ	MBI（%）	TP（Lots）	OTD（%）	MPT（分钟）
0.1	51.18	200	91.5	8.69
0.2	50.16	204	90.69	7.57
0.3	48.44	195	93.33	8.75
0.4	48.85	194	90.21	8.72

5. 调度策略效果比较

为了进一步验证基于生产物流均衡思想的调度策略（Scheduling Rule for Load Balancing，SRLB）的有效性，本小节利用 EXTEND6.0 仿真软件建立一个黄光区加工模型，以便与传统的调度策略比较。该仿真模型以前面介绍的数据为基础，共 10 台曝光设备。

在传统调度策略的选择上，尽管 FIFO 法则不能使产出最优，但在仿真环境和实际生产中却经常使用它，故本小节将 FIFO 作为比较的法则之一。EDD 法则作为标准法则，当加工负荷低于系统产能时，该法则对于重入生产物流系统是稳定的（Lu and Kumar，1991）。调度策略效果比较如表 10－7 所示。

表 10－7　　调度策略效果比较

Scheduling Rules	MBI（%）	TP（Lots）	OTD（%）	MPT（分钟）
FIFO	94.3	184	82.07	9.78
EDD	90.28	178	97.19	10.11
SRLB	52.03	204	90.69	7.62

从表 10－7 中可以看出，以生产物流系统为目标的黄光区调度优化方法得到的加权均衡率最小，说明按此方法得到的生产安排能够更好地使制造系统保持均衡状态。相应的三个生产绩效指标的比较也表明，SRLB 能更好地兼顾企业的多个生产绩效指标，在实现企业绩效方面效果更佳。

10.2.7 生产调度过程中异常情况应对措施

根据前文对影响半导体生产物流均衡因素的分析，生产调度过程中的异常情况也是影响生产物流均衡的重要因素，尤其是经常发生的设备宕机和客户插/撤单等情况，对整个生产物流系统影响更加严重，若不及时采取有效措施会使生产物流系统的负荷分布长期剧烈波动，给生产带来一系列难题。

下面讨论几种异常情况的应对措施。

（1）设备预维护。

一般来说，设备预维护在几个月前已经确定好，在制订生产计划或作业计划时，已经考虑预维护时间，在目标产出中已得到体现。因此，在进行调度优化时，只要限定该设备的可用时间，对其生产加工进行合理安排即可。

（2）设备宕机（故障）。

半导体制造设备多为高精密仪器，尽管预先进行了大量维护工作，但无法预料的故障仍会发生，尤其是一些二手设备，故障率更高。当宕机发生后，可以根据故障类型，估计出维修时间。这样，在安排设备的生产时，只要相应地修改蚁群算法的程序，限制维修期间的使用即可。

（3）紧急订单（Hot Lot）。

由于本小节研究的对象为代工型半导体厂，企业往往被动地接受客户订单。同时，高的资金投入也要求企业提高设备利用率，提高系统产能，企业为此会盲目接单。另外，短的产品生命周期也使设计公司要求半导体厂在最短时间内准时交货。因此，半导体厂为与设计公司保持良好的客户关系，经常将部分交货较紧的订单列为紧急订单甚至超紧急订单（Supper Hot Lot），在安排加工时，该类订单比制造系统中其他订单的优先级高。一旦存在紧急订单，在蚂蚁选择路径时，对该产品类型的晶圆批给予优先选择的机会，此时蚂蚁按确定性概率来选择路径，并首先选择该类晶圆批。安排完全部紧急订单的晶圆批加工后，再按正常优化路径方法安排其他晶圆批的生产。

（4）工程试产（Pilot）。

在半导体厂，高昂的设备投资使工程试产与正常的晶圆批生产在一条生产物流系统上同时进行。对于工程试产，可以根据要求设定其加工优先级，并使其反映在蚂蚁对行走路径的选择上。

11　基于振动理论的企业生产物流调度优化（SRVT）方法

早期小规模单一或少数品种生产的多重入制造系统的优化研究是从考虑重入的 Flow - Shop 的角度进行（Lou and Kager，1989），但是随着产品种类的增多和产品批量的增大，重入特征带来的调度问题日趋严重，常规的 Flow - Shop 方法已经不能适应大规模多重入复杂制造系统的生产问题。因此，20 世纪 90 年代后的研究多以传统的 Job - Shop 为基础，从求解 NP - hard 的数学问题入手，试图解决多重入的芯片生产优化问题。由于集成电路产品的集成度越来越高，加工过程中的重入次数由 5 ~ 7 层增加到 20 ~ 40 层，调度难度不断增加。对芯片制造系统研究的主流也由原来的数学规划转向以启发式策略为主。在调度策略研究中又多以单个绩效目标为主，如产出最大化、生产周期最小化、订单延迟最小化等。

国内的王中杰、吴启迪对芯片生产物流系统的控制与调度的研究现状进行了总结、分析，认为以往学术界在调度研究方面存在以下一些不足：其一，多数调度策略都是基于单指标进行优化，不能满足企业多个生产绩效指标；其二，从应变能力上来看，大部分属于静态调度，无法适应随机、动态系统；其三，多数优化调度策略都基于启发式的。本章在设计调度优化方法时，考虑到芯片制造系统的复杂性、动态性等特征，基于数学规划的方法无法满足实时调度的要求等方面的因素，提出一套启发式调度方法，在满足企业多绩效指标的要求的同时，能较好地适用于随机、动态的芯片复杂制造系统。

11.1　企业生产物流系统调度优化设计

为方便表述，符号说明如下。

N_i——产品 i 的总加工层数；

LN_i——产品 i 的逻辑层数；

LN_{ij}——产品 i 第 j 层的逻辑层数；

SCT_i——产品 i 的标准生产周期；

ACT_i——产品 i 的实际生产周期；

CT_{ij}——产品 i 第 j 层的标准层周期；

CTL_i——产品 i 的平均层周期；

$RLCT_i$——剩余逻辑层周期；

DD_i——产品 i 的订单交货时间；

RD_i——产品 i 的投料时间；

QT_i——产品 i 的总等待时间；

QTL_i——产品 i 的每层平均等待时间；

EQT_{ij}——产品 i 第 j 层的有效等待时间；

ECT_{ij}——产品 i 第 j 层的有效层周期；

LN_{ij}——产品 i 第 j 层的逻辑层数；

NOW——当前日期。

11.1.1 调度优化指标的设计

集成电路产品的生命周期一般只有两年，短的甚至只有几个月，而在芯片厂，晶圆片的生产周期一般需要 2～3 个月。因此，缩短生产周期对于芯片厂来说意义重大，直接关系到企业的市场竞争力。另外，据 Little's Law，在产出稳定时，在制品水平与生产周期成正比，即通过优化生产周期，能够达到降低在制品水平的目的。生产周期的缩短，还可以提高制造弹性，使企业更好地适应面向订单制造的生产环境。因此，调度优化指标之一是缩短生产周期。

在面向订单制造的生产环境下，芯片厂保证订单的准时交货是留住客户、提高市场占有率的关键。芯片厂在注重缩短生产周期的同时，也十分重视准时交货率。因此，调度优化指标之二是提高订单准时交货率。

11.1.2 层周期及相关概念的提出

芯片制造的多重入特性说明了集成电路产品的生产是采用逐层构建的方式进行，即每加工完一层后，在制品返回到原来的加工中心进行下一层的加工。对于复杂的芯片制造系统，简单按照传统生产周期的概念来控制芯片生产显得困难。针对具有层加工特点的这类加工过程，本章首次提出层周期等重要概念。

标准层周期（理论层周期），CT_{ij} ——产品 i 第 j 层所有工序的工艺加工时间之和称为产品 i 第 j 层的标准层周期或理论层周期。

平均层周期，CTL_i ——产品 i 平均加工一层所用的时间称为平均层周期。一般来说，根据历史资料，在与客户沟通时就已经确定出该产品（或订单）的平均层周期，如产品 A 的层周期为 2.5 天/层，意味着每层按 2.5 天的加工时间来控制，就可以满足客户的交货时间要求。因此，产品 i 的平均层周期可根据产品 i 的订单交货期来得到，即：

$$CTL_i = (DD_i - RD_i)/N_i \tag{11-1}$$

根据式（11-1），从某种意义上讲，控制住产品的平均层周期，也就控制了订单的交货时间。由式（11-1）得到的层周期通常用作生产过程的控制目标，因此平均层周期又称为目标层周期。将平均层周期作为生产调度的总体优化控制指标，能够同时优化生产周期和订单准时交货率这两个重要指标。

面向订单制造的芯片制造系统是多品种、少批量的典型代表。生产物流系统上会有几十种甚至上百种产品等待加工。在制品在生产过程会存在大量等待时间。考虑到不同层之间的标准层周期可能差别很大，若将产品的总等待时间平均分配到每一层，将会人为延长具有较短标准层周期的加工层的等待时间，从而误导生产调度。本章结合各加工层的标准层周期来确定合理的等待时间，即有效等待时间，并由此引出有效层周期的概念。

有效层周期，ECT_{ij} ——考虑有效等待时间的产品 i 第 j 层的有效层周期，即：

$$ECT_{ij} = EQT_{ij} + CT_{ij} \tag{11-2}$$

其中，

$$EQT_{ij} = QTL_i \times (CT_{ij}/CTL_i) \tag{11-3}$$

式（11－3）中，$QTL_i = QT_i/N_i$。

考虑到同一产品不同层次的加工时间差异可能较大，为消除这一因素给生产调度带来的不良影响，进一步提出逻辑层数概念。产品 i 第 j 层的逻辑层数 LN_{ij} 是相对于产品 i 的目标层周期而言，即：

$$LN_{ij} = ECT_{ij}/CTL_i \tag{11-4}$$

例如，若产品 i 第 j 层的有效层周期为 4 天，目标层周期为 2 天/层，则该层相当于两个逻辑层，即逻辑层数为两层。若该层的有效层周期为 1 天，则该层相当于 0.5 个逻辑层。可以证明，产品 i 的总逻辑层数 LN_i 等于实际加工的总层数 N_i。

本章中，在制品在加工过程中需要动态调整加工优先级，以便能够按照客户要求的日期准时交货，为此本章提出剩余逻辑层周期（$RLCT_i$）概念，即从当前日期算起，需要多长时间加工一个逻辑层，才能保证产品 i 准时交货，公式表达如下：

$$RLCT_i = (DD_i - NOW)/\sum_{j}^{N_i} LN_{ij} \tag{11-5}$$

11.2　基于振动理论的生产物流调度优化思想

11.2.1　加工优先级的确定

在面向订单制造的芯片厂中，不同客户对订单交货时间要求的紧迫程度不同。本章根据客户订单的交货期限紧迫程度，将客户订单划分为多个等级。与此相对应，生产调度系统在加工订单产品时，也要根据订单等级来确定其加工优先级。所不同的是，在制品在加工过程中，会根据加工情况动态改变加工等级。本章将在制品等级由高到低分为 5 类：飞行批（Supper Hot Lot）、特快批（Hot Lot）、速流批（Rush Lot）、正常批（Normal Lot）、宽松批（Lack Lot），优先级分别为 0、1、2、3、4 五个级别。与调度思想相统一，5 类加工等级分别对应着一定的层周期限制。例如，飞行批的目标层周期规定为小于等于 1 天/层，特快批的目标层周期范围为 1～1.5 天/层，速流批的目标层周期范围为 1.5～2.2 天/层，正常批的目标层周期范围为 2.2～2.8 天/层，宽松批的目标层周期可以大于2.8天/层。

11.2.2 基于振动理论的新型调度优化思想

振动是自然界常见的现象之一，如钟摆的振动、弹簧的振动。振动的宏观特征是物质在某一数值（平衡位置）附近随时间进行周期性变化，这种现象是由于物质受到的综合作用力（合力）不为零的结果造成的。当物质偏离平衡位置运动时，合力会成为阻止这种偏离趋势的动力源，力图使物质回到原来的平衡位置。企业生产与此相类似，生产过程存在多种随机干扰因素，使生产偏离预定目标，生产调度（相当于合力）的目的就是要克服这些不利因素影响，实现所期望的生产目标（平衡位置）。本章借鉴振动理论的基本思想，当系统偏离预期控制指标（目标层周期）时，人为地动态调整产品加工优先级（相当于施加作用力），使其向预期指标逼近，保证产品的正常产出。对芯片厂来说，订单产品过早或过晚产出都是无益的。某产品产出过早，会挤占其他产品加工所需的设备等宝贵资源；产出过晚，会受到客户罚款等处理，影响客户关系，进而影响市场占有率。在生产过程中，及时、动态地调整各产品的加工优先级，使产品适时产出，可以有效避免产出过早或过晚两种情况的发生。

基于振动理论的调度优化思想（SRVT）如下：将目标层周期作为调度时的控制目标，实时计算各产品的剩余逻辑层周期，并与目标层周期相比较，得出调度作业的重要参考信息，即当前某产品的生产进度是快于还是慢于计划的目标层周期，并据此调整该产品的加工优先级。如此不断地调整产品的加工优先级，使其逐渐逼近期望的目标层周期，达到系统优化的目的。例如，产品A的当前批次等级为正常批，目标层周期为2.5天/层。由式（11-5）计算产品A的剩余逻辑层周期为1.5天/层，说明从现在算起，加工产品A的一个逻辑层所花费时间必须小于或等于1.5天，这样才能保证按时交货。为此需要将产品A的批次等级升级为速流批。产品A加工一段时间后，再次计算其剩余逻辑层周期，为3.5天/层，说明此时不需要按速流批级别来加工，适当放慢产品A的加工速度仍能按时交货，根据目标层周期的划定范围，可将其批次等级降为宽松批。如此不断调整加工过程中产品A的加工优先级，使其最终能够按照交货期限准时交货。整个调度过程可用图 11－1 来表示，其中，箭头表示产品 A 的加工优先级的升降。

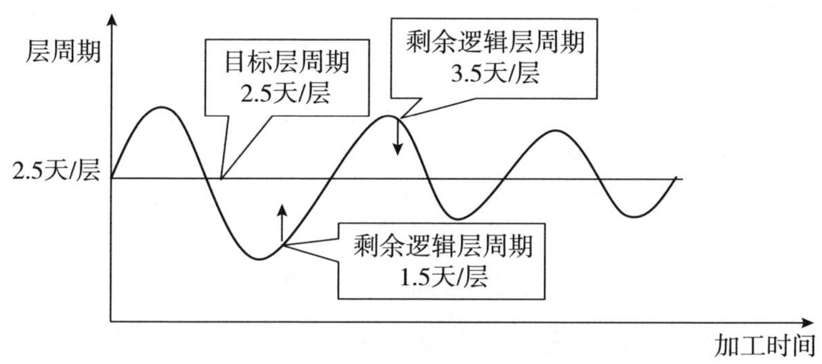

图 11－1　调度优化思想示意

11.2.3　新型调度优化方法仿真验证

仿真模型采用 Mini－Fab 模型。为验证本调度优化方法的有效性，选取芯片厂常用的几个生产指标，即系统在制品量（WIP）、准时交货率（OTD）、平均生产周期（MCT）、生产周期标准差（SCT）及黄光区设备（系统瓶颈设备）利用率（UOB）。投料策略选用企业界与学术界经常采用的固定时间投料（CNR）、固定在制品投料（FW）法则。选用先进先出（FIFO）法则、最早交货期（EDD）法则及关键比率（CR）法则与上述投料策略组合使用，与本章提出的 SRVT 方法相比较，结果如表 11－1 所示。

表 11－1　　　　仿真结果比较

投料策略	派工策略	WIP（Lots）	OTD（%）	UOB（%）	MCT（分钟）	SCT（分钟）
CNR	FIFO	56	60.39	94.40	6279	61.7
	EDD	55	70.59	94.48	6118	82.1
	CR	73	57.10	94.47	8148	95.1
	SRVT	52	72.31	98.6	5830	74.8

续 表

投料策略	派工策略	WIP (Lots)	OTD (%)	UOB (%)	MCT (分钟)	SCT (分钟)
FW	FIFO	53	68.83	94.40	5882	60.8
	EDD	56	69.10	94.45	6227	82.2
	CR	62	62.86	94.50	6913	81.4
	SRVT	50	74.70	98.55	5576	73.2

模型运行时间长度（Simulation Time）为2年，系统达到稳定的时间约在219000分钟（约152天），丢弃仿真前一阶段中非稳定状态产生的数据。运行环境为Windows XP操作系统，赛扬2.0GHz，256MB内存，实际运行时间约为57秒。

从表11－1中的仿真结果可以看出，SRVT调度方法在降低在制品量、降低生产周期、提高瓶颈设备利用率及提高订单准时交货率方面都明显优于另外三种调度策略。不足之处是，在生产周期标准差方面稍高于FIFO法则，原因可能是仿真模型中只是单一按照产品优先等级来加工，没有考虑属于正常批或宽松批的产品派工时，同一产品类型的在制品尽可能一起加工，以减少设备调整时间与次数。

从仿真结果也可以看出，与不同投料策略组合时SRVT方法的优化效果有所差别，因此研究与该调度优化方法相适应的投料策略将是未来的研究工作之一。

11.3 生产物流系统现场调度规则

11.3.1 现场调度总体规则

在实用调度优化方法的基础上，我们提出芯片制造系统的总体调度规则如下。

一是各加工区在现场调度时要优先考虑在制品的晶圆批优先级，即按飞行批、特快批、速流批、正常批和宽松批的顺序依次加工。有飞行批等待时，不进行特快批的加工。有特快批等待时，不进行速流批的加工，依次类推。

二是在考虑在制品加工优先级的前提下，根据各个晶圆批的剩余逻辑层刻时间、订单交货期和各加工区的实际情况进行调度安排。

三是加工区内能够加工的晶圆批就尽快加工，尽量保证不要停机待料，避免造成设备产能损失。

因此，调度总原则是尽可能地节约产能，通过合理调度与员工努力，尽量减少产能损失。

1. 黄光区、蚀刻区与离子注入区的调度规则

（1）优先考虑优先级进行调度。

①飞行批：生产调度时首要考虑的晶圆批，保证其到了就能上设备加工，必要时，可以让所需设备等待晶圆批。

②特快批：生产调度第二级需要考虑的晶圆批，保证其到后，所需设备在加工完当前晶圆批后就立即开始加工特快批，不管当前在加工的晶圆批与特快批的工艺是否相同。

③速流批：速流批到了加工区后，如果当前加工的是与之不同工艺的晶圆批，为了节省设备的调整准备时间，会继续加工同种工艺的晶圆批，在该种工艺的晶圆批都加工完成以后，再加工速流批。

（2）综合考虑以下因素进行晶圆批调度。

①考虑日产出计划、周产出计划要求。当某种产品的日产出或周产出计划较多时，在属于同种优先级的情况下，优先该种产品，以圆满完成月生产计划，使产出均匀，避免前松后紧等现象发生。

②考虑相同等级的晶圆批的剩余逻辑层刻时间的差异。当晶圆批的优先等级相同时，优先选择加工剩余逻辑层周期最小的批次，以免该批次的产品发生延迟情况。

③根据后道加工步骤的在制品状态，先加工后道工序在制品量较低的晶圆批，目的是使各道工序或工作站的在制品量分布较均匀，避免出现堆料过多或缺料现象，影响整个系统的产出。

④设备的调整准备时间，例如，设备加工不同工艺（Recipe）的晶圆批时，需要做首件测试（或样片）。为降低设备的调整准备时间，提高设备利用

率（尤其是瓶颈设备），尽可能将相同工艺的在制品一起加工。

（3）黄光区尤其要关注的调度事项。

从长期来看，黄光区一般会是整个生产物流系统的瓶颈，因此有必要强化对黄光区的调度，需要做好以下几点。

①尽可能不要让设备空闲，不可空机待料，为此要常与上个加工区联系，预测将要下来的晶圆片的产品种类，提前准备好掩膜版（Mask），以节约时间。

②同一产品同一次光刻层的掩膜版数量与调度也有关系，要尽可能与上一道工序联系，先加工机器内的掩膜版所用的产品。

③黄光区的人机配比要进行工作研究中的时间测试，通过现场测试后确定是机器等人还是人等机器。

（4）离子注入区需要关注的调度事项。

离子注入区的调度相对简单，但仍需要注意以下几点。

①尽可能填满设备。

②随时了解离子注入区的上下加工区的加工情况。

a. 查看晶圆批下一步骤是流到哪个加工区（是黄光区还是其他区），要先做下道加工区的在制品量少的批次。

b. 离子源的更换次数要减少，这就要常与黄光区联系，尽可能减少更换离子源的次数，避免浪费时间。

2. 扩散区调度规则

（1）确定空闲设备将加工的工艺。

①根据晶圆的优先级，选择工艺。

a. 飞行批：生产调度时首要保证的晶圆批，保证其到达加工区后就能上设备加工，必要时，可以让所需设备等待该晶圆批的到来。

b. 特快批：生产调度第二级需要考虑的晶圆批，保证其到后，所需设备在加工完当前晶圆批后立即加工，不管当前在加工晶圆批与特快批的工艺是否相同。

c. 速流批：在空闲设备前等待加工的晶圆批中，需优先考虑的加工晶圆批。

②根据4道工序内将到达设备的晶圆批数量，选择工艺。

（2）确定是否立即进行加工。

①考虑具有相同工艺［由步骤（1）确定］、处于相同阶段（Stage）的将到达晶圆批时间的信息，确定是否等待晶圆批到达后，并批加工。

②当加工时间较长（例如，大于10小时）时，还需要考虑具有相同工艺［由步骤（1）确定］、处于紧前阶段的将到达晶圆批的时间信息，确定是否等待晶圆批到达后，并批加工。

（3）确定Batch Size。

若进行加工，需要确定所要加工的晶圆批数量大于设备最大Batch Size时，满批加工；还是只要达到规定的最小并批数量（Minimum Batch Size，MBS）时，立即加工。其中，MBS可根据实际生产经验给出。

由于扩散区的加工时间长，设备利用率低，经常成为系统瓶颈，需要各加工区相互协调，充分了解相同工艺的晶圆批到达各加工区时间信息，进一步确定是否等待或立即加工，这既要借助于人员之间的沟通，又要借助于ERP系统及时发布相关信息。

各加工区的班长在交班以后，要对加工区内的飞行批、特快批、速流批到达下一个加工区的时间进行预测，使下一个加工区的班长及操作员能够适当参考该信息进行派工决策。芯片制造系统的动态特性，要求根据实际生产情况定时对上述信息进行修正。

3. 各加工区调度时可能需要考虑的一些因素

（1）加工时间方面的约束。

安排晶圆批作业时，需要考虑相邻工序间的时间限制，比如，在清洗与扩散两道工序之间，调度员派工时要考虑时间上的限制，当某个晶圆批邻近该时间临界值时，需要提升其加工优先级，及时加工以防止返工情况发生，避免产能浪费。

（2）加工区实验批的派工。

由于加工区实验批的加工不是为了实现最大化产出等目标，可能只受交货时间的限制，因此，在交货时间比较富余时，需要结合加工区内的情况对加工区实验批进行调度。

（3）加工量任务的考虑。

每天下达的各个产品的加工量目标，是对月产出计划、周产出计划分解后的结果，而产出计划既包含了产品的交货日期要求，也包含着产品的层周期要求。因此，要尽可能利用加工区内当前的设备能力完成加工任务。加工过少或过多都会给后续生产带来不利影响，干扰了后续生产的正常进行。比如，加工过少，无法实现既定的生产任务，加重了后续工作负荷，同时影响了产品的正常交货；加工过多，会挤占其他产品所需的产能，打乱正常的生产安排。

因此，要根据下达的加工任务量，结合加工区内的实际情况，不断与上下加工区协调，催要所需的晶圆批。

（4）考虑当月需要产出的产品。

在现场调度时，在考虑批次优先级的同时，要兼顾本月内要求交货的批次，尽可能早地安排该批次加工。

（5）设备预维护（PM）要与批次调度相协调。

调度员要提早了解需要进行预维护的设备，提早安排该设备上的作业，以最小化因设备预维护带来的负面影响。

（6）在制品与设备状态情况。

调度员要能够全面了解加工区内所有设备的状态以便控制在制品的流动。比如，设备 A 出现故障，在该设备前有许多晶圆批正在等待，则在该道工序的上一道工序，不应该加工那些需要在设备 A 上加工的批次。

在跨加工区时，需要相邻加工区的调度员的相互协调，互通信息（WIP 信息与设备状态信息）。

（7）与批次有关的意外事件。

如果在设备 A 上加工的批次出现意外，如返工、报废等，原来的安排被打乱，需要重新安排生产。

11.3.2　芯片制造系统设备调度原则

调度员必须有效安排设备来消除加工区瓶颈，最大化设备利用率，最优化产品良率。这意味着调度员必须考虑设备的预维护、设备加工策略和任一特殊加工流程来保证较高的良率。同时，也对人员管理方面和加工区内加工设备的最优化方面提出要求。

1. 安排设备预维护时间

调度员应该能够协调设备预维护和其他操作之间的关系。

（1）基于设备使用期等信息的设备维护安排。

根据规则或外部事件安排设备预维修活动。例如，当设备使用期已经接近甚至超过临界值时，就可能引发设备维护活动。临界值可能规定设备加工的晶圆总数，或是从上次设备维护的时间到现在的时间，或者是已经过去的加工总时数。

（2）根据加工区内的状况来调整设备预维护的时间。

例如，当没有可加工的在制品、设备处于空闲状态或者设备已经失去控制时，进行设备预维护。

（3）通过设备预维护的合理安排来优化设备利用率。

要避免同一加工区域的所有设备在同一时间进行设备预维护。

2. 对不可预见的设备事件作出反应

当不可预见的设备事件影响到已有的作业安排或者调度决定时，应该重新安排晶圆批作业。比如，当较重要的设备出现较长时间故障时，需要重新安排生产。此时，调度员需要重新安排已分配到发生故障设备上的晶圆批。

3. 优化设备利用率

为提高曝光设备与扩散设备等重要设备的设备利用率，调度应尽可能安排具有相同加工工艺（Recipe）的批次连续加工，这样可能减少设备调整次数、减少非有效设备作业时间，提高设备利用率。

4. 优化批量加工

为有效利用批量加工设备的能力，需要安排好晶圆批的搬运数量。例如，一个批量设备有 8 批（200 片晶圆）的加工能力，搬运或在加工区间传送时，尽可能以 8 批作为搬运单位。

5. 选择最优的设备进行晶圆批的加工

最优设备是通过设备性能来确定的。为保证加工良率，尽可能将晶圆批安排到最适合或合格率最高的设备上加工。

6. 最小化设备的调整准备时间

调度安排要能做到最小化调整次数或时间。比如，有 4 个晶圆批（Lots）在某设备上等待加工时间，其中 3 个 Lots 具有相同的加工工艺（Recipe），此时的派工安排是将这 3 个相同加工工艺的批次连续加工。

7. 最小化掩膜版的更换次数

晶圆批派工作业时，尽可能最小化掩膜版的更换次数。比如，优先安排那些能使用已装载的掩膜版的晶圆批进行曝光操作。

8. 黄光区安排曝光作业时，要考虑到可用掩膜版的数量

同一时刻在曝光设备上安排的作业，不能超过可用掩膜版的数量。比如，有 4 台曝光设备，3 个可用掩膜版，5 个使用相同掩膜版的 Lots，则同时只能安排 3 台设备加工这些 Lots。

11.3.3 瓶颈设备的管理策略

首先需要说明的是，作为生产系统，瓶颈资源或设备是一定存在的。在芯片厂，由于设备成本比人力等成本要高得多，因此瓶颈资源主要集中在设备方面。由于各个加工区的设备加工能力、加工速度是不相等的，必然存在某个加工区的某类设备加工能力最小的情况，该类设备就是加工区目前的瓶颈，它的生产能力制约着整个加工区的产出水平。因此，在整个调度作业过程中，要求将管理重心（设备管理与调度管理）放在对瓶颈设备的监控上。

瓶颈设备的确定方法有两个。

（1）较长期瓶颈设备的确认方法（月瓶颈设备）。结合每个月的投料计划，进行短期产能规划，计算各加工区设备的负荷情况，负荷率最高的即为系统瓶颈，在接下来的一个月内，需要加强对该瓶颈设备的管理。

（2）短期或暂时性瓶颈设备（周或日瓶颈设备）的确认方法。由于大量生产异常情况的存在，各加工区的在制品量及种类在不断变化，瓶颈设备也会发生动态变化。对于短期或暂时性瓶颈设备的确认，可结合在制品分布状况、各加工区的产出状况及设备可用能力等因素，较迅速地确定当前系统瓶颈。比如，若黄光区中的显影设备的在制品量最高，同时规定产出任务较重，设备加工能力严重不足，则此时显影设备即为当前的瓶颈设备，需要在预维护、派工等方面加强管理。

瓶颈设备的具体监管策略，从长期来说，要根据生产物流系统产出量，从设备中找出 10 大瓶颈设备，进行重点保护和监管；短期来看，要根据生产物流系统上的在制品情况，找出 10 台在制品积压最多的设备作为 10 大瓶颈设备，同时注意现场的调度规则，不能使这些设备的在制品减少，保证充足的物料供应。对于因设备预维护或故障出现的临时瓶颈，则需要通过优化派工安排来逐渐消除该瓶颈。

瓶颈设备的在制品管理有两条原则：长期瓶颈设备前的在制品要多，瓶颈设备不能待料或待人；尽量加工相同加工工艺的在制品，以减少设备调整时间，提高瓶颈设备的利用率。

瓶颈区一般都是在黄光区，虽然会有漂移，但经过打通后还会回到黄光区。一般来说，除非发生大规模设备宕机，正常情况下要将瓶颈稳定在某个加工区，同时还要尽可能提高瓶颈设备的利用率，以最大化系统产出，这就要求采用以下手段。

（1）保证瓶颈设备前有一定量的晶圆批库存（比如 1 天）。

（2）对瓶颈设备进行一定时间间隔的预排程（如 4 小时），以减少调整准备时间。

11. 3. 4　加工区域间晶圆批的传送原则及返工调度策略

属于飞行批、特快批、速流批等级的批次，加工完毕后必须马上送到下一加工区，以减少不必要的等待时间；属于其他等级的批次，可以在达到一定晶圆批数量后一起传送，从而兼顾等待时间与效率、成本。

高返工率会耗费大量宝贵的设备产能，严重影响正常的生产投料与调度。因此，返工问题有百害而无一利。

返工调度策略可综合采用以下五种方法。

（1）母批等待子批（返工片）返工，返工完成后合并成原晶圆批，当子批返工时，其加工等级须适当提升以便优先加工。

(2) 母批不等待子批返工，继续后续工序的加工，而子批作为独立批量进行加工，此时视情况确定子批的优先等级，若不属于交货期紧迫的批次，可按正常批的流速进入等待队列等待加工。为了防止返工片误期，也可视情况给返工片提高等级。

(3) 母批不等待子批返工，若交货期比较宽松，子批可以累积到一定数量后，才合并成独立批次（新批次）进行加工；返工时，也不用提高其优先等级。

(4) 母批不等待子批的返工，继续后续加工工序，当子批返工完成后，则加入下一批到达黄光区的同层次的母批。

(5) 母批不等待子批的返工，继续后续工序的加工，在后续设备与子批会合，即当母批完成下一道工序后，子批接着到下一道工序加工，加工完毕后，合并成原来的批次，在此期间子批须升级为飞行批。

当然，以上返工调度策略需要视情况而定，比如第四种策略有可能发生因晶圆混合成批后造成批次的跟踪困难，以及母批的片盒未必有空间放置子批的情况。又如第三种策略需要等待一定的晶圆片合并成新批次，若良率较低，产生的新批次会较多，新批次的增加，会导致在制品量增加，从而影响生产绩效。

从众多文献资料以及实际操作经验来看，返工时的等待会造成生产周期增加，因此，以母批不等待子批返工的策略效果较好。另外，建议采用第五种策略，即在一定时间后母批与子批最好合并，因为各批的晶圆数量不同的话，对于批量加工的设备（如炉管），也会造成产能的浪费。

12 企业生产物流在线优化调度系统

针对离散型企业生产物流所面临的各种问题及解决问题的困难，本章结合约束理论的瓶颈思想，从系统观点出发，以生产物流均衡为目标，构建一个在线优化调度系统（Online Optimization Scheduling System，OOSS），对生产物流进行动态调度优化，以期能够兼顾多个绩效指标。

12.1 企业生产物流系统在线优化调度思想

1. 维持生产物流系统动态均衡思想的重新思考

传统意义上的生产物流均衡是指各个加工区域的工作负荷相接近，使产品流保持稳定。面对复杂动态的半导体制造系统，无法保持一个相对均衡的产出流。基于这种考虑，本章对半导体生产物流均衡重新定义，即各个加工区域的负荷等于或接近设定的目标值，从而使整个生产物流系统的负荷平稳，波动较小。因此，维持生产物流系统的动态均衡就是维持整个系统各个加工区域的负荷长期稳定。在以前的研究中，学者往往只针对单个瓶颈区域的在制品进行控制，如黄光区，效果不太理想。而本优化思想是从系统角度出发，着眼于整个生产物流系统的负荷平稳，能充分合理地利用半导体厂的生产能力，克服生产过程中前松后紧、加班突击等忙乱现象，使生产控制变得容易，更容易实现多个绩效指标的需求，达到较好的系统绩效。另外，控制各个加工区域的负荷波动在实践中也具有较强的操作性。

2. 基于 Drum - Buffer - Rope 思想的三段式优化调度系统

根据约束理论（Constraint Theory），瓶颈资源的产出决定着整个制造系统的产出，并且瓶颈资源的生产速度决定制造系统的节奏。Drum - Buffer - Rope

(DBR) 理论是在约束理论的生产管理学上发展出的一套解决生产控制的方法。本章利用 DBR 理论的生产管理思想，以系统瓶颈为中心，把管理重点放在瓶颈资源上，最大限度挖掘瓶颈资源潜力，使系统其他所有生产资源的运作与瓶颈资源相协调，整个制造系统处于动态均衡。因此，本章将半导体生产物流系统中的设备分为三类：瓶颈前设备、瓶颈设备、瓶颈后设备，分别采取不同调度策略，即三段式调度策略。

另外，学者 Lee et al 研究了半导体生产物流系统，认为在满足企业绩效方面，拉式调度策略优于推式调度策略。因此，本章构建了一个拉式调度优化系统。对于瓶颈前设备的调度策略，将根据瓶颈设备的产能需求，尽可能满足瓶颈设备需求，并保证瓶颈设备不缺料。瓶颈前的在制品将根据瓶颈需求，不断被拉入系统；对瓶颈设备以最大化瓶颈设备产出为目的进行调度，从而最大化系统产出；对瓶颈后设备，在制品将根据后道工序设备的加工需求进行调度。因此，瓶颈后设备调度策略也是一种拉式调度策略。

由于黄光区、炉管区与离子注入区的在制品量占整个半导体厂在制品总量的绝大部分，本章将黄光区作为瓶颈区，将炉管区作为瓶颈前加工区域，离子注入区作为瓶颈后加工区域，分别对其在制品量进行控制。

3. 分层调度思想

与维持生产物流系统动态均衡思想相适应，本章提出的在线优化调度系统采用分层调度思想，即首先从全局优化的角度出发，采用三段式调度策略进行调度优化，确定生产物流系统最佳的在制品水平及产出速度。然后，以系统产出速度为控制目标，对各加工中心进行局部调度优化，得到各加工中心的最佳调度策略组合，以维持各个加工中心的在制品的相对稳定。

4. 半导体制造系统在线优化调度系统结构与原理

半导体制造系统在线优化调度系统如图 12 - 1 所示，主要由三个子系统构成：数据库系统、控制器以及调度优化引擎。其中，数据库系统整合了半导体厂车间外数据（如客户订单信息）以及车间内实时数据（如在制品水平、设备状况）；控制器用来实时监控制造系统状态，并根据车间状态或订单等的变化及时更新数据库信息；另外，控制器还用于半导体厂与调度优化引擎间的信息交换。

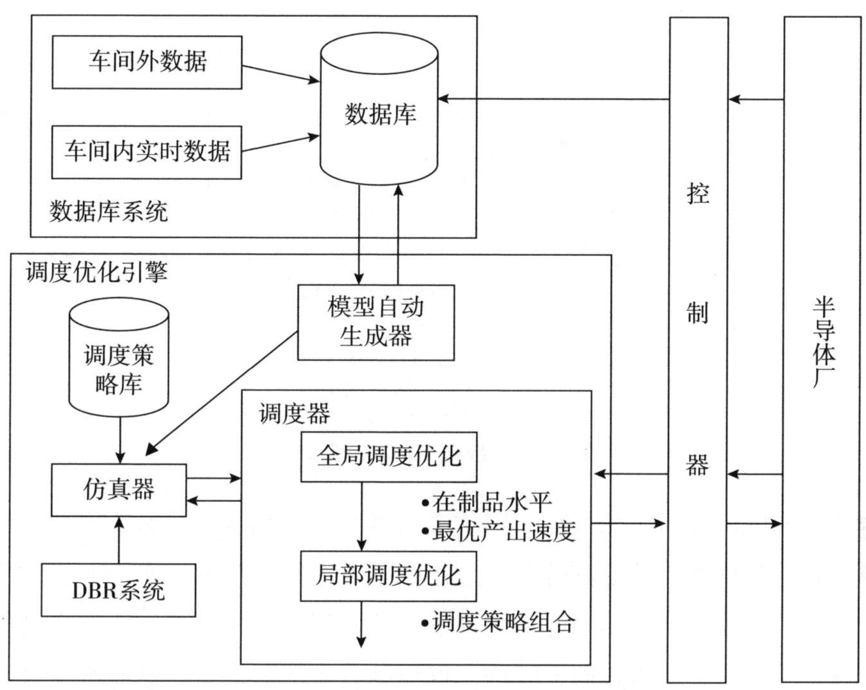

图 12－1 半导体制造系统在线优化调度系统

针对数学规划方法的不足，本系统的调度优化引擎以仿真技术为平台，由调度策略库、模型自动生成器、仿真器以及调度器四部分组成。其中，调度策略库包含了当前常用的一些调度策略，如 FIFO（First－In－First－Out）、CR（Critical Ratio）等；模型自动生成器会基于当前系统的重要信息（如机器故障、客户插单或撤单等）动态生成与当前生产状况相一致的模型。与传统静态模型不同，它能根据制造系统发生的重大变化及时更新，确保仿真结果的有效性。模型自动生成器原理如图 12－2 所示。

仿真器是以半导体行业中较多使用的仿真软件 MAX 为平台，同时集成了 DBR 理论的生产思想。调度器负责调度决策，即决定有无必要重新优化调度。如果有必要优化，调度器会向仿真器发出仿真命令。仿真器运行完毕后，调度器会从中选择最佳的 WIP 水平、产出速度及调度策略组合，并输出给控制器。

在线优化调度系统（OOSS）的基本工作原理如下：当半导体厂向控制器发出调度需求时，控制器会产生一个调度事件指令，触发调度优化引擎。调

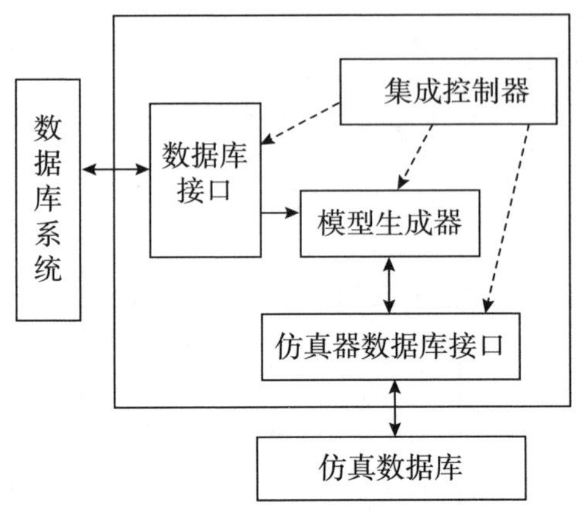

图 12－2　模型自动生成器原理

度器收到调度优化需求命令后，向仿真器发出仿真请求。此时，模型自动生成器会根据数据库提供的现场情况，结合 DBR 系统思想，生成一个基于 DBR 思想的拉式多重入半导体制造系统模型。仿真器运行仿真模型，首先进行全局调度优化，采用三段式调度策略，得到制造系统的多个在制品水平及产出速度，并将仿真结果输出给调度器，调度器从中选择最佳的在制品量与系统产出速度。然后，仿真器根据全局调度优化的结果，以系统的最优产出速度为调度目标，进行局部调度优化，得到各个加工中心的调度策略组合，将仿真结果输出给调度器，调度器将从中选择最佳的调度策略组合，并输出给控制器，控制器再将结果输出给半导体厂。

12.2　仿真实验

下面以上海某半导体厂为模型，利用 MAX Sim 仿真软件建立一个半导体生产物流系统模型，采用实际生产数据，将 OOSS 与 FIFO（First－In－First－Out）、SPT（Shortest Processing Time）、CR（Critical Ratio）进行比较。仿真模型分为薄膜区、黄光区、蚀刻区、离子注入区和扩散区五个区，共 40 个加工中心。生产物流系统生产四种产品，有两个加工工艺，其中一个工艺共有 188 步，另一个工艺有 196 步。该半导体厂设备类型较多，调整准备时间差异很大，设备装载工件时尽可能要求产品类型相同。设备故障（MTBF）与维修

（MTTR）服从指数分布。投料策略采用均匀方式投料（Uniform）。

由于半导体厂制订的作业计划较短，一般在一周左右。因此，仿真运行时间定为6天。在OOSS与FIFO、SPT、CR的比较中，主要考虑实际生产中的4个绩效指标：生产周期（MCT）、生产周期标准差（STDCT）、在制品水平（WIP）及准时交货率（ODR）。运行环境为Windows XP操作系统，赛扬2.0GHz，256MB内存，CPU运行时间为5秒，仿真结果见表12－1。

表12－1　　在线优化调度系统仿真结果比较

指标	MCT（hours）	STDCT	WIP（wafers）	ODR（%）
FIFO	385.9	106.9	3002	72.6
SPT	315	108.6	3024	69.5
CR	375.5	88.5	2974	69.1
OOSS	175.3	54.3	3230	69.8

由表12－1中可以看出，与传统调度策略相比，在线优化调度系统（OOSS）能够较好地权衡企业的多个绩效指标，尤其是OOSS能够显著降低产品的生产周期。从生产周期标准差（STDCT）来看，OOSS能够使半导体生产物流系统较好地维持动态均衡，波动性小。另外，从系统的在制品水平也可以看出，本章提出的OOSS在维持生产物流均衡方面效果较好。

需要说明的是，由于算法嵌入方面存在问题，蚁群算法还未融合到本章所构建的在线优化调度系统。另外，在优化效果方面，采用启发式算法和采用启发式法则时，哪一个结果更优，相关方面的问题有待进一步研究。

参考文献

[1] HIGGINS A J, DAVIES I. A simulation model for capacity planning in sugarcane transport [J]. Computers and Electronics in Agriculture, 2005, 47: 85 – 102.

[2] ARCHIMÈDE B, CHARBONNAUD P, MERCIER N L. Robustness evaluation of multisite distributed schedule with perturbed virtual jobshops [J]. Production Planning & Control, 2003, 14: 55 – 67.

[3] RODRIGUEZ A A. Release policy governor (RPG) for re – entrant semiconductor fabrication lines [C]. Proceedings of the 36th IEEE Conference on Decision and Control, 1997, 1: 72 – 77.

[4] BAI X, SRIVATSAN N, GERSHWIN S B. Hierarchical real – time scheduling of a semiconductor fabrication facility [C]. Ninth IEEE/CHMT International Symposium on Electronic Manufacturing Technology, Competitive Manufacturing for the Next Decade, 1990: 312 – 317.

[5] BECHTE W. Theory and practice of load – oriented manufacturing control [J]. International Journal of Production Research, 1988, 26: 375 – 395.

[6] BLACKSTONE J H, GARDINER L R, GARDINER S C. A framework for the systemic control of organizations [J]. International Journal of Production Research, 1997, 35: 597 – 609.

[7] RONEN B, STARR M K. Synchronized manufacturing as in OPT: from practice to theory [J]. Computers & Industrial Engineering, 1990, 18: 585 – 600.

[8] BONAL J, SADAI A, ORTEGA C, et al. Management of multiple – pass constraints [IC fabrication] [C]. IEEE/SEMI 1998 IEEE/SEMI Advanced Semiconductor Manufacturing Conference and Workshop (Cat. No. 98CH36168), 1998:

451 –454.

［9］ BRAGG D J, DUPLAGA E A, PENLESKY, R J. Impact of product structure on order review/evaluation procedures ［J］. Industrial management & data systems, 2005, 105: 307 –324.

［10］ BRUCKNER P. An efficient algorithm for the job – shop problem with two jobs. Computing, 1988, 40, 353 –359.

［11］ ÇATAY B, ERENGÜÇ S S, VAKHARIA A J. Tool capacity planning in semiconductor manufacturing ［J］. Computers & Operations Research, 2003, 30: 1349 –1366.

［12］ CHAKRAVORTY S S, ATWATER J. A comparative study of line design approaches for serial production systems ［J］. International Journal of Operations & Production Management, 1996, 16: 91 –108.

［13］ CHAKRAVORTY S S. An evaluation of the DBR control mechanism in a job shop environment ［J］. Omega – international Journal of Management Science, 2001, 29, 335 –342.

［14］ CHIN W, WANG J, LIN K, et al. New methodology of dynamic lot dispatching: required turn rate ［C］. Seventeenth IEEE/CPMT International Electronics Manufacturing Technology Symposium, 1995: 187 –189.

［15］ ENNS S T, COSTA M P. The effectiveness of input control based on aggregate versus bottleneck work loads ［J］. Production Planning & Control, 2002, 13: 614 –624.

［16］ CONNORS D P, YAO D D. Methods for job configuration in semiconductor manufacturing ［J］. IEEE Transactions on Semiconductor Manufacturing, 1996, 9: 401 –411.

［17］ CONWAY R, MAXWELL W L, MCCLAIN J O, et al. The role of work – in – process inventory in serial production lines ［J］. Operational Research, 1988: 36, 229 –241.

［18］ GUIDE V D. A simulation model of drum – buffer – rope for production planning and control at a naval aviation depot ［J］. Simulation, 1995, 65, 157 –168.

[19] DEMIRKOL E, UZSOY R. Decomposition methods for reentrant flow shops with sequence - dependent setup times [J]. Journal of Scheduling, 2000, 3: 155 - 177.

[20] VLACHOS D, GEORGIADIS P, IAKOVOU E. A system dynamics model for dynamic capacity planning of remanufacturing in closed - loop supply chains [J]. Computer & operations research, 2007, 34: 367 - 394.

[21] DORIGO M, GAMBARDELLA L M. Ant colony system: a cooperative learning approach to the traveling salesman problem [J]. IEEE Transactions on Evolutionary Computation, 1997, 1: 53 - 66.

[22] DROBOUCHEVITCH I G, STRUSEVICH V A. A heuristic algorithm for two - machine re - entrant shop scheduling [J]. Annals of Operations Research, 1999, 86: 417 - 439.

[23] DUCLOS L K, SPENCER M S. The impact of a constraint buffer in a flow shop [J]. International Journal of Production Economics, 1995, 42, 175 - 185.

[24] EHTESHAMI B, PÉTRAKIAN R, SHABE P M. Trade - offs in cycle time management: hot lots [J]. IEEE Transactions on Semiconductor Manufacturing, 1992, 5: 101 - 106.

[25] AKÇALI E, UZSOY R, HISCOCK D G, et al. Alternative loading and dispatching policies for furnace operations in semiconductor manufacturing: a comparison by simulation [C]. 2000 Winter Simulation Conference Proceedings (Cat. No. 00CH37165), 2000, 2: 1428 - 1435.

[26] TSOURVELOUDIS N C, DRETOULAKIS E, IOANNIDIS S. Fuzzy work - in - process inventory control of unreliable manufacturing systems [J]. Information Sciences, 2000: 127, 69 - 83.

[27] GABBAY H. Multi - stage production planning [J]. Management Science, 1979, 25: 1138 - 1148.

[28] GARDINER S C, BLACKSTONE J H, GARDINER L R. Drum - buffer - rope and buffer management: impact on production management study and practices [J]. International Journal of Operations & Production Management,

1993, 13: 68 – 78.

[29] WATSON K J, BLACKSTONE J H, GARDINER S C. The evolution of a management philosophy: the theory of constraints [J]. Journal of Operations Management, 2007, 25: 387 – 402.

[30] GLASSEY C R, RESENDE M. A scheduling rule for job release in semiconductor fabrication [J]. Operations Research Letters, 1988, 7: 213 – 217.

[31] GLASSEY C R, RESENDE M G. Closed – loop job release control for VLSI circuit manufacturing [J]. IEEE Transactions on Semiconductor Manufacturing, 1988, 1: 36 – 46.

[32] GLASSEY C R, SHANTIKUMAR J G, SESHADRI S. Linear control rules for production control of semiconductor fabs [J]. IEEE transactions on semiconductor manufacturing, 1996, 9 (4): 536 – 549.

[33] GONZALEZ – R P L, FRAMIÑAN J M, RUIZ – USANO R. A multi – objective comparison of dispatching rules in a drum – buffer – rope production control system [J]. International Journal of Computer Integrated Manufacturing, 2010, 23: 155 – 167.

[34] GRAVES S C, MEAL H C, STEFEK D, et al. Scheduling of re – entrant flow shops [J]. Journal of Operations Management, 1983, 3: 197 – 207.

[35] GUINET A. Multi – site planning: a transshipment problem [J]. International Journal of Production Economics, 2001, 74: 21 – 32.

[36] HOPP W J, ROOF M. Setting WIP levels with statistical throughput control (STC) in CONWIP production lines [J]. International Journal of Production Research, 1998, 36, 867 – 882.

[37] HUANG H, BARZIN N, LEWIS F L. A matrix framework for controller design for reentrant flow scheduling [C]. Proceedings of 1994 33rd IEEE Conference on Decision and Control, 1994, 2: 1558 – 1563.

[38] YOON H J, LEE D Y. A control method to reduce the standard deviation of flow time in wafer fabrication [J]. IEEE Transactions on Semiconductor Manufacturing, 2000, 13: 389 – 392.

[39] IWATA Y, TAJI K, TAMURA H. Multi - objective capacity planning for agile semiconductor manufacturing [J] . Production Planning & Control, 2003, 14: 244 -254.

[40] KAGER P, LOU S X. Wafer fabrication scheduling using flow rate control strategy [C] . IEEE/SEMI International Semiconductor Manufacturing Science Symposium, 1989: 21 -24.

[41] KAYTON D, TEYNER T J, SCHWARTZ C, et al. Effects of dispatching and down time on the performance of wafer fabs operating under theory of constraints [C] . Nineteenth IEEE/CPMT International Electronics Manufacturing Technology Symposium, 1996: 49 -56.

[42] KAYTON D. Using the theory of constraints'production application in a semiconductor fab with a reentrant bottleneck [C] . Twenty Third IEEE/CPMT International Electronics Manufacturing Technology Symposium (Cat. No. 98CH36205), 1998: 352 -357.

[43] KERSCHBAMER R, TOURNAS Y. In - house competition, organizational slack and the business cycle [J] . European Economic Review, 2003, 47: 505 -520.

[44] KIM S, LEE H. Allocation of buffer capacity to minimize average work - in - process [J] . Production Planning & Control, 2001, 12: 706 -716.

[45] KIM S, ROSCOE DAVIS K, COX J F. An investigation of output flow control, bottleneck flow control and dynamic flow control mechanisms in various simple lines scenarios [J] . Production Planning & Control, 2003, 14: 15 -32.

[46] KIM Y, KIM J, LIM S, et al. Due - date based scheduling and control policies in a multiproduct semiconductor wafer fabrication facility [J] . IEEE Transactions on Semiconductor Manufacturing, 1998, 11: 155 -164.

[47] KLUSEWITZ G, RERICK R. Constraint management through the drum - buffer - rope system [C] . IEEE/SEMI 1996 Advanced Semiconductor Manufacturing Conference and Workshop. Theme - Innovative Approaches to Growth in the Semiconductor Industry. ASMC 96 Proceedings, 1996: 7 -12.

[48] KOH S, BULFIN R L. Comparison of DBR with CONWIP in an unbal-

anced production line with three stations [J] . International Journal of Production Research, 2004, 42: 391 -404.

[49] KUBIAK W, LOU S X, WANG Y. Mean flow time minimization in reentrant job shops with a hub [J] . Operational Research, 1996, 44: 764 -776.

[50] MÖNCH L. Simulation - based assessment of order release strategies for a distributed shifting bottleneck heuristic [C] . Proceedings of the Winter Simulation Conference, 2005.

[51] KUMAR P. Scheduling semiconductor manufacturing plants [J] . IEEE Control Systems, 1994, 14: 33 -40.

[52] KUMAR S, KUMAR P R. Queueing network models in the design and analysis of semiconductor wafer fabs [J] . IEEE transactions on robotics and automation, 2001, 17: 548 -561.

[53] YUAN K, CHANG S, LI R. Enhancement of theory of constraints replenishment using a novel generic buffer management procedure [J] . International Journal of Production Research, 2003, 41: 725 -740.

[54] LAWRENCE S R, BUSS A H. Shifting production bottlenecks: causes, cures, and conundrums [J] . Production and Operations Management, 1994, 3: 21 -37.

[55] LEACHMAN R C, BENSON R F, LIU C, et al. IMPReSS: an automated production - planning and delivery - quotation system at harris corporation - semiconductor sector [J] . Interfaces, 1996, 26: 6 -37.

[56] LEE J, CHANG J, TSAI C, et al. Research on enhancement of TOC simplified drum - buffer - rope system using novel generic procedures [J] . Expert Systems with Applications, 2010, 37: 3747 -3754.

[57] LEE Y, KIM S Y, YEA S, et al. Production planning in semiconductor wafer fab considering variable cycle times [J] . Computers & Industrial Engineering, 1997, 33: 713 -716.

[58] LEVITT M E, ABRAHAM J. Just - in - time methods for semiconductor manufacturing [C] . IEEE/SEMI Conference on Advanced Semiconductor Manufac-

turing Workshop, 1990: 3 -9.

[59] LI S, TANG T K, COLLINS D W. Minimum inventory variability schedule with applications in semiconductor fabrication [J] . IEEE Transactions on Semiconductor Manufacturing, 1996, 9: 145 -149.

[60] LIAO D, CHANG S, YEN S, et al. Daily scheduling for R&D semiconductor fabrication [C] . [1993] Proceedings IEEE International Conference on Robotics and Automation, 1993: 77 -82.

[61] LIN C, XU M, MARINESCU D C, et al. A sufficient condition for instability of buffer priority policies in re - entrant lines [J] . IEEE transactions on automatic control, 2003, 48: 1235 -1238.

[62] HUIRAN L, ZHI - BIN J, FEI L Y, et al. Real time scheduler for wafer foundry fab with Object - oriented Petri nets [J] . IEEE International Semiconductor Manufacturing Symposium, 2003, 319 -322.

[63] LÖDDING H, YU K, WIENDAHL H. Decentralized WIP - oriented manufacturing control (DEWIP) [J] . Production Planning & Control, 2003: 14, 42 -54.

[64] LEE L H, TANG L C, CHAN S. Dispatching heuristic for wafer fabrication [C] . Proceeding of the 2001 Winter Simulation Conference (Cat. No. 01CH37304), 2001, 2: 1215 -1219.

[65] LOU S X, KAGER P. A robust production control policy for VLSI wafer fabrication [J] . IEEE Transactions on Semiconductor Manufacturing, 1989, 2: 159 -164.

[66] LU S C, RAMASWAMY D, KUMAR P R. Efficient scheduling policies to reduce mean and variance of cycle - time in semiconductor manufacturing plants [J] . IEEE Transactions on Semiconductor Manufacturing, 1994, 7: 374 -388.

[67] MAJORANA A, IULIANO G. Improving cycle time through managing variability in a DRAM production line [C] . 1997 IEEE International Symposium on Semiconductor Manufacturing Conference Proceedings (Cat. No. 97CH36023), 1997: A29 - A32.

[68] MEHTA S, UZSOY R. Minimizing total tardiness on a batch processing machine with incompatible job families [J]. IIE Transactions, 1998, 30: 165 – 178.

[69] MILTENBURG G J, WIJNGAARD J. The U – line balancing problem [J]. Management Science, 1994, 40: 1378 – 1388.

[70] MILTENBURG J. Balancing U – lines in a multiple U – line facility [J]. European Journal of Operational Research, 1998, 109: 1 – 23.

[71] MITTLER M, SCHÖMIG A K. Comparison of dispatching rules for semiconductor manufacturing using large facility models [C]. 1999 Winter Simulation Conference Proceedings. 'Simulation – A Bridge to the Future' (Cat. No. 99CH37038), 1999, 1: 709 – 713.

[72] MOON C, KIM J, HUR S. Integrated process planning and scheduling with minimizing total tardiness in multi – plants supply chain [J]. Computers & Industrial Engineering, 2002, 43: 331 – 349.

[73] NA H, LEE H, PARK J. A new approach for finite capacity planning in MRP environment [J]. Advances in Production Management Systems, 2006.

[74] ODREY N G, GREEN J D, APPELLO A. A generalized Petri net modeling approach for the control of re – entrant flow semiconductor wafer fabrication [J]. Robotics and Computer – integrated Manufacturing, 2001, 17: 5 – 11.

[75] PAI P, CHANG P, WANG S, et al. A fuzzy logic – based approach in capacity – planning problems [J]. The International Journal of Advanced Manufacturing Technology, 2004, 23, 806 – 811.

[76] PAI P, LEE C, SU T. A daily production model for wafer fabrication. The International Journal of Advanced Manufacturing Technology, 2004, 23: 58 – 63.

[77] PARK P S, SALEGNA G J. Load smoothing with feedback in a bottleneck job shop [J]. International Journal of Production Research, 1995, 33: 1549 – 1568.

[78] POTTS C N, KOVALYOV M Y. Scheduling with batching: a review [J]. European Journal of Operational Research, 2000, 120: 228 – 249.

[79] YA – NAN D. Multi – reentrant manufacturing system scheduling based on

layered bottleneck analysis [J] . Computer Integrated Manufacturing Systems, 2010.

[80] RADOVILSKY Z. A quantitative approach to estimate the size of the time buffer in the theory of constraints [J] . International Journal of Production Economics, 1998, 55: 113 - 119.

[81] RIEZEBOS J, KORTE G J, LAND M J. Improving a practical DBR buffering approach using workload control [J] . International Journal of Production Research, 2003, 41: 699 - 712.

[82] RONEN B, SPECTOR Y. Managing system constraints: a cost/utilization approach [J] . International Journal of Production Research, 1992, 30: 2045 - 2061.

[83] RONEN B, STARR M K. Synchronized manufacturing as in OPT: from practice to theory [J] . Computers & Industrial Engineering, 1990, 18: 585 - 600.

[84] ROSE O. CONLOAD - a new lot release rule for semiconductor wafer fabs [C] . 1999 Winter Simulation Conference Proceedings. 'Simulation - A Bridge to the Future' (Cat. No. 99CH37038), 1999, 1: 850 - 855.

[85] ROSER C, NAKANO M, TANAKA M. Shifting bottleneck detection [C] . Proceedings of the Winter Simulation Conference, 2002, 2: 1079 - 1086.

[86] RUSS M D, JOHN W F. A new scheduling approach using combined dispatching criteria in wafer fabs [J] . IEEE Transactions on Semiconductor Manufacturing, 2003, 16 (3): 501 - 510.

[87] RUSSELL G R, FRY T D. Order review/release and lot splitting in drum - buffer - rope [J] . International Journal of Production Research, 1997, 35: 827 - 845.

[88] SABUNCUOGLU I, KARAPINAR H. Analysis of order review/release problems in production systems [J] . International Journal of Production Economics, 1999, 62, 259 - 279.

[89] SHIKALGAR S T. Reduction of average cycle time at a wafer fabrication facility [D] . Dissertation of Virginia State Polytechnic Institute and State University, 2000.

[90] CHAUHAN S S, NAGI R, PROTH J. Strategic capacity planning in supply chain design for a new market opportunity [J] . International Journal of Pro-

duction Research, 2004, 42: 2197 -2206.

[91] SAUER J, SUELMANN G, APPELRATH H. Multi - site scheduling with fuzzy concepts [J] . International Journal of Approximate Reasoning, 1998, 19: 145 -160.

[92] SCHRAGENHEIM E, COX J F, RONEN B. Process flow industry—scheduling and control using theory of constraints [J] . International Journal of Production Research, 1994, 32: 1867 -1877.

[93] SHEN Y, LEACHMAN R C. Stochastic wafer fabrication scheduling [J] . IEEE Transactions on Semiconductor Manufacturing, 2003, 16: 2 -14.

[94] SHENAL V D. A mathematical programming based procedure for the scheduling of lots in a wafer fab. Dissertation of Virginia Polytechnic Institute and State University, 2001.

[95] SIMONS J V, SIMPSON W P. An exposition of multiple constraint scheduling as implemented in the goal system (formerly disastertm) [J] . Production and Operations Management, 1997, 6: 3 -22.

[96] SIVASUBRAMANIAN R, SELLADURAI V, RAJAMRAMASAMY N. The effect of the drum - buffer - rope (DBR) approach on the performance of a synchronous manufacturing system (SMS) [J] . Production Planning & Control, 2000, 11: 820 -824.

[97] SPEARMAN M L, WOODRUFF D L, HOPP W J. CONWIP: a pull alternative to kanban [J] . International Journal of Production Research, 1990, 28: 879 -894.

[98] SRIDHARAN V, BERRY W L, UDAYABHANU V. Freezing the master production schedule under rolling planning horizons [J] . Management Science, 1987, 33: 1137 -1149.

[99] SRIVARSAN N, KEMPF K G. Effective modeling of factory throughput times [C] . Seventeenth IEEE/CPMT International Electronics Manufacturing Technology Symposium. 'Manufacturing Technologies - Present and Future', 1995: 377 -383.

[100] LU S C, RAMASWAMY D, KUMAR P R. Efficient scheduling policies to reduce mean and variance of cycle – time in semiconductor manufacturing plants [J] . IEEE Transactions on Semiconductor Manufacturing, 1994, 7: 374 –388.

[101] SWEAT S, NIU S, ZHANG M T, et al. Multi – factory capacity planning in semiconductor assembly and test manufacturing with multiple – chip products [J] . 2006 IEEE International Conference on Automation Science and Engineering, 2006: 247 –252.

[102] TRIETSCH D. From management by constraints (MBC) to management by criticalities (MBC II) [J] . Human Systems Management, 2005, 24: 105 –115.

[103] THIERRY C, BESNARD P, GHATTAS D, et al. Multi – site planning: non flexible production units and set – up time treatment [C] . Proceedings 1995 INRIA/IEEE Symposium on Emerging Technologies and Factory Automation. ETFA'95, 1995, 3: 261 –269.

[104] SLOAN T W, SHANTHIKUMAR J G. Using in – line equipment condition and yield information for maintenance scheduling and dispatching in semiconductor wafer fabs [J] . IIE Transactions, 2002, 34: 191 –209.

[105] TIMPE C, KALLRATH J. Optimal planning in large multi – site production networks [J] . European Journal of Operational Research, 2000, 126: 422 –435.

[106] TU Y, LI R. Constraint time buffer determination model [J] . International Journal of Production Research, 1998, 36: 1091 –1103.

[107] URIBE A M, COCHRAN J K, SHUNK D L. Two – stage simulation optimization for agile manufacturing capacity planning [J] . International Journal of Production Research, 2003, 41: 1181 –1197.

[108] UZSOY R, LEE C, MARTIN – VEGA L A. A Review of production planning and scheduling models in the semiconductor industry part i: system characteristics, performance evaluation and production planning [J] . Iie Transactions, 1992, 24: 47 –60.

[109] SHENAI V D. A mathematical programming based procedure for the

scheduling of lots in a wafer fab. Dissertation of Virginia Polytechnic Institute and State University, 2001, 72 –74.

[110] WANG Z, CHEN J. Release control for hot orders based on TOC theory for semiconductor manufacturing line [C] . 2009 7th Asian Control Conference, 2009: 1554 –1557.

[111] WEIN L M, CHEVALIER P B. A broader view of the job – shop scheduling problem [J] . Management Science, 1992, 38: 1018 –1033.

[112] WEIN L M. On the relationship between yield and cycle time in semiconductor wafer fabrication [J] . IEEE Transactions on Semiconductor Manufacturing, 1992, 5: 156 –158.

[113] WEIN L M. Scheduling semiconductor wafer fabrication [J] . IEEE Transactions on Semiconductor Manufacturing, 1988, 1: 115 –130.

[114] WU S, MORRIS J S, GORDON T M. A simulation analysis of the effectiveness of drum – buffer – rope scheduling in furniture manufacturing [J] . Computers & Industrial Engineering, 1994, 26: 757 –764.

[115] YAN H, LOU S X, SETHI S P, et al. Testing the robustness of two – boundary control policies in semiconductor manufacturing [J] . IEEE Transactions on Semiconductor Manufacturing, 1996, 9: 285 –288.

[116] YOON H J, LEE D Y. A control method to reduce the standard deviation of flow time in wafer fabrication [J] . IEEE Transactions on Semiconductor Manufacturing, 2000, 13: 389 –392.

[117] LEE Y H, PARK J, KIM S. Experimental study on input and bottleneck scheduling for a semiconductor fabrication line [J] . IIE Transactions, 2002, 34, 179 –190.

[118] LEE Y H, KIM T. Manufacturing cycle time reduction using balance control in the semiconductor fabrication line [J] . Production Planning & Control, 2002, 13: 529 –540.

[119] YUAN K, CHANG S, LI R. Enhancement of Theory of Constraints replenishment using a novel generic buffer management procedure [J] . International

Journal of Production Research, 2003, 41: 725 - 740.

[120] DUWAYRI Z, MOLLAGHASEMI M, NAZZAL D. Scheduling setup changes at bottleneck facilities in semiconductor manufacturing [C]. Proceeding of the 2001 Winter Simulation Conference (Cat. No. 01CH37304), 2001, 2: 1208 - 1214.

[121] 包菊芳. 定制生产企业生产物流优化研究[J]. 物流技术, 2008 (8): 163 - 165.

[122] 曹政才, 赵会丹, 王永吉. 基于模糊 PETRI 网推理的半导体生产线投料控制策略[J]. 电子学报, 2011, 39 (7): 1545 - 1550.

[123] 陈晓莉. 系统布置设计优化生产[J]. 信息产业报道, 2007 (7): 80 - 82.

[124] 陈荣秋. 生产计划与控制——概念、方法与系统 [M]. 武汉: 华中理工大学出版社, 1995.

[125] 陈伟达, 李剑. 基于供应链的协同生产调度研究[J]. 东南大学学报 (哲学社会科学版), 2005 (2): 18 - 22, 126.

[126] 陈伟. 生产物流与物料管理[J]. 物流技术与应用, 2008 (12): 57 - 60.

[127] 董红斌, 杨巨庆. PETRI 网: 概念、分析方法和应用[J]. 哈尔滨师范大学自然科学学报, 1999 (5): 59 - 63.

[128] 董千里. 高级物流学 [M]. 北京: 人民交通出版社, 1999.

[129] 郝聚民. 第三方物流 [M]. 成都: 四川人民出版社, 2002.

[130] 高艺林. 工商企业发展现代物流的策略选择与影响因素分析[J]. 中国流通经济, 2001 (2): 11 - 14.

[131] 管在林, 刘俊良, 马力, 等. 多品种小批量生产环境下基于约束管理的混流制造运行控制技术研究[J]. 现代制造工程, 2007 (4): 1 - 5.

[132] 郭永辉, 钱省三. DBR 理论中瓶颈资源生产优化研究[J]. 工业工程, 2006 (6): 91 - 94.

[133] 郭永辉, 钱省三. 基于鼓 - 缓冲器 - 绳子理论的整合式生产作业控制系统研究[J]. 计算机集成制造系统, 2006 (2): 252 - 256.

［134］郭永辉，钱省三．基于 DBR 理论的半导体晶圆厂生产作业控制［J］．工业工程与管理，2006（5）：70－75.

［135］郭永辉．DRUM－BUFFER－ROPE 理论研究综述［J］．工业工程与管理，2008（2）：1－4，9.

［136］郭永辉，钱省三．基于鼓－缓冲器－绳子理论的半导体晶圆厂车间层控制［J］．计算机集成制造系统，2006（1）：111－116.

［137］郭永辉．基于 QFD 的代工型晶圆厂生产绩效评价［J］．半导体技术，2006（10）：726－728，737.

［138］郭永辉，钱省三．晶圆复杂制造系统在线优化调度系统研究［J］．半导体技术，2007（4）：284－287.

［139］郭永辉，冯媛，钱省三．多重入晶圆制造厂整合式生产控制系统建模［J］．工业工程，2007（5）：74－77.

［140］郭永辉，黄国轩，高广章，等．供应链战略产能规划决策研究［J］．机械设计与制造，2010（10）：249－251.

［141］郭永辉．以 DBR 理论为基的供应链协同产能规划［J］．现代制造工程，2010（2）：39－43，94.

［142］郭永辉．基于瓶颈思想的供应链多阶多厂产能规划［J］．工业工程，2010，13（2）：62－67.

［143］侯维岩，关永刚，肖田元．基于漏斗模型的生产计划与控制方法［J］．计算技术与自动化，1998（1）：72－75.

［144］何恒，张帆．制造企业生产物流的优化策略探讨［J］．科技风，2015（1）：278.

［145］林强，许惠超，李涛涛．瓶颈约束理论下城建公司的生产物流调度优化研究［J］．天津大学学报（社会科学版），2009，11（1）：9－13.

［146］李浩，沈祖志，邓明荣．订货型企业基于约束理论的订单排产优化研究［J］．中国机械工程，2004（10）：21－25.

［147］罗宜美，朱红芳，孙学慧．工业工程（第三讲）制造业生产物流系统平面布置优化设计的研究［J］．工程机械，2005（11）：75－79，6.

［148］黎晓东．面向通用模型的生产监视调度系统［J］．制造业自动化，

2002（6）：35－39.

［149］刘敏，周云霞．基于ERP和TOC的生产物流系统研究[J]．物流科技，2005（7）：8－11.

［150］刘勇，谷寒雨，席裕庚．基于约束理论的混合复杂流水线规划调度算法[J]．计算机集成制造系统，2005（1）：97－103.

［151］梁静，钱省三，马良．基于双层蚂蚁算法的半导体炉管制程批调度研究[J]．系统工程理论与实践，2005（12）：96－101.

［152］马汉武．设施规划与物流系统设计［M］．北京：高等教育出版社，2005.

［153］马增治．汽车制造供应链系统建模及性能分析［D］．长春：吉林大学，2008.

［154］马士华，陈荣秋．基于多级I/OC的生产计划与控制系统模型[J]．华中理工大学学报，1996（3）：96－98.

［155］秦明森，王方智．实用物流技术［M］．北京：中国物资出版社，2001.

［156］邵志芳，钱省三．基于PETRI网的半导体晶圆制造系统建模与分析[J]．系统工程理论方法应用，2004（2）：177－181.

［157］谭颖．生产制造企业生产物流问题分析及对策探讨[J]．商场现代化，2008（27）：109－110.

［158］王维平，朱一凡，华雪倩，等．离散事件系统建模与仿真［M］．长沙：国防科技大学出版社，1997.

［159］王军强，孙树栋，王东成，等．基于约束理论的制造单元管理与控制研究[J]．计算机集成制造系统，2006（7）：1108－1116，1145.

［160］王兴国．论制造企业生产物流的改进策略[J]．物流工程与管理，2010，32（2）：15－16.

［161］薛雷，郝跃．面向集成电路制造的基于PETRI网的生产调度[J]．电子学报，2001（8）：1064－1067.

［162］［德］HANS－PETER WIENDAHL．面向负荷的生产控制——理论基础、方法与实践［M］．肖田元，范玉顺，姚小冬译．北京：清华大学出版

社，1999.

［163］肖承忠．生产系统工程［M］．北京：机械工业出版社，1987.

［164］徐杰，赵权刚．基于INTERNET的现代制造业生产物流管理系统分析[J]．物流技术，2006（2）：79－82.

［165］夏文汇，谢非．制造业生产物流装备系统故障诊断的贝叶斯决策判据[J]．统计与决策，2008（8）：54－56.

［166］熊伟．质量机能展开［M］．北京：化学工业出版社，2005.

［167］谢庆红．制造业物流成本探析[J]．商业研究，2003（4）：161－162.

［168］叶海虹，梁德丰．中小型制造企业生产物流系统的优化[J]．新西部（下半月），2008（10）：93－94.

［169］严浩云，李宏余．面向订货生产的生产计划与控制技术[J]．成组技术与生产现代化，2008（1）：12－18.

［170］原宇，邵雷．生产物流管理［M］．北京：人民交通出版社，2008.

［171］周峰．DBR管理模式的生产计划与控制机制探讨[J]．中国管理科学，2000（1）：17－21.

［172］周峰．DBR法与协同生产原理[J]．武汉冶金科技大学学报（社会科学版），1999（2）：33－36.

［173］张翠华，范岩，于海斌，等．分散决策供应链生产计划协同研究［J］．计算机集成制造系统，2008（8）：1622－1629.

［174］张铎．电子商务与物流［M］．北京：清华大学出版社，2000.

［175］张燕云，肖田元，刘学东，等．基于漏斗模型和分布合作理论的生产计划控制系统[J]．计算机集成制造系统－CIMS，1997（1）：45－49.

［176］张洁，汪宇，刘世平，等．工序间在制品库存的优化研究[J]．华中科技大学学报（自然科学版），2002（1）：71－73.

中国物流专家专著系列

1.《北京奥运物流系统规划》	张文杰	2007年02月
2.《传统物流与现代物流》	宋耀华	2007年04月
3.《中国物流（第2版）》	丁俊发	2007年05月
4.《企业物流信息系统整合与应用》	于宝琴 等	2007年06月
5.《供应链风险预警机制》	刘永胜	2007年07月
6.《现代物流与经济发展——理论、方法与实证分析》	刘 南 等	2007年08月
7.《集群式供应链库存优化与应用》	黎继子 等	2007年09月
8.《区域物流系统建模与实务》	张 潜	2007年09月
9.《物流与供应链中的三大问题研究》	黄祖庆	2007年10月
10.《中国铁路现代物流发展战略》	张 诚	2007年10月
11.《集群式供应链理论与实务》	黎继子 等	2008年11月
12.《企业间关系形态研究》	于唤洲	2009年05月
13.《玻璃包装回收物流系统》	杨晓艳	2009年05月
14.《物流成本管理理论及其应用》	黄由衡	2009年08月
15.《供应链风险管理》	刘浩华	2009年09月
16.《回收产品再生物流理论模型及协商机制》	周三元	2009年09月
17.《服务供应链管理》	刘伟华 等	2009年10月
18.《农产品物流框架体系构建》	李学工	2009年10月
19.《国际物流与制度因素》	王国文	2010年05月
20.《物流的内涵和物流战略管理实践》	靳 伟	2010年05月
21.《铁路现代物流中心综合发展规划理论与应用》	韩伯领 等	2010年12月
22.《区域物流协调发展》	张中强	2011年03月
23.《现代物流服务体系研究》	贺登才 等	2011年04月
24.《铁路物流发展理论及其支撑技术研究》	张 诚	2011年06月

25.《生产物流系统工作流管理关键技术研究与实践》 杨志军 2012年05月
26.《基于成员目标定位的大规模定制模式下供应链运作》 姚建明 2014年04月
27.《物流外包风险分析与控制策略研究》 徐 娟 2014年06月
28.《应急物流运作》 侯云先 等 2014年09月
29.《城市群物流需求空间分布特征研究》 葛喜俊 2014年09月
30.《物流企业创新》 田 雪 2014年12月
31.《不确定因素下物流配送车辆路径规划问题的建模及优化方法》 王 君 2014年12月
32.《成品粮应急代储系统协调机制研究》 翁心刚 等 2015年03月
33.《果蔬冷链物流系统安全评估及优化研究》 杨 芳 2015年05月
34.《基于协议流通模式的农产品信息追溯体系研究》 王晓平 等 2015年05月
35.《我国制造业与物流业联动发展研究》 王茂林 2015年07月
36.《大数据时代农产品物流的变革与机遇》 张天琪 2015年09月
37.《供应链风险管理》 王 燕 2015年09月
38.《区域物流需求预测研究》 程肖冰 等 2015年10月
39.《物流企业多元化发展研究——从战略协同视角》 杨 丽 2015年12月
40.《区域物流枢纽演化及规划研究》 陆 华 2015年12月
41.《社会物流成本核算》 汪芸芳 等 2016年08月
42.《基于应急供应链的救灾物资配送模糊决策研究》 朱佳翔 2017年01月
43.《闭环军事供应链网络规划与设计》 张 飞 2017年03月
44.《物流产业生态系统视角下缓解城市雾霾理论与实证研究》 张 诚 等 2017年06月
45.《企业物流外包决策研究》 白晓娟 2017年12月
46.《经济新常态下城市物流空间结构特征及演化机制研究——以长沙金霞经济开发区为例》 戴恩勇 等 2017年12月
47.《大规模定制化物流服务模式下物流服务供应链调度理论与方法》 刘伟华 等 2018年01月

48.《基于实习基地模式的物流实践性人才培养研究》　章　竟　2018年12月
49.《服务供应链管理（第2版）》　刘伟华 等　2019年08月
50.《北京农产品物流模式创新研究》　唐秀丽　2020年06月
51.《智慧物流生态链系统形成机理与组织模式》　刘伟华　2020年12月
52.《物流枢纽经济发展模式与运行机理研究》　朱占峰 等　2020年12月
53.《国际陆港理论与实践》　徐德洪　2021年10月
54.《我国物流通道建设相关因素分析与方法研究》　汪芸芳 等　2021年11月
55.《现代物流体系建设理论与实践》　刘　伟　2021年12月
56.《需求更新与行为视角下的物流服务供应链协调问题研究》　刘伟华　2022年05月
57.《生鲜农产品冷链智慧溯源系统的设计与实现》　童光展 等　2022年10月
58.《我国物流现代化发展的战略重点研究》　刘文华 等　2022年10月
59.《物资保障建模与系统动力学仿真》　王　敏 等　2023年01月
60.《国家物流枢纽发展理论与实践》　陆成云 等　2023年08月
61.《我国农产品物流高质量发展研究》　赵欣苗　2023年10月
62.《黑龙江省现代物流高质量发展对策研究》　王　健 等　2024年05月
63.《“物流强国”建设思路与路径选择》　朱占峰 等　2024年05月
64.《企业生产物流均衡优化与控制》　郭永辉　2024年06月